JN087624

日本を一番愛した外交官

ウィリアム・キャッスルと日米関係

田中秀雄 著

芙蓉書房出版

キャッスルやスティムソンが勤務していた当時の国務省。ジョン・エマーソンは「レアケーキのようだ」と形容していた

日本を一番愛した外交官
ウィリアム・キャッスルと日米関係　目次

✳序　章　ハワイという橋脚の島

戦前の著名な思想家であり、教育者だった新渡戸稲造は若くして「われ、太平洋の橋とならん」とその壮大な抱負を口にした。東京帝大受験の面接の時である。

彼の人生はまさにその通りの国際人としての道を歩んだ。アメリカに留学し、アメリカ人の妻をめとり、国際聯盟の事務次長となり、満洲事変後の日米関係の不穏な状況を和らげようと渡米し、また太平洋会議（太平洋問題調査会）に老軀をいとわず参加して、カナダ太平洋岸のヴィクトリアで客死した（一九三三年）。まさに彼は太平洋の橋となることを実践したのである。

ところで、実際に太平洋に橋を架けるとするならば、その橋脚となる所は、日米のほぼ中間に位置するハワイ諸島ということになるだろう。横浜から約五五〇〇キロ、サンフランシスコから約三三〇〇キロである。

本編の主人公であるアメリカの外交官であるウィリアム・リチャーズ・キャッスル・ジュニア（これ以降、ウィリアム・キャッスル、あるいはキャッスルと略称する）は、このハワイに一八七八年に生れている。

実は彼はアメリカの側から、日米間に橋を架けることを終生の志とした外交官であったのである。

キャッスルの祖父であるサムエル・ノースラップ・キャッスルは一八〇八年にニューヨーク州のカゼノヴィアで生れ、二十八歳の時にハワイに宣教師として渡ってきている。一八一〇年に設立されたアメリカ海外宣教委員会の第八回目のミッションである。ハワイへの伝道は一八二〇年が最初である。

彼はアンジェリンという妻を伴ってやってきた。彼女は娘を出産したが、そのほぼ三年後の一八四一年に亡くなっている。サムエルは再婚を望んで、アメリカに戻り、アンジェリンの妹のメアリーに求婚した。メアリーはそれを受け容れ、二人は一八四二年に結婚し、ハワイに戻った。

サムエルは一八五一年に宣教師を辞め、伝道のために同じ船でやってきたアモス・スター・クックと共に、「キャッスル・アンド・クック」社を設立した。最初は雑貨店だったが、次第にその事業は、不動産業や砂糖園、運送業などの多角的な経営に発展して、二十世紀には、ハワイの「ビッグ・ファイブ」と言われる企業の一つとなった。同時にその収益の一部は、ハワイにおける伝道事業を始め、多くの社会貢献事業に寄進されたのである。

一八六三年十二月、ハワイ王国のカメハメハ五世はサムエルを枢密院議員に任命した。その翌年には立法府である下院議員に選出された。ルナリロ王の時代には、一八七四年二月まで枢密院議員を務めている。カラカウア王は、彼を一八七六年から一八八〇年まで貴族院議員に任命した。

〝太平洋のナポレオン〟と呼ばれたカメハメハ一世がハワイの八つの島を統一したのは一八一〇年である。王朝五代目のカメハメハ五世が即位したのは一八六三年で、その五年後に明治維新となり、同時に最初の日本人移民一〇〇名余りがハワイに上陸している。その後の日本とハワイの因縁浅からぬ関係を思えば、不思議な暗合であると言えよう。それまで四つの島に閉じ込められていた日本人が、開国維新と同時に海外に雄飛する時代の象徴的な出来事であった。一八七一年には、日本とハワイの間に通商条約が結ばれている。

カメハメハ五世が亡くなり、跡継ぎがいなかったので、ルナリロ王が即位したのが一八七三年で、彼はその翌年には死亡し、カラカウア王が即位している。その不摂生な生活がルナリロ王にたたったらしい。カメハメハ五世死後の王位を決定する際に、カラカウアはルナリロの対抗馬であったために、カラカウアが次に即位するのは自然な流れであった。

日本との関係は順調で、一八八一年にはカラカウア王は日本を訪問している。単なる親善訪日ではなかった。自分の姪のカイウラニ王女と日本の皇室の男子とを娶せて、日本との固いつながりを持ちたいという願いがあった。というのも、ハワイがアメリカに吸収されてしまうという怖れを持っていたからである。ハワイよりはるか西にあるミッドウェー諸島は、既に一八六七年にアメリカの領土に編入されていた。いわば囲まれたようなものである。サムエルを貴族院議員に任命するように、彼はアメリカの白人たちの実務能力を高く評価していた。しかし独立を保ちたい思いは誰よりも強かった。日本との結びつきが深まれば、アメリカは容易にはハワイを合併できまいと思っていたのである。

しかし最終的には日本の皇室は婚約を断ってきた。しかしカラカウア王の日本に対する好意に変化はなかった。日本との間に官約移民の契約が結ばれ、一八八五年からは日本人がサトウキビ畑の労働者として大挙やってくるようになったのである。既にハワイにいる日本人労働者を見ていて、彼がその勤勉さに感心していたからでもある。砂糖産業はハワイ王国の経済基盤をなす重要な産業であった。

ハワイの砂糖の最大の顧客はアメリカである。しかしアメリカはその南部のフロリダでも、キューバでも砂糖を調達できる。ハワイにはこだわらない。カラカウア王には焦りがあった。一八七五年にアメリカとの間に互恵条約が結ばれた。ハワイにとっては砂糖の輸出が容易になったが、その代わりに真珠湾を含むハワイの港湾をアメリカ以外の国に、貸与や譲渡はさせないことが決められた。自然のままでは開口部が三メートルの幅しかなかった真珠湾が軍港として大改装されるようになったのはそれからのことになる。

物心がつくようになったウィリアム・キャッスル少年の目には、少なからぬ日本人が周りにいた。「私は日本人と一緒に学校に行き、幾人も彼らを知り、その中には仲の良い友達もいた」と後に回想している。一八九〇年のハワイの全人口は九万人弱で、日本人はその十四％を占めていた。先にやってきていた中国人を追い抜いていた。官約移民は一八九四年には廃止されたが、その頃には三万人もの日本人がハワイに住むようになっていた。

キャッスルは顔色の違う、日本人たちに最初から親しみをもって接触するようになっていた。そういう思想的背景には、祖母のメアリーの影響が強かったようである。メアリーは夫との間に、夭折者も含めて一〇人の子供をもうけたが、若い頃から宗教心の強い女性であった。

彼女はレヴィ・テネイとその妻、メアリーの娘として一八一九年に生れた。父親は厳格なピューリタンで、ニューヨークの中西部で成功している名の知れた農民だった。母は深く知的で、献身的、活動的なクリスチャンだった。

メアリーは九人兄弟の四人目だった。子供の多くは神学校で教育を続けた。姉のアンジェリンが伝道師サムエル・キャッスルと結婚し、続いてハワイに出発した後、若いメアリーは家を後にし、マサチューセッツのディアフィールド・アカデミーで第二の教育を受けることになった。

しかし一八三七年の不況に伴う金銭面の問題があって、メアリーは故郷のプレーンフィールドに戻らざるを得なくなった。そこで彼女は両親と暮らし、地区の学校で教えていた。一八四一年の終わり、彼女は病弱な叔母のジェディア・キングズベリーとジョージア州のコロンバスに同行した。そこで彼女は初めて奴隷を目撃した。彼女はそれに強く反対する手紙を両親へ書いた。

メアリーがサムエルの求婚を受け容れたのはそういう時期であった。彼女もまた伝道師としてハワイに渡る決意をしたのだった。南北戦争の前だが、メアリーの求める宗教的理想にとって、奴隷制度というものは人間の尊厳に対する明らかな冒瀆であった。あるいは奴隷でなくても、汗にまみれて労働する農民に対する敬虔な思いは、相手が異民族であろうと変わりはなかった。祖母のそうしたまなざしを孫のキャッスルも受け継いで育った。

メアリーはハワイの伝道師社会の中で、女性の立場を向上させる運動の創始者であり、また一八八〇年代から九〇年代にかけての地域社会において、社会奉仕活動に主導的役割を果たすようになる女性である。キャッスルの父親はウィリアム・リチャーズ・キャッスルで、サムエル夫妻の四番目の子供だった。キャッスルはその長男として一八七八年に生れ、父親の名前をそのまま頂き、ジュニアと称することになる。

父親のウィリアムは一八四九年に生れている。戸籍上は三男だが上二人が若くして亡くなっているので、実質的な長男として育った。ハワイのプナホウ・スクール（一八四一年に設立された著名な私立中等学校、彼の父が設立に協力）を卒業し、オハイオ州のオーバリン大学、ハーバード・ロー・スクールを経て、一八七三年に法学士の学位を取得した。ニューヨークで二年間弁護士をした後、一八七六年にハワイに戻った。

カラカウア王により、彼はその年の十二月まで十か月間、ハワイ王国の司法長官に任命された。一八七八年から一八八六年まで下院、一八八七年から翌年まで貴族院でハワイ王国の議会議員に選出されている。父親のサムエルと同時期に議会にいたことになる。「キャッスル・アンド・クック」の経営も順調で、ハワイの政治、経済、文化の面で最上位に位置するファミリー――そうした恵まれた環境の中でウィリアム・キャッスルは育っていくことになるのである。

カラカウア王は一八九一年に亡くなり、その妹であるリリウオカラニ女王が即位する。芸術的天分が豊かで、あの「アロハ・オエ」の歌の作詞作曲も手掛けたことで有名だ。しかし王たち、或いは王位継承予定者が若くして次々と亡くなる不吉さは、ハワイ王国の命脈がもう尽きかけていることを意味していた。

一八九三年にアメリカとの合併を目的とする革命が起きた。米国公使のスティーブンスの要請により、米海兵隊が宮殿を包囲して臨時政府が誕生したのだ。しかしリリウオカラニが親しくしていたクリーブランド大統領の意向もあり、これはアメリカでは承認されなかったが、臨時政府はこれを突っぱねた。

危機感を持った日本政府は、居留民保護を名目に、東郷平八郎率いる巡洋艦「浪速」をハワイに派遣した。臨時政府への実質的な威嚇である。歴史的に見れば、これはハワイの軍事的な架橋化が始まることを懸念する日本の最初の反応であったと言えよう。しかし翌年の七月四日、アメリカ独立記念日当日に臨時政府はサンフォード・ドールを大統領に独立宣言を行った。

ただ白人がすべて共和制派ではなかった。王党派もいたのであり、彼らはロバート・ウィルコックスを中心にして翌一八九五年一月に臨時政府に対する反乱事件を起こした。二〇〇名余りによる蹶起だった。当時キャッスルの父はハワイ政府の駐米公使をしていた。

反乱は失敗に終わり、ウィルコックスら首謀者五名は死刑の判決を受けた。臨時政府は彼らの助命と引き換えに、リリウオカラニの退位を求め、女王はこれを受け入れた。ハワイ王朝の歴史はこれを以て終焉となった。正式にハワイがアメリカに併合されたのは一八九八年（法案成立）である。キャッスルはライフルを持って、この反乱事件を鎮圧する側のホノルル市民警備隊に参加していた。

キャッスルの父もまた、カラカウア王の治世時に、キリスト教に寛容なリリウオカラニに王位を継いでほしいと電話したことがあった。キャッスル一族は、ハワイのアメリカ併合を良きものと理解していたのである。

なお、サムエルは一八九四年に亡くなり、メアリーは一九〇七年まで生きた。

✺第1章　外交官になるまで

一八九六年にキャッスルは父と同じプナホウ・スクールを出て、ハーバード大学に入学し、一九〇〇年に卒業した。ハーバードで彼はニューイングランドの著名な一族の息子たちと接した。一九三〇年代以降、キャッスルと行動を共にすることの多くなる外交官、ジョセフ・グルーは二歳年下でボストンの出身である。ハーバードでのキャッスルの後輩となるのだが、おそらくこの時代に知り合っていたのではないだろうか。卒業後、グルーはそのまま外交官の道に進んだが、キャッスルは道草を食った。

キャッスルは一九〇二年にボストンの古い著名な一族の令嬢であるマーガレット・ファーロウと結婚し、不動産の仕事に就くためにホノルルに戻った。しかしキャッスルはまもなくホノルルに退屈し、ビジネスに生きがいを見いだせない自分を遺憾に思うようになった。

一九〇三年、彼は米本土に戻り、ハーバードの英語講師の職に就いた。一九〇八年には副学部長に昇進し、新入生指導を任された。

一九一二年、彼は二年間の休職を取り、マーガレットと幼い娘、ロザモンドを連れてアルジェリアに行った。そこで彼は執筆に専念し、この年、『ハワイ、その過去と現在』を出版した。序文には「この本には目的が二つある。出不精の人にアメリカの一番新しい準州（Territory）ハワイのことを教えること、そしてそこに賢く旅行しようという人たちを手助けすることだ」とある。

一九〇〇年、ハワイはアメリカの最新の領土（準州）となったが、本土の多くのアメリカ人は、まだハワイを知らなかった。一九二〇年のことだが、キャッスルはこんなエピソードを書いている。ハワイ共和国（一八九四〜一八九八）の大統領だったサンフォード・B・ドールがニューイングランド（アメリカ北東部）で、素朴な農家の女性に会った。彼女は少々動揺しながら聞いた。「それで、キューバ人をどうやって残したの？」というのだ（キャッスル「ハワイは東に？　それとも西へ？」）。

この本はその冒頭にあるように、彼の父に捧げられていた。「生涯にわたるハワイの人々の友人で、ハワイの発展のために尽力した人々の中で最も優れた人物であり、彼の無私の献身は彼の子供たちのインスピレーションとなっている」と最大限の献辞がある。

なおこの本には、一九一〇年の統計として、ハワイの全人口が一九万一八〇九人、その内日本人が七万六九四人で四割近く、最大多数派であることが記されている。明治四十三年、韓国併合の年でもある。

キャッスルはその後二冊、小説を出版した。『緑の花瓶』（一九一二年）、『砂の枕』（一九一三年）で、評価は混在したが、そこそこに売れたものとなった。

一九一四年、キャッスルはハーバードに戻ると、『ハーバード・グラデュエート・マガジン』の編集者に任命され、文学と著述のコースも教え続けた。

この年は第一次世界大戦が勃発した年である。アメリカは当初、中立を宣言していた。しかし元大統領だったセオドア・ルーズベルトが参戦を説いたように、キャッスルもアメリカは参戦すべきだと思った。

一九一六年、キャッスルは『目覚めよ、アメリカ』を出版した。副題に「個人および国家の責任を認識するための嘆願」とあるが、これは第一次大戦中の世界的な軍事支援の声に応えようとしない人々を批判していた。内容の一部を引用する。

現在戦争は我々が国外の義務に効果的に誇らしくまみえることができるよう、我々に直ちに国内事情に命令せよと強制している。我々は軍隊を送る必要はないが、世界の再生の時代の衝撃に対処するために、私たち自身のために、私たちの権利として産業戦士を送らねばならない。権利とは災難によって私たちが獲得したものである。我々はまた自らとその財産を守る用意をしなければならない。なぜなら戦争が終わる時、我々はたぶん愛されていないだろうし、また確かに、幾分、非常に豊かになっているだろうからである。我々を皆高潔な、無私の道に誘い出す、合理性、強さ、誠実、洞察力を持つ偉大な指導者を我々は持たない。我々にはそのような人物を呼び起こす必要は多いにあるが、そうでなくとも我々は自身で、国家は我々を個別に無償で助けるために存在するという、破滅的な信念と決別する重大局面を作り出さなければならない。婦人参政権、禁酒法、国有、単一税、社会主義がさらなる好機を用意できる、国民生活の安全対策ではそれができない――そういった万能薬の名前で見せかけだけの心を奪うような改革とは、我々は決別する時だと理解しなければならない。我々は自発的に我々の産業を、我々の民主主義の機構を、我々の国民的な理想を動員しなければならない。

我々は偉大な共和国の自由な市民である。それ故にそれぞれが自分の中に国家に対して最善のものを負っている。我々のそれぞれが合衆国の管財人であり、それぞれの可能な範囲、時間で、最も良いものを投じ、投票で自らの国を発展させなければならない。必要ならば、生命を以って。

これからも分かるように、キャッスルは伝統的な共和党保守の思想を堅持していた。

キャッスルは兵役を志願したが、三十九歳という年齢もあって、試験には落ちた。役立つことは他にもあると、彼はアメリカ赤十字中央委員会の副会長であるエリオット・ワズワースに尽力を申し出た。ワズワースはハーバード大学の二年先輩である。彼の申し出は受け入れられ、キャッスルは妻と娘を連れてワシントンD・Cに移動した。

以下、『Diplomatic Realism』から、キャッスルの活動を要約する。

キャッスルが赤十字に入って一月後の一九一七年四月に、アメリカはドイツに宣戦布告した。ワズワースは彼に情報局を作ることを命じた。主な責務は死傷者と戦争捕虜の報告を急いで準備することだった。これはヨーロッパでのアメリカの戦闘行動を考慮したアメリカ赤十字社の新しい活動だった。

新しい事務局の登場は、ニュートン・D・ベイカー陸軍長官から、組織上、伝統的な陸軍省の責務と重複すると抗議を受けた。キャッスルは官僚的な争いを避け、最小限のスタッフと予算で効果的な事務局を組織することに挑戦した。ワズワースからは具体的指示は全くなく、キャッスルは書類係、速記者、そして秘書だけで仕事を始め、運営計画を考案した。

戦争捕虜の扱いを規定する国際条約を調べると、捕虜解放と捕虜に関する情報収集の仕事は、交戦中の行方不明者を探し出すことと密接に関連していることが分かった。英国赤十字社と緊密に連携しながら、彼は五月半ばまでに独創的なプランを練り上げた。

新しい情報局は、捕虜解放だけでなく、行動中に行方不明になったり、死亡したり、負傷したりしたと報告された男性の家族の情報を、要請に応じて入手するための代理人として機能する。これは「捜索隊」として知られる分担ボランティアとして達成されることになる。

ベイカーは、陸軍総務局の業務の明らかなコピーだと反対したが、キャッスルとの面接の後、彼はこの民間セクターの構想に納得し、計画に協力することにした。ベイカーは、陸軍省が準備不足で、世界大戦の複雑さを扱うには明らかに無能であること、あるいは死傷者の報告に適時に対処できないことを予見できなかったのだ。

六月、キャッスルは情報局の業務を確立するためにヨーロッパに旅立った。彼は英仏の赤十字社の役人と彼らの業務のやり方、情報局独自の計画を具体化するための共同作業の提唱などにかなりの時間を費やした。ジュネーブの国際赤十字との最終的な協議の後、キャッスルはワシントンに戻った。

夏の間に、陸軍総務局は死傷者報告の計画を固めていた。しかし具体的でなく、軍隊の後方連絡線が既に混乱している現実が無視されていた。問い合わせの際の手紙の遅延に伴う国民の不平はつのり、政府のシステムの欠陥が露わになった。

キャッスルは情報局を赤十字本部から移動して、ワシントンの１８１８Ｈ街に開設した。冬の間に、情報局はその業務を合衆国内の基地、キャンプ、そして駅に広げた。

一九一八年の一月までに、政府は無能という公衆の批判下に、ベイカーはキャッスルに、国内の基地で入院することを必要とする状態の兵隊の家族に情報を入れることを許した。タイミングがよかった。上院委員会は陸軍省がこの状況下で家族に告知できないことを暴露したのだ。それゆえ赤十字は主導権を取って、必要なシステムの改善策にあたった。

一九一八年の夏、キャッスルが戦場に赴くことで、貴重な捜索隊の士気が向上し、軍とのあらゆる協力体制が確保されるようになった。その結果は人々に感銘を与えるものだった。たとえばアメリカ兵がイタリアに到着した時、赤十字は既に部署に就いていた。円滑なやり取りで兵隊と帰国する彼らの家族を安心させ、軍隊の士気を向上させた。赤十字はまたアメリカ軍をベルギーに先導したが、そこはアメリカ軍の死傷率が高く、献身的な捜索隊に重い負担がかかっていた。

赤十字は捜索隊を、フランスに一番多く投入させた。戦闘部隊と行動しながら、捜索隊は生きている兵隊の聞き取り、臨時救護所訪問、そして可能であれば敵の捕虜からの聞き取りから、死傷者の報告を大変なペースでまとめていった。アルゴンヌの戦闘での米兵の死傷率はひどく、一九一八年十一月の停戦に至るまで、ほとんど事務処理能力を超過しそうだった。

情報局の最終的な活動は、戦争で死んだあらゆる人の墓の写真を可能な限り提供することだった。軍の墓地登録局と協力して、赤十字はそれぞれの写真数枚を家族たちに送った。一九一八年十二月までにひと月あたり七〇〇〇枚を提供し続けた。この成功により赤十字はもとより、キャッスルのリーダーシップは好感を以って記憶されることになった。

一九一九年二月にキャッスルが職を辞した時、情報局は赤十字の中で優勢な機関となり、最も目立っていた。戦時中の彼の在職期間、問い合わせは週に二、三〇〇〇通から最高で週に一万五〇〇〇通になった。情報局は最初の三人からワシントンの事務所で三五〇名を超え、現場の全職員は一四〇〇名を超えた。これは政府の規制を可能な限り回避し、官僚的な陸軍省の妨害をなだめながらの偉業であった。

この国際的ミッションの成功は、キャッスルをヨーロッパと同様に、ワシントンでも有名な人物とした。多様な背景を持つ人々と共に働く能力、多くの国際的な交流、ヨーロッパに関する詳しい知識など、キャッスルの独創性に敬意を表していた国務次官フランク・ポークは、国務省の特別補佐官にならないかと彼を誘った。彼はこの就任を熱望し、政府内の有力者からも喝采を浴び、生涯にわたって外交問題に携わることになったのである。

✺ 第2章　ハワイにおける大ストライキ

一九〇九年のストライキ

キャッスルが国務省で働くようになった一九二〇年、彼にとって沈鬱な事件がハワイで起きていた。キャッスルの親族が関わる「キャッスル・アンド・クック社」はサトウキビを基幹産業としていた。キャッスル・アンド・クック社を始め、いわゆる「ビッグ・ファイブ」の下で働く労働者の多くが日本人だった。その労働者たちがストライキを決行したのである。しかもそれは一月から六月終わりまで半年近くも続いた。フィリピン人労働者も関係していたが、主体は日本人である。

サトウキビ畑で働く日本人労働者のストライキはこれが初めてではない。一九〇九年にやはり四か月の大ストライキが起きている。これは日本人の移民問題とも密接に関連しているので、その方をまず叙述しておこう。

一八八五年の官約移民により、多くの日本人が「カネが稼げる」と勇んでハワイにやって来たが、その境遇は「合法化された半奴隷に過ぎなかった」と相賀（そうが）安太郎は『ハワイ五十年の回顧』（一九五三年）に記している。相賀は一八九六年に二十三歳でハワイに移民している。その一〇年後に『日布時事』という新聞社の社長に就任する人物で、当時のハワイにおける日本人のオピニオンリーダーの一人である。

つまり移民は渡航費用を持ってもらってハワイのサトウキビ畑の労働者となるわけだが、草葺の粗末な宿舎で、一日一〇時間、週一日の休暇、月額一二ドル五〇セントの給料から諸経費が天引きされた。しかも官約である以上、三年の契約期間は辞めたくても辞められなかった。当時のハワイ政府の法律でも、中途でやめることは許されなかったという。さすがに待遇改善を求めて多くのトラブルがあった。「ルナ」と呼ばれる現場監督の命令に従わないと鞭で打たれることもあったというが、これはそういう際のことだったのだろう。ストライキ自体が違法だった。

官約移民制度は一八九四年に廃止されたが、その時点で三万人近い日本人がやってきていた。その後は民間の移民会社が業務を継続するが、サトウキビ畑の労働者の待遇が改善されることはなかった。

ただ相賀によれば、「労使の関係が密接なのと、日本人を全然疎外しては、すべての経済機構に支障を起す恐れがあるために、時々は種々なる事故や問題もありしが、米大陸の如く排日熱が激化せず、終始常にただ微温的の暗流として存していた」という。

これにはハワイの常春の快適な気候とハワイ人独特の「アロハ精神」が影響を与えていると彼は言う。ハワイに集まってきた各民族の間にアロハ精神が影響を及ぼし、世界中で「最も理想的なる人種の坩堝(るつぼ)としての状態を保つことを得た」のだという。

一九〇〇年にハワイがアメリカ領土に編入されると、ハワイにいる日本人たちが本土に一気に渡航するようになった。本土は人手不足でハワイより給与が高く、多くの者が本土で出直しをしようと思ったのである。相賀によれば、一九〇一年末から一九〇七年二月までに、約五万七〇〇〇人に上ったという。ちょうど日露戦争の頃で、彼らの多くがカリフォルニア州やワシントン州などの西海岸に集中した。

日本人の急激な増加は、西海岸における白人たちとの間に軋轢(あつれき)が生じるきっかけとなる。賃金が安く長時間働くなどの経済的問題、また生活習慣の違い、白人優生学からくる人種的な偏見など、問題は複雑にからまっていた。一九〇六年、サンフランシスコ教育会は日本人児童の隔離を決議した。その翌年にはハワイから本土への転航が禁止される。

このために一九〇八年に日米紳士協約が結ばれることになる。既に移民している人物の家族以外の移民を日本側が自主的に禁ずるのである。移民たちは独身の男が多いから、この時から写真で花嫁を娶る「ピクチュアブライド」が盛んとなる。これは本土でもハワイでも同じである。こうして子供が急増し、その風習が排日の種となった。

一九〇九年の第一次大ストライキはそういう時期に起きた。相賀はその指導者の一人だった。きっかけは物価の上昇で、サトウキビ畑の労働者の生活が苦しくなったのである。しかもポルトガル人やプエルトリコ人はルナとして給与が高く、一軒家に住まい、日本人たちは「豚小屋式のキャンプ」（相賀）であった。

相賀は『日布時事』で、一九〇八年夏から賃金の増給を要求する論陣を張った。これに賛同する者が徐々に増え、増給期成同盟が作られる。同盟の幹部たちは各地に出かけて、支援を求める演説会を開く。各耕地の支配人に対して増給の要望書を出す。そして聞かれなければ、ストライキをやろうという闘争方針が決まる。その場合、ホノルルのあるオアフ島だけでストライキに入り、その他の島は通常の労働をして、ストライキ中の農民の闘争資金を援助する戦術なども決められた。

耕主（地主、資本家）側はこれにうろたえ、ハワイの英字新聞は相賀らを「アジテーター」と非難した。耕主側としては、給与増額は砂糖の売価に影響する。大消費地の本土からは遠く、フロリダやキューバとの産地競争に不利になる。安易に応じられるものではない。

結局、相賀や労働者たちの要望は聞かれることはなく、遂に一九〇九年五月半ばから耕作放棄のストライキに突入した。オアフ島の農民はその居住家屋から追い出された。期成同盟は日本人所有の劇場や空き地にテントを張るなどして収容し、その生活を支えた。ストライキは紳士的に整然としたもので、使用者側への暴力などは決してなかった。居住家屋を追い出される農民たちは、きれいに掃除してから出て行った。

六月になると相賀ら幹部は耕地営業妨害罪で捕まり、留置場に入れられた。出るためには高額の保釈金が必要だった。その後公判となる。こういう事態に動揺する農民に対する耕主側のストライキ切り崩しもあった。サトウキビは枯れ始め、涙を呑んで復業する者もいた。耕主に対して自立性の高い請負耕作者もおり、彼らは収入の減るストにあまり賛成でなかったが、民族的な団結心に水を差すことは許されなかったのだ。

八月五日、期成同盟は声明を出してストライキを中止したが、それは相賀によれば、無条件降伏だった。しかし耕主側の損害も甚大で、二〇〇万ドルにもなったという。そういう反省もあったのだろう。中止から三か月後の十一月の終わりに、ハワイ耕主組合は日給労働者に、奨励金（ボーナス）という形での増給を認め、従来からある請負耕作という形での自作農支援を拡大する、その請負耕作者の待遇と同じく、家屋、燃料、水、医薬診療は無料とするなどの解決策を声明したのである。給与の人種的差別もなくなった。期成同盟幹部の相賀安太郎らは有罪となり、四か月服役した。

キャッスルはこの時期はハワイにいないが、どのようにこのストライキを見ていたのだろうか。『ハワイ、その過去と現在』には、特にこのストライキについては書かれていない。ただ、このような記述がある。

「砂糖農園の大きな問題は労働力である。労働力は安価でなければならず、最良の結果を出すためには固定されていなければならない。農園は中国人を排除することで計り知れない被害を受けてきたが、中国人は労働者として白人と競合しないため、ここでは排除の意味を失っている。日本人は興奮しやすく、落ち着きがない。ハワイ人とポルトガル人は、需要を満たすには少なすぎる。畑仕事の労働者は、快適な家に加えて、月に一八ドルから二五ドルを得ている。農園では、様々な協同組合制度や、プランテーションで働いた期間に応じて賃金が上がるスライド制なども試されている。利益は大きく、過大資本の農園はほとんどないが、産業の初期には時々あったように、決して贅沢ではなく、生産コストの深刻な増加に耐えられる農園はほとんどない」

「興奮しやすく、落ち着きがない」という日本人評価にはストライキの影響があるようだ。「生産コスト」にはむろん労働者への賃金も入る。「中国人排除」というのは一八八二年にアメリカで成立した中国移民禁止法のことで、準州となってからはハワイにも適用された。

また日本側の自主規制により、移民が少なくなる。この時点では、それは南欧からの白人移民で代用できると彼は考えていたらしい。

「ハワイで重要なことは、労働問題を満足のいく形で解決することであり、唯一の適切な解決策は、独立した小規模農家の階級を創設することであると思われる。東洋人が無制限に移民できる時代は終わった。もっと白人労働者とのバランスを取る必要があり、準州や農園は多大な費用をかけて南欧から毎年大量に運んでくる。彼らは家族を連れてくる。彼らは一生サトウキビを刈ることは期待できないし、期待すべきではない。独立した土地所有者になり、自分たちの小さな農場や果樹園を持ち、それを耕して子供たちに残したいという彼らの野望は、この準州で実現すべきだ。土地に関しては何の問題もないが、彼らは小規模農業が利益を生むことが証明されない限り、土地を欲しがらない。このため、あらゆる種類の作物をテストし、小規模農家のための中央販売代理店を設立する努力がなされている。これらの実験が完了し、この種の農業がハワイでも本土と同様に実現可能で収益性があることが証明された時、プランテーションの労働者はサンフランシスコ行きのチケットでなく、高地の農場を購入するのに十分な資金を得るために働くことが期待されている」

しかしヨーロッパ農業移民は実際には活発化せず、ハワイ経由で本土に渡る者が多かった。ハワイ当局はこの方針を日本人相手に取ることになっていくのである。

一九二〇年のストライキ

相賀安太郎はその後、ハワイの白人社会と徐々に融和していくようになり、次のエピソードにも明らかなように、相互の架け橋となる立場をとるようになっている。

一九一八年六月、相賀はホノルルで開催された汎太平洋同盟（Pan-Pacific Union）のフランクリン・レーン内務長官の歓迎会でウィリアム・キャッスルと会っていた。

キャッスルはその席上で演説をした。ハワイ人はその他の南洋諸島の原住民とは違っている。ハワイに白人が入って来ても、白人は未開国、半開国に対するような治外法権を要求しなかった。つまり白人はハワイの法制度に安心して服した。これはハワイにアロハ精神という美風があるからだと述べた。相賀には自らの経験上のこともあってか、これはかなり印象的であったらしく、自著の『布哇(ハワイ)その折り〳〵』にこのことを記している。

汎太平洋同盟はその前年にホノルルで発足した環太平洋地域の連携と相互理解を目指そうという学術団体で、歴史的には、その後一九二五年にやはりホノルルで発足した太平洋問題調査会（ＩＰＲ）の先行団体のような位置づけにある。相賀はＩＰＲにも関係している。その創始者の一人であるフランク・アサートンと懇意な関係にあり、彼はＩＰＲの理事に相賀を推薦した。アサートンは「キャッスル＆クック」のクック家の人物で、キャッスルの一歳年上であり、二人は親しい関係にある。太平洋問題調査会の第一、第二回会議は、キャッスルの母校であるプナホウ校で開かれている。

米国本土での排日運動はますます激しくなっていた。
一九一三年、カリフォルニア州では日本人の土地所有が禁止された。しかし日本人はアメリカに生れたら、自動的に市民権を与えられる自分の子供の名義で購入することで所有土地を増やした。ピクチュアブライドで子供が激増していたのだ。しかしこのことがまた白人の怖れを招いた。そのために、本土ではピクチュアブライドや二世の土地所有は一九二〇年に禁止されるのである。

この一九二〇年にハワイで第二次となる日本農民の大ストライキが勃発した。この事件についての研究は、『日本の陰謀』（ドゥス昌代著）が詳しい。以下、これを中心に事件の概要を描いてみよう。

今度のストの指導者はこの年三十歳、堤隆（のぼる）という京都帝大出身のインテリだった。しかし特に左翼的な運動の経歴はなかった。彼はキャッスルがホノルルで演説する四か月前に、日本語学校長としてハワイにやって来た。ほどなくハワイの日本語新聞の記者となった堤は、労働者たちの生活実態を見ているうちに、その経済環境を改善しなければいけないと感じたようだ。原因はまた物価の上昇だった。

一九一九年十二月五日、堤が中心となった「ハワイ日本人労働団体聯盟会」が結成され、最低日給七七セント（一〇時間労働）を一ドル二五セントに増給させることが最終的に決められた。聯盟会は年内に増額を要求して却下され、また要求したが、翌年一月十四日、耕主側から再交渉を拒否することを告げられた。こうしたことから二月一日にストライキ突入となった。そのやり方は十年前と変わらず、オアフ島でストライキを起して、他の島の労働者は働きながらオアフ島ストライキへの資金的な援助をするというものだった。

六月末まで続いたこのストライキが注目されるべきなのは、白人側からハワイの支配をめぐる戦いだと見られたことにある。既にハワイの人口は半分近くが日系となっていた。一部の白人たちは日本人がハワイを乗っ取る時代が来たと思ったのである。

既にハワイの英字新聞が、一月の終わりにストライキを煽動しているのは日本政府だと書き、日本からやってきた教師や新聞記者が日本人労働者を煽っていると決めつけた。日本から軍艦が応援に来ると堤が演説したと捏造記事が出た。また彼は危険な社会主義者としても見られた。

二月六日、ジョン・ウォーターハウス耕主組合長は「聯盟会はハワイの砂糖産業を乗っ取ろうとしている。我々は断固戦う」と声明した。彼はビッグ・ファイブの一つ、ボールドウィン家の者であり、プリンストン大学を卒業してハワイに戻っていた。キャッスルの五歳上である。

しかし二月十一日、心配したハワイの日本総領事館に出頭した堤は、「ハワイで日本帝国主義を振り回すのは大間違いで、大いに米国精神を発揮し、ハワイのためのハワイを建設するためにこの運動を起こした」と述べている。つまり政治性はなく、純粋の経済問題だというのだ。

前回と同じように、労働者たちは家屋から追い立てられた。日本人としての結束を重んじたため、給与上は問題のない人も参加しなければいけなかった。スト破りすれば、郷里の新聞にまで公表する、つまり「村八分」にするということまであった。これがまた白人側を困惑させたが、日露戦争でも発揮された日本人の民族的団結力を恐れたことは間違いない。

二月の二十二日にハワイ大学で教鞭を執るパルマー牧師の調停案が公開された。穏健な人物で日本人、白人双方に信頼されていた。彼は労使関係に民族問題や国家問題を持ち込んだら危険だと耕主側に説き、日本側には「村八分」にするという白人に理解しにくい闘争方針をやめるように言った。調停案はストの中止、聯盟の解散、代表員を選出して、耕主側と労働条件を交渉するというものだった。

『日布時事』の社長だった相賀安太郎はパルマー牧師を信頼しており、これに賛成した。『布哇その折り〳〵』では、パルマーが日給七七セントは妥当だと述べ、相賀は反対していない。耕主側には調停案の賛成者がなくはなかったが、少数派で、ウォーターハウス組合長はこれを拒絶した。堤も聯盟の解散は認めることができなかった。

二月二十八日には、この問題でワシントンに来ていたハワイ準州知事が、上院の「移民及び帰化委員会」の極秘討議に出席していた。出席者の一人はカリフォルニア州選出のジェームス・フィーラン上院議員で、有名な排日家であった。この討議の十日後に彼は上院で、将来の日米戦争は避けがたいと演説することになる。

その五日後には、『ロサンゼルス・イグザミナー』紙が、「ハワイは恐るべき日本の前哨地点である」とハワイのストライキを念頭に入れたキナ臭い記事を書いた。

こうしたハワイやカリフォルニアの新聞情報やフィーランの演説、ウォーターハウスの声明に、キャッスルは心穏やかではいられなかったはずである。準州知事がキャッスルに面会に来たかもしれない。

キャッスルが『ワールド・アウトルック』（一九二〇年五月号）に、「ハワイは東に？　それとも西へ？」というハワイ観光案内的なエッセイを書いたのはそんな時期だった。ちょうどハワイ宣教開始から一〇〇周年の年で、ストライキの最中、ホノルルでは四月に盛大な祭りが開かれていた。

キャッスルがエッセイで一番強調したかったのは、観光案内的部分から逸脱した以下のような部分だろう。現在のハワイの繁栄の基礎は一〇〇年前にやって来た宣教師たちが作ったものだということである。彼らとメイフラワー号でアメリカにやって来たピルグリムファーザーズとを、彼は同一視している。「ニューイングランドを発ったサディウスらの宣教師たちは、異教徒の魂を救おうと気高い情熱に満ちていた。サディウスがオアフ島のカイルア湾に錨を下した時、諸国の未来の歴史が、そこにある太平洋の歴史に新しい時代が幕を開けたのだ」と述べる。

ハワイ原住民に対する伝道、医療、教育、そして徐々にサトウキビに代表される世俗的な産業の分野に宣教師の子孫の仕事は広がり、現在のハワイの繁栄の礎を築いた。半世紀前は年間六トンだったのが、現在は六四万トンであるが、それは雨が少ない所が多いので、山を貫いて遠くから水道管を引くなど、品種改良や灌漑設備に資本を投じた努力の結果であると述べている。

そうしてサトウキビ産業は多くの労働者たちを必要とし、現在では日本人が一番多くなっている。彼らを含め、「これがすべての者の利益を達成している。労働者がより良い待遇を受けられる農業事業はめったにない。彼らは賃金がいい。耕作する土地、快適なコテージが割り当てられている。医療、学校、燃料、水は無料である。そして最近五年間はすべてのプランテーションが利益配当のシステムを設けている。現在のように砂糖が高い時は、これは労働者に莫大なボーナスを意味する」と賞賛する。

「しかしこの理想的な条件の下で働いている労働者は満足しているだろうか？　逆にプランテーションは今現在ストライキによってひどく影響を受けている。このままなら双方にとっての利益を一掃することになるだろう」と彼は危惧し、ストライキを批判している。むろん彼の情報は耕地会社側のものがほとんどであろう。

「ハワイは大海軍基地でなければならないように、大陸軍の拠点でもなければならない。我が陸海軍軍人のために、我々はまっさらなアメリカニズムを活き活きと維持しなければならない。ホノルルは現在、人種のるつぼである。有力なアメリカ人は東洋人にアメリカの理想、道徳や生活の理想などを教えている。もし日本人が産業を支配するようになれば、彼らはその他の機構を支配するようになるだろう。ホノルルは横浜の習慣を取り入れるようになるかもしれない、あるいはそれを強制するようになるかもしれない。これは今世紀の記録の悲しい結末だろう」

米陸海軍統合会議がハワイに前哨基地を設けることを決議したのは一九〇八年である。その後、ホノルルの街から西に一〇マイルの地点にある真珠湾は、浚渫（しゅんせつ）されて三〇フィートの深さとなり、大型船が入港できるようになった。この年の八月には乾ドックがオープンする。そういった成果が多数派の日本人の手に渡ってしまうのは悲しいと彼は思っている。彼はアメリカニズムの正しさを信じていた。総領事館での堤隆の発言など知る由もない。

キャッスルはハワイ白人の保守的な層には、ハワイに州の地位を主張するのでなく、委員会政府を主張する者がいる。日本人という多数決によって、それが危険にさらされることになると予見しているからだと述べている。これはサンフォード・ドールに代表される意見だった。キャッスルの父もそうであったかもしれない。

膠着状態だったストライキは六月になって動き始めた。米本土政府は砂糖が出荷されないことに苛立ち、耕主組合に圧力をかけ、日本政府は対米関係への悪影響を憂いて、総領事館経由で聯盟会に圧力をかけていた。そこに曹洞宗のハワイ開宗にやってきていた磯部という僧侶が調停に入って来た。ウォーターハウスと話し合った末に、年末の耕主総会で最低日給二ドル五〇セントに引上げるという口約束を得たのだ。これを聯盟会側は呑んだ。ストライキ終結の記者会見が七月一日に行われた。

しかし年末になって聯盟会側は思い知らされる。ウォーターハウスは労働者を復耕させるのが先決で、二ドル五〇セントの念書も取らせなかった。増給額は一ドル一五セントだった。しかし相賀安太郎は「改善」と評価した。耕主総会も公表はしなかったが「さらに少しずつ増給」を決めていた。「アロハ精神」の発露だったのだろうか。ハワイ砂糖産業の成功は、日本人のおかげと認識する人も耕主側にいたのは確かだった。

しかし騒動はこれで終わりではなかった。むしろ始まりと言ってよかった。ただそれを叙述するには、キャッスルの国務省勤務と同時進行させた方が理解しやすいと思う。

✵ 第3章 国務省西欧部長・キャッスル

異例の出世

一九一九年一月十九日、ドイツのフリードリッヒ・エーベルトの政府は国民投票を呼び掛けた。新しい国民会議の代議員は大体穏健な左派からなった。ワイマールで開かれた会議は、共和国の初代大統領にエーベルトを、首相にフィリップ・シャイデマンを選んだ。

その年九月、一九一九年八月の憲法施行後のドイツの見通しをレポートするためにキャッスルはドイツに旅行した。ワイマール憲法の条項には、普通選挙権、比例代表制、人権宣言、そして政教分離の原則が含まれていた。しかしリベラルはうわべだけで、戦前のドイツが相当生き残っていた。産業カルテルや独占権は基本的に変わっていなかった。地方のボスもほとんど同じで、東プロイセンのユンカーは土地資産を保有していた。キャッスルはワイマール共和国が官僚、軍人、地主階級の忠誠に頼ることが正しいと証明できるのだろうかと疑念を報告した。

一九二〇年の春、キャッスルは再びドイツに行った。ドイツは戦後の「赤の恐怖（Red Scare）」に影響されていた。物価の上昇、戦後不況、労働争議、戦時中のプロパガンダによって助長された異論への不寛容の空気――極度の不安が戦後の社会的、経済的変化によって煽られていた。単発的なテロが史上最多のストライキと結びついて、コミンテルンの仕業と思われた。

キャッスルはソ連がなす国内的、国際的な情況に〝毒を盛る〟試みを遺憾に思った。彼はソ連政府からヨーロッパの最も重要な国に仕掛けられたスパイへの秘密指令を暴くことを主張した。あらゆる場合に、指令はサボタージュ、暗殺、妨害、そして策略を呼び掛けていた。スパイたちは急進的社会主義を前進させるために、戦後の混乱、貧困、そして飢餓を利用することを求められていた。

キャッスルの意見では、ソ連は実際はプロレタリアートにほとんど関心がない。彼はソ連が秘密警察の恐怖、肉体的強制、野蛮、そして虚偽を隠すために社会的正義の言葉を使うことに注目した。キャッスルは慢心した、不真面目な、誇張した、極端な主張を善とすることをいつも遺憾に思っていたから、ソ連の誇張は額面通り、「アメリカの口先だけのボルシェビキやセンチメンタルな空論過激派」に受け入れられていると警告した。

彼は経済的に安定した民主主義のアメリカに共産主義の影響が広がることは懸念しなかったが、本当に恐れたのは民主主義の伝統のない荒廃した東欧、中欧の国々へのインパクトだった。たとえばハンガリーのクン・ベーラの共産主義体制下（一九一九年三月〜七月）で、共産主義イデオロギーは経済的混乱を利用して、ブルジョア改革と自治を葬ろうとした。農業が経済の中心なのに、農民たちは自分たちに所有権のない農作物を植えることを拒否した。小工場主もまた財産や利益が危機に直面することを恐れて、生産をやめた。学識のある人々は、命の危険があるために国を去った。

キャッスルが安堵したのは、クン・ベーラ政府が短命だったことだ。ウィルソン政権の食糧担当の行政官だったハーバート・フーバーは、食糧供給を操作してクン・ベーラに強い圧力をかけたが、キャッスルは崩壊の理由をルーマニアにおける赤軍の敗北にあると見た。ハンガリーの共産主義は、隣人の強奪から新生国家を守ることができると主張したから短命になったとキャッスルは論じた。脅威は去り、より保守的な政権が成立した。

ドナウ川流域の生れたばかりの国々の不安定さも厄介で、キャッスルの関心を引いた。時代がかったオーストリア＝ハンガリー帝国の突然の分割は、関税障壁や経済混乱の増殖を通じて危機を醸成した。これらの国々は実際的な貿易や交通路を協力して開設することができないので、芳しくない結果を招いているとキャッスルは国務省に報告した。たとえば新しくできた境界線を越えて貿易ができないために、飢餓や欠乏がよりひどくなっている。それゆえ一つの国で余っている小麦が、国境線の数マイル向こう側の飢餓と同時存在するのだ。またできたばかりの新オーストリアは、既にドイツとの聯合（れんごう）の可能性を議論していた。

一九二一年三月、ウォーレン・G・ハーディング政権発足の際に、チャールズ・E・ヒューズ国務長官からの任命により、ウィリアム・キャッスルは西欧部長に任命された。二年前に国務省の特別補佐官(special assistant)となっているのだが、異例の出世というべきだろうか。しかし第一次大戦中に、ヨーロッパ内外の政府要人と多くの交流があったので、戦後ヨーロッパに関するキャッスルの知識と意見は、対外事務の陳腐な初心者のそれより歓迎されたのである。大戦中の赤十字の仕事は、既に外交官の仕事のようなものであった。

西欧部長としてのキャッスルの初期の責務の一つは、ヴェルサイユ条約で敗北を余儀なくされたドイツとの単独講和を上院で促進することだった。大統領ハーディングの就任後まもなく、上院はドイツとオーストリア＝ハンガリー帝国との戦争終結宣言決議を通過させた。国務省は条約を準備した。消耗し尽していたドイツ政府は一九二一年八月二十五日にベルリンで調印し、オーストリアとハンガリーもすぐに続いた。

西欧部長になる前、キャッスルは外地勤務の海外のポスト任命に関し、関係者に報酬を渡す慣行を批判している。彼は外交部門の改革を問うた。合衆国の外交に与えられた役割は増大しており、利権的慣行の継続はもう不可能と彼は論じた。

この目的に向かってキャッスルは、下院議員ジョン・ヤコブ・ロジャースの後援の下に、法改正を強く支援し、非公式にロビー活動もした。この改正案は長くかかったが、一九二四年五月に議会を通過し、キャッスル、ビル・フィリップス、ジョセフ・C・グルーなどが推奨する、新しい専門化した職業の外交官を輩出することになる。

このロジャース法は外交と領事館業務を一体化し、一体化したものを外交局（Foreign Service）と新たに命名した。またさらに任命と昇格のための段階的な実力本位制度を規定した。多くの場合、給料は増加し、正規の退職システムが導入された。専門化した業務の増加に対処するのに必要な教育が必要ということで、外交養成学校が開設された。教育期間は一年間、任命までの仮採用期間とみなされた。キャッスルは活動的な講師で、ここで彼の考えの多くが新米公務員たちに授けられた。

一九二〇年代を通して、キャッスルは外交養成学校でしばしば講演し、しかも人気があった。きびきびして粋な風采、気品のあるマナーで、彼は傑出しており、ワシントンの公務や外交の場だけでなく、社交界でも流行の最先端を行っていた。

この学校の教師であった人物の一人に、後のCIA長官となるアレン・W・ダレスがいる。彼は一八九三年の生れで、キャッスルよりも十五歳若いが、国務省に入ったのは一九一六年でキャッスルより先輩である。二人の交流はこうして始まり、兄のジョン・フォスター・ダレスともキャッスルは知り合うようになる。

反日感情の昂進

一九二一年一月、FBI報告書「アメリカにおける日本人問題」が作られた。驚くことに、ハワイで人口のほぼ半数となった日本人の現状からして「カリフォルニア州が日本の一県となるばかりか、全西部沿岸が日本の支配下に置かれるのはまさに時間の問題とみられる」と記されているという（ドゥス昌代『日本の陰謀』）。

兎のように子供を産む日本人へのアメリカ側の恐怖心はそこまで高まっていた。排日家のジェームス・フィーラン議員は一九二〇年の選挙で再選されなかったのだが、その選挙ポスターには「カリフォルニアを白いままに（Keep California White）」というスローガンがあった。オーストラリアは一九〇一年から有色人種を入れない白豪主義を取っていたが、同じことをカリフォルニアもやろうというのだ。一番邪魔なのは日本人であるというのが彼の主張だった。日曜日は安息日だが、その日にも日本人は働くのだ。西海岸の新聞には、毎日のように「ジャップ」という字が躍っていた。

再選されなくても、彼の主張は通った。一九二〇年十一月、カリフォルニア州で帰化権を持たない外国人が子供の財産を管理できない、借地権も認めないとする外国人土地法改正案が可決された。外国人とぼかしているが、ターゲットは日本人である。フィーランは改正案を通すために、請願請負業者を使い、署名者一人につき二五セントを支払っている。

一九二一年五月四日、ハワイの耕主組合の代表三名がワシントンに陳情に行くために船に乗った。要件は、安い労働力を得るために中国人をハワイに移民として入れることを要請することである。中心人物はホノルル商業会議所の代表のウォルター・ディリンガムで、病気で倒れた父の仕事を継ぐためにハーバード大学を中退した人物だった。真珠湾に乾ドックを作ったハワイ浚渫会社の社長でもある。キャッスルの三歳上で、やはり幼馴染の関係である。ワシントンに住み、国務省に勤めるキャッスルに挨拶にやって来たのは間違いあるまい。

彼の目的は、ストライキは片付いたが、日本人労働者は信用ならないとの思いからだった。ディリンガムはカリフォルニアの排日運動家、『サクラメント・ビー』新聞社主のヴァレンタイン・マクラッチーやフィーラン元議員と手をつないだ。彼らをハワイに呼んで、排日演説を行わせた。

マクラッチーがハワイに来たのは一九二一年十月で、ロータリークラブの演説で日本人は絶対にアメリカに同化しないと酷評するものだった。相賀も聞いていた。しかしフランク・アサートンが立ち上がって、「私はあなたと意見が違う。日本人は指導よろしきを得れば、立派に同化することができる」と反論したのだ。

国務長官チャールズ・E・ヒューズはまもなく開かれる予定のワシントン会議に日本もやってくるのを勘案し、ディリンガムのロビー活動を懸念して、抑えた。結局、彼の陳情はワシントン会議の終了した一九二二年二月以降も続くことになる。彼が上院の公聴会で発言したことで注目されるべきなのは、「第二次ストライキが始まるまでは、日本人は同化可能と思っていた」と述べたことである。

ワシントン会議

ワシントン会議は一九二一年十一月に始まって、翌年の二月六日に終わった。ヒューズが全体会議の議長となったこの会議を概観しておこう。

第一次世界大戦の戦勝国の一員として、日本は列強の一国として世界に躍り出た。台湾、朝鮮を領有し、太平洋の中心に委任統治領を持つ影響力ある国家となった。満洲にも大きな権益を持ち、大戦中に中国山東省にあったドイツの権益を継承し、戦時中の西原借款で中国政府にも強い影響力を持つようになっていた。またロシア革命の混乱に乗じてシベリアに出兵し、米軍の撤退後も、なかなか引揚げようとしなかった。ロシア権益下にあった東支鉄道（満洲北部を縦断する、シベリア鉄道のバイパス線）を領有しようとしているのじゃないかとも見られた。

この有色人種の強国を米国中心、あるいはアングロサクソンによる国際秩序体制下に組み込もうと意図したのがワシントン会議である。パリの講和会議とヴェルサイユ条約は日本有利にできていたが、これを英米有利に引き戻そうとしたのである。山東省返還問題で、日本に反撥して講和会議を蹴って帰国した中国はこの会議に参加する。討議される問題は軍縮と中国に関するもので、日本は警戒した。

しかし会議の冒頭に、アメリカ全権のヒューズから、海軍主力艦（戦艦・空母）英米日の比率は、10・10・6でどうかと言われた時に、加藤友三郎首席全権は承諾せざるを得ないと決めた。しかし日本海軍は、対米七割の国防基準というものが一九〇七年、日露戦争直後に決定していた。仮に対米戦争となっても、近海に待ち構えれば対等に戦えるという限界が対米七割である。そのための建艦計画が八八艦隊（戦艦八隻、巡洋艦八隻）であり、加藤が中心となって推進した。その計画を諦めなければならない。

一九二一年十二月二十七日、会議の最中、加藤は随員の堀悌吉中佐を帰国させた。堀に持たせた手紙には、「国防は軍人の専有物ではない。国防は国家総動員の上に築かれねばならない。言い換えれば民間工業力や貿易が盛んに行われて、国富の裏打ちがされなければ国防力は高まらぬ。金がなければ戦争はできないということである」とあった。

日本は戦時中にアメリカとの貿易関係が緊密となり、対米輸出は三倍、輸入は五倍に増えていた。生糸を輸出し、綿花を輸入して綿織物を作って売るという依存関係、産業構造が既にできていた。軍艦を作るには巨額の資金が必要である。しかも戦時中は好景気に沸いたが、戦後はその反動で不況に陥った。客観的に見れば、日本の資本主義構造は脆弱で、その気になれば自給自足も可能なアメリカと違い、貿易依存度は日本の方が高かった。

主席随員の加藤寛治は強く反対したが、これを押し切ることができたのも、加藤が海軍内で持つ威厳のゆえであった。しかし加藤寛治の反対も理解できる。米軍側随員には、日本側に「アメリカが中国問題で日本を屈服させるには、日本を六割の比率に抑えることが絶対条件だ」と言明したヒラリー・p・ジョーンズ提督がいたのである。また彼は日本に七割を許せば、フィリピン防衛は不可能だと述べる人物でもあった。

これに対して加藤友三郎は無抵抗ではなかった。米のグァムやフィリピンの基地防備を現状維持に制限することをヒューズに約束させた（日英米仏の四か国条約）。米海軍はハワイを最西の基地とするほかなくなる。むろんこれにヒラリーら、大海軍主義者たちは反撥した。

二〇年も続いた日英同盟が破棄され、また日米英仏伊蘭中、ベルギー、ポルトガルが調印した、中国に対する門戸開放、機会均等、その主権と領土保全を尊重した九か国条約が結ばれた。日本が大戦中に獲得した山東省の利権が中国に返還された。

この時の駐米大使兼ワシントン会議全権が幣原喜重郎で、西欧部長であるキャッスルは会議とは無関係だったが、幣原と深く知り合うことになる。その当時のキャッスルの対日人間関係は、幣原のような外交官たちが主な対象である。特に佐分利定男臨時大使夫妻とは親しく家族付き合いをしていたようだ。後に北京勤務時代に佐分利の妻が病死し、その後佐分利自身も自殺した報を聞いた時は、二つの美しい人格（beautiful character）を失ったと回想している。その後の埴原（はにはら）正直、松平恆雄（つねお）、出渕勝次らの大使とも親しく交際した。

彼らを通してキャッスルは日本人の素晴らしさを認識していくのだが、それは彼らが日本人でも特別な地位にいる特別な人だからそう思うのだと混ぜ返されることもあったようである。それに対して彼は、「我々は、その国の最高の市民によってのみ、その国を正当に判断することができる。彼らはその典型であります。国が常に前進するのは、彼らのリーダーシップによるものです。国家の性格を決めるのは、最高のものであって、決して最悪のものではない」と弁護している（一九三〇年五月六日　神戸での講演）。

日本移民の国籍問題

ワシントン会議の終了後、ハワイの日系人問題は再び議会で取り上げられた。一九二二年四月十三日、ディリンガムは自分宛てのフィーランの手紙を上院で、Ｔ・ウォルシュ議員に読み上げさせた。内容は日米紳士協約の廃止、二世の市民権剥奪、排日移民法の提案という過激なものである。フィーランは前年末にハワイを訪れており、その感想を送っていたのだった。

佐分利臨時大使はこの手紙が、日本人がハワイを政治上経済上支配していると誇張していると、その危険性を本国に報告している（四月二十四日付）。多分この時点で、キャッスルの日本人観は『ワールド・アウトルック』に寄稿した頃より確実に深化していたと言えるだろう。後の回想によれば、『武士道』（新渡戸稲造）などの日本に関する英語の本を読み、日本絵画、美術なども鑑賞したようである。駐日大使からアメリカ大使（一九二七〜一九三三）に異動していた知日派の文人外交官、ポール・クローデルからも日本についての豊富な知見を吸収し、彼の著書『朝日の中の黒い鳥』（一九二七年刊）も読んだと思われる。

しかし結局、中国人移民の許可は、有色人種という共通項から反対する本土の労働組合などの意向も強く、法案にもならなかった。だが、第二次ストライキの影響はハワイを含む在米日本人たちを思いもよらぬ方向に導くことになるのである。

一九二二年十一月、連邦最高裁判所は、帰化を申請していた日本人一世、小澤孝雄をモンゴロイド系のゆえに「帰化不能外国人」と判断して、請求を却下した。アメリカは白人のものと宣言したようなものだった。小澤はカリフォルニア大学バークレー校を卒業したエリートで、ハワイで結婚し、当時はホノルルに住んでいた。相賀安太郎はその裁判を支援していた。相賀によれば、最高裁の判決もワシントン会議の前のはずだったのだが、反響を懸念したヒューズ国務長官の要請で、会議後に延期されていたのである。

このようなストライキ後のハワイ白人社会の反日的な状況を憂いていたのは相賀だけではない。一八九四年に日本から宣教師としてやってきていた奥村多喜衛もそうで、相賀によれば、奥村の日米融和のための奔走が大車輪となって始まるのは一九二一年からである。アメリカ人にならないから信用されないのだと、日本人相手に彼はとにかく「同化」を説いた。

「ハワイ移民」と現在は言われるが、当初の移民たちは出稼ぎ感覚が強かった。日本に土地がない、仕事がない、それで海外で稼ごうというのである。裸一貫若い男一人で海を渡り、サトウキビ畑で働き、稼いだ金は日本に送金する。むろん男女の比率は極端に違う。売春婦も渡来してくる。風紀も悪くなる。男女間の様々なトラブルも起る。その内に「長く働くのなら」とピクチュアブライドが始まる。生れた子供は自然にアメリカの市民権を得るが、親は当然の如く領事館に届けを出す。二重国籍問題が生じる。

また日本語学校に子供を通わせる。日本語学校は一九二〇年には一四三校、約一万七〇〇〇人が通っていた。日本海軍の練習艦隊はハワイにも立ち寄った。すると大勢の日本人が港に押し寄せ、君が代を歌い、日の丸の小旗を振る。

日系人はどこの国に忠誠を誓うのか。これでハワイの人口が日系で半分になれば、日本人はハワイをどうするつもりかと白人社会に動揺が生じるのも不思議ではない。稼ぎは地元に還元されることはなく、日本に送られるのならなおさらである。

奥村は日本国籍を離脱し、アメリカに身を埋めることを決意するよう、一九二一年からハワイ諸島を説いて回ったのである。これが毎年続いた。「日本人は同化する」というアサートンのような理解者もいた。しかし小澤裁判の苦い結果もあった。いきおい彼の説法のターゲットは二世たちとなっていく。そのため奥村は日本にもやって来た。二重国籍問題は日本政府にも理解してもらわなければいけないからである。日本の法律には、成年に達すれば国籍離脱ができない条項があったのである。一九一七年に彼は澁澤榮一(しぶさわえいいち)

と知り合っていた。澁澤は理解があった。澁澤の紹介で原敬総理大臣とも会った。原も法律の改正は簡単ではないが、子供が米国籍を取ることは当然のことであると奥村に理解を示した。原敬の日記に奥村の名前は出てこないが、恐らく日記に名前が頻出する澁澤と一緒の時だったのだろう。

ドイツの政情不安

一九二二年十月、キャッスルはジョセフ・C・グルー国務次官の指示でベルリンに招集された派遣団の一員だった。グルーと彼の委員会の目的はヨーロッパの経済状況の研究、戦債の評価と回収問題だった。特に注目されたのは、現在進行中のドイツの経済危機だった。

ヴェルサイユ条約の発効は一九二〇年一月十日である。巨額の賠償額を支払う義務を負ったドイツに対し、翌年一月の聯合国パリ会議で、ドイツは四十二年間、二二六〇億金マルク、毎年輸出額の一二％を支払うことが決定された。この天文学的数字にドイツは与野党問わず大反対を唱えた。これに対して聯合国側は三月にデュッセルドルフを占領し、五月に総額一三二〇億金マルク、毎年二〇億マルク、輸出額の二六％支払いの賠償計画の無条件受諾を迫った。これを受け容れなければドイツの大産業地帯のルール地方を占領するというのである。ドイツはこれを受け容れざるを得なかった。強硬派の筆頭は戦争で被害を受けたフランスであるが、対するドイツの経済崩壊による惨状はそれ以上のものだった。

ドイツはこの年末に賠償年額を何とか払ったが、その後の予定が立たず、支払い猶予を聯合国側に要請した。しかし翌年一月にはフランスで対独強硬派のポアンカレが政権を取った。四月に欧州復興問題でジュネーブ会議が開かれたが、フランスが強硬で、賠償問題では何の成果もなかった。マルクは価値が暴落し、ドイツは七月に賠償猶予の要請をするしかなくなった。翌月に一九二三年分の猶予は認められた。

キャッスルの欧州行きはそのような危機的時期に当たっていた。十二月にロンドンで会議が開かれ、翌一九二三年初めにはパリで継続される。しかしフランスとベルギーによるルール地方占領が一月十一日に決行された。

インフレの驚くべき昂進、ルール問題に責任を取らされる形での内閣の交代、ヒトラーのナチスも加わったミュンヘン一揆などがこの年に起こり、ドイツの政情は混乱を極めた。

その後一九二四年四月に、老練な米国政治家チャールズ・G・ドーズによる「ドーズ案」が採択されることによってルール占領も終わりを告げることになる。「ドーズ案」とは、ドイツに金本位制への復帰を促し、八億金マルクの外債を供与し、当面五年間、一〇億金マルクから二五億金マルクへと段階的な自国通貨による支払いを認めるもので、賠償総額は決めない応急策だった。ドイツは相対的に安定した時代に入っていく。

英仏独は戦争で国土、経済が荒廃したが、アメリカは戦勝国でなおかつお金を貸す余裕があった。英仏は戦争遂行のためにアメリカからドルを借りていた。必然的にアメリカがドイツに資金を供給して、ドイツが自国の産業を復興させて、英仏への賠償を行い、英仏もそれを基に自国を復興させ、アメリカに戦債務返済をするという基本的形が決まってくることになる。

キャッスルはこのようなドイツを中心にした西欧の戦後の混乱、復興対策に専心し、その練達した外交官としての腕を磨いていくのである。

排日移民法の裏にあったもの

ウォルター・ディリンガムらのワシントンのロビー活動は、一九二三年六月、下院移民及び帰化委員会委員長、アルバート・ジョンソンのハワイ視察を実現させることになる。彼が一番気になったのは、ディリンガムから聞いた一九二〇年のストライキのことだったろう。

彼が知ったのは、ストライキを主導した幹部たちが、驚くべきことに全員牢獄に入っていることだった。その理由たるや、耕地会社側の人物と思われる日本人通訳、坂巻銃三郎がその住宅をダイナマイトで爆破された事件の被告であるからというのである。幸いなことに坂巻の家族は全員無事で、堤隆を始めとした被告の刑は「懲役四年以上一〇年以内」というものだった。

爆破されたのは一九二〇年六月三日で、まだストライキの最中である。日本人労働者の多くがキャンプ生活なのに、彼は二階建ての大きな家に住んでいた。日本人であっても会社側の人間で、恨まれる可能性はなくはない。しかしこの事件の裁判記録を発見して、その全容をつぶさに研究したドゥス昌代の『日本の陰謀』を読んでも、仕掛け人が日本人であることは間違いないようだが、命令者や真犯人が誰かははっきりしない。ともあれ堤隆ら「ハワイ日本人労働団体聯盟会」幹部が爆破犯に命令を出したということが、裁判で認められたということになる。

不思議なことに、彼らが起訴されたのは一九二一年八月、事件から一年以上も経っている。裁判が開始されたのは翌年二月一日で、三月十日に判決が言い渡されている。上訴したのは十三名で、堤ともう一人はせずに刑に服した。十三名の上訴も却下されて、彼らは同じ刑務所で服役した。

ジョンソンがハワイを視察している頃は、堤たちは獄中である。ハワイを乗っ取ろうとする日本人たちは、白人側に立った坂巻を家族もろとも爆殺しようとした凶悪な連中であると、彼は認識したのではないだろうか。実際の堤隆は刑期を終えると、すぐ帰国し、尊敬するキリスト教社会主義者の賀川豊彦に面会に行くような人物で、テロを容認する人物と思えない。

また日本語学校も裁判沙汰となっていた。一九二〇年のストライキ後、ハワイ当局は法を制定して、日本語学校をその管理下に置こうとしたのである。これはつまり日本語学校の廃止を目論んでいると、日系人側は思い込み、提訴するとの騒ぎとなった。その中心となったのは『布哇（ハワイ）報知』新聞社長の牧野金三郎だった。『布哇報知』はストライキ当時も過激な論調を展開していた。しかしこれには、日本語学校最初の設立者である奥村多喜衛や『日布時事』の相賀安太郎らの反対意見があった。提訴は一九二三年二月、却下されたが、直ちに上訴された。

それから三週間後、ハワイ準州議会の開会冒頭に、ハワイ知事が日本人批判を展開した。

「アメリカ領土であるハワイで、米国法が保証する個人の自由の精神を第一とする外国人が、それを特権かのように錯覚し、何かというと権利の主張ばかりする有様だ。その実例が一九二〇年の大ストライキだ。それを煽った日本語新聞だ。今こそアメリカ民主主義の基本的制度を保護するために、一層厳重なる法の制定が不可欠である」(『日本の陰謀』より)

アルバート・ジョンソンは知事とも面会し、その強硬意見に共感したのではないか。米本土に戻るや否や、「ハワイには日本人禍がある。即刻手を打たねば取り返しがつかないことになる」と発言した。

その年末、ジョンソンは新たな移民法を下院移民及び帰化委員会に提出した。その内容は一八九〇年国勢調査による基準に従い、出身国別の割当て移民を二%に制限するというものだった。

これには前段階の話がある。第一次大戦後、戦争で荒廃した欧州から多くの移民がアメリカにやって来たが、彼らは東欧や南欧出身者が多く、アメリカの期待するアングロサクソン系ではなかった。ジョンソンはそのために、一九二一年に国別の割当て移民(一九一〇年国勢調査による基準)を三%に制限する法案を通していたのだった。その期限が一九二四年に来るので、さらに厳しい法案を彼は作ろうとしたのだが、アングロサクソンに有利となる二%の適用は欧州のみで、アジア系は一切移民を認めない内容となっていた。「帰化権のない移民の全面入国禁止」である。日本とは名指してはいないが、それ以外に考えようがない。「排日移民法」と言われる所以である。

日本は直ちにこの議会の動きに反応し、翌年一月十五日に、埴原新大使がヒューズ国務長官とこの問題で面談している。ヒューズは政府として、細心の注意を払うと約束したが、委員会で採択された法案は二月一日には下院議会にかけられた。ヒューズは「日本が過敏に反応する可能性が強く、国辱として激怒するだろう。ワシントン会議の結果を無にしかねない」とジョンソン委員長に警告した。

ほぼ同時に上院でも同じような法案が提出され、証人としてマクラッチーやフィーラン元議員らが登場した。マクラッチーは日本の目的がアメリカを植民地化することだとまで述べた。ヒューズは上院の方にも注意を促した。

四月初めに上下両院の法案がまとめられて、審議されることになったが、賛成者ばかりではなかった。事態が一変するのは四月十日に埴原大使がヒューズ長官に送った抗議の書簡が、翌日に議会で読み上げられて問題にされたのである。書簡の一部にある「重大なる結果（grave consequences）」がアメリカに対する威嚇と受け取られたのである。

これで議会の空気が一気に法案賛成に回ってしまった。上院でも下院でも圧倒的な票数差で法案は通過した。『アメリカの排日運動と日米関係』（蓑原俊洋著）によれば、アメリカ内政上の都合によって、法案賛成者が多くなったのであるという。秋の大統領選に向けて、党内の結束の必要という事情が共和、民主両党にあったのだろう。

しかしヒューズ長官の近くでこの問題を見ていたキャッスルによれば、埴原に問題はなかった。一〇年後のことだが、彼は以下のように述べている。

「移民法が検討されていた頃、日本大使館は国務長官に、日本を選び出して抜本的な対策を講じようとする提案に抗議する文書を送った。移民法が可決された場合に起こりうることとして、大使は『重大なる結果』という残念な言葉を使っている。この言葉は文字通りの意味で使われた。上院は、この言葉を外交的な意味での戦争の脅しと捉え、アメリカは強要されることはないと証明するために、直ちに日本排除を法律の一部とした。上院は、このメモが国務省の提案で送られたものであることを無視したが、国務長官自身はこのフレーズに邪悪な意味はなく、意図した通りに文字通り受け取っていたのである。このように、米国は誤解と反省の欠如によって、日本が常にいわれのない侮辱と考えているものを日本に与えてしまったのである」(『ニューヨーク・ヘラルドトリビューン』一九三四年一月十二日)

書簡は「国務省側の提案で」作られたもので、議会はそれを無視したというのだ。蓑原氏も前掲書で、別の資料からこれを証明している。いずれにせよ、埴原の立場はなくなり、大使を辞職して帰国せざるを得なくなった。新大統領クーリッジは拒否権を行使せずに署名した。

ヒューズが危惧した通り、日本はこの新しい移民法を人種的、国家的侮辱として認識した。

国際聯盟事務次長だった新渡戸稲造は二度とアメリカの地を踏まないと宣言し、彼と札幌農学校の同期生であり、共に米国留学の体験を持つ内村鑑三も「米国風を一掃せよ」とこの年、多数の抗議の言論を発表した。東京帝大教授美濃部達吉は「日本国民に対する侮辱の感情がその根底をなしている」と書き、一九一七年に日米親善を謳って作られた「日米協会」初代会長の金子堅太郎は会長を辞任し、その後の言動が反米的になった。霊南坂のアメリカ大使館の前で名が分からないようにして自決した男もいる。国粋主義団体である玄洋社や黒龍会は、彼を「無名烈士」として顕彰した。

ヴェルサイユ会議で日本は人種差別撤廃案を提起したが、その理由の一つとして、アメリカにおける日本人差別の実態があった。これを葬ったのは米国代表のウィルソン大統領である。アメリカは何も変わっていないという憤りが日本の中にあった。

開国後の日本は一等国となるために、二度の大きな戦争をくぐらねばならなかった。その努力と犠牲において、第一次大戦後、五大国の一つとして認められたのだった。金子堅太郎は移民法成立三か月後、日米協会長辞任の理由を告げる澁澤榮一宛て書簡（八月九日付）に、「日本帝国は将来第二等の貧弱国と軽視せらるる事を思えば、維新の鴻業を築き上げられたる元勲・先輩に対し面目次第も」ないと述べているが、これは新渡戸や内村にも共有される感情であったろう。

日本の反撥はアメリカにも聞こえてきた。しかし九月五日、海軍長官カーティス・ウィルバーはサンフランシスコで演説した。「いかなる国民にもあるが、感情の爆発や侮辱感が原因となった他国からの攻撃に対して、これらの軍艦はアメリカを防衛するものである」と。さすがにこの発言は大統領に譴責されている。

ノーベル文学賞作家のパール・バックは、この移民法の成立によって、日本の親米リベラル勢力の退潮が始まったと論じている（『フォーリン・アフェアーズ』一九四〇年十月号）。それはまさに、日米関係が奈落に向かっていた頃である。

石原莞爾の日米最終戦争論

排日移民法でピークに達した日露戦後のアメリカの排日のうねりを独特の視点から見ていた人物が日本にいる。一九三一年の満洲事変遂行の中心人物である陸軍軍人の石原莞爾（一八八九～一九四九）である。彼の当時の考えを見ておこう。

大尉として揚子江中流の漢口の中支那派遣軍司令部に勤務していた時代（一九二〇～一九二一）に、日本にいる妻に以下のようなアメリカ批判の手紙を書いている（原文片仮名）。

日本国民の「此の生活の不安は第一に国土に比し人口が多過ぎるのが其の根本でありますから、移民の道を開いて、国内の人口を減ずるか、又は工業を大々的に発展さして残った人間の仕事を造るかの一者を選ばなければならないのですが、移民地として価値ある米国及び豪州（其の外の土地は日本人の大々的移民に適しませぬ）が日本人の入ることを許しませぬ。然るに又日本が工業を発達させる為には其のお得意先が要ります。其の得意先たるべき支那、印度等に対する日本人の経済的発達は絶えず英米人の嫉視を受けて居る次第です。即ち日本民族生存上の大問題は常に英米人の圧迫を受けて居ます。実に彼等英米人は自己の利害問題の為に我が生存問題の解決を妨げて平気で居ます。人道上の見地より誠に不埒（ふらち）な事です」（一九二〇（大正九）年六月二十日付）。

一九四一年に書いた回想には以下のようにある。革命で「ロシアは崩壊したが同時に米国の東亜に対する関心は増大した。日米抗争の重苦しい空気は日に月に甚だしくなり、結局は東亜の問題を解決するためには対米戦争の準備が根底をなすべきなりとの判断の下に、この持続的戦争に対する思索に漢口時代の大部分を費やしたのであった」（「戦争史大観の由来記」）。

「持続的戦争」とは「決戦戦争」という用語に相対する概念で、彼独自の「最終戦争論」という理論で使用されるものである。最終戦争論は彼がドイツに戦史研究のために留学していた時代（一九二二〜一九二五）にほぼ完成した。これは三つの柱から成り立っている。①仙台幼年学校時代の同期生の父親、南部次郎から訓育された興亜＝アジア主義の思想。②持続的戦争と決戦戦争が交互に現れ、戦争隊形が、点から線、面を経て、立体へと高度に進化していくという戦争史観。③トーナメント方式で準々決勝、準決勝と戦争の勝利者が決まり、最後は東洋と西洋の代表者による、仏滅後二五〇〇年を期す「前代未聞の大闘諍（だいとうじょう）、一閻浮提（えんぶだい）に起こるべし」という、彼が信仰する日蓮によって示された、世界が宗教的に統一されるための決戦戦争（最終戦争）が起る。その残虐極まる最終戦争の後に、戦争のない永久平和の時代が始まるという宗教的確信である。

アジア主義は、十九世紀半ばから欧米帝国主義勢力により事実上植民地化され始めた中国を筆頭に、アジアの独立と復興を実現、支援する日本で生まれた運動である。これが軍事的に表現されれば、アジア解放戦争となる。また、世界初の総力戦戦争で敗北し、この上ない惨禍にあえいでいたドイツを、石原はその目で、戦争史論で観察していた。帝国主義戦争は必然であり、米国は英国に代わる最強の覇道帝国主義国である。東洋の王道と覇道の戦いに日本は勝利せねばならない。そのためにはそれだけの科学力、国力を培養しなければならない。

意味深なことに、この時期は排日移民法が成立し、囂々たる批判が日本に渦巻いていた時代と重なる。戦争の進化の必然性、その最終段階の戦争は宿命的な文明観の衝突、日米決戦にあると石原は想定したのである。多大なる犠牲を伴うが、しかしそれはただの帝国主義戦争ではない。戦争の進化が極まり、弁証法的に否定され、世界が平和に統一されるための最終的な一里塚としての大戦争なのである。ドイツから帰国後の石原の行動は、その戦争史観によって規定されていく。

石原がまだベルリンにいる頃、米海軍は一九二五年一月から九月にかけて太平洋上で大演習を行った。ハワイでは四月末から一か月間行われ、戦艦十一、軽巡洋艦一〇、駆逐艦六〇、潜水艦十一その他、計一三七隻、参加将兵が四万五〇〇〇名という大規模なものだった。ウイルバー長官の時代である。相賀安太郎はこれが日本に対する示威運動とみられるとハワイで噂されていたと述べている。日本海軍軍人の多くもまた平静ではいられなかっただろう。「アメリカは太平洋を自国の湖水とするつもりか」と。

ウイルバーの大海軍主義者ぶりは尋常でなかった。一九二八年初頭に言明した計画によれば、五か年連続、経費総額七億二五〇〇万ドルを使い、一万トン巡洋艦二五隻、駆逐艦九隻、潜水艦三二隻、航空母艦五隻を建造するというのである。むろん全て太平洋に来るわけではないが、日本海軍の警戒感は高まる一方だったろう。しかしこの計画案は議会を通過せず、また彼は次期フーバー政権には留任しなかった。

また軍備問題は日米関係だけに収まるものでなかった。日本が米国に弱みを見せれば、中国に対日強硬派が台頭する危険があった。既に中国の中に、満洲の満鉄付属地を含む利権を回収しようという動きが出ていた。「遠交近攻」は中国の政客にとって古来の戦略であり、日本と対抗する際に、米国を利用することは「対支二十一か条の要求」(一九一五年)以来、難しいことではなかった。現にワシントン会議はそのために利用され、九か国条約が結ばれたのだ。日本は甘んじて、国際協調を優先したが、その結果はどうなったのか。

この時期、エドワード・W・エバール米海軍作戦部長(一九二三〜一九二七)は、「モンロー主義擁護のためであれば守勢的海軍で足りるが、中国の門戸開放遂行のためには攻勢的海軍が必要である」と公言していたのである。

キャッスル、国務次官補となる

ヒューズ国務長官は新たなるクーリッジ政権の発足に応じて、一九二五年三月に退職した。後任はフランク・ケロッグである。ウィリアム・キャッスルは、国際的な戦債に関する問題、移民割り当ての例外に関する問題、国際的な軍備削減促進への努力など、相変わらずヨーロッパ問題に忙しかった。ヨーロッパ問題の指揮をすると共に、国際聯盟の軍縮委員会の会合と連動するのに必要な準備作業もやるようになる。そして一九二七年春に西欧問題担当の国務次官補となった。この時の国務次官がジョセフ・グルーだった(六月末退任)。

着任早々の四月、キャッスルが出くわしたのが、フランスのアリスティード・ブリアンからの申し出であった。ケロッグ国務長官に米仏間の永続する平和を誓う二国間の互恵的な条約を結びたいと言ってきたのである。

一見すると穏やかな申し出だったが、実はヨーロッパの安全保障をアメリカの後ろ盾でフランスに委ねさせようとするものであった。もし調印すれば、この互恵条約は未来のフランス、実際は全ヨーロッパとの関係でアメリカの手を縛る芳しくない軍事同盟と言えるものだった。

合衆国の多くの民間の平和主義者たちがこれを支持して、国務省に圧力をかけた。キャッスルは鼻白む思いを捨て切れなかった。国務省の最初の対案（一九二七年十二月）の設計者がキャッスルだった。ブリアンとの間に立つのはポール・クローデル仏大使である。

調印国は自衛戦争をする権利を放棄しないと十分に保証した改訂条項の文言が含まれていれば、どの国も反対できない、より多くの国が調印し、実際上の束縛はより少ない、戦争を放棄した多国間協定を提案することをケロッグに促した。一旦なされた対案は、ヨーロッパや合衆国で非常に評判が良かった。思いがけない展開にブリアンは決定を遅らせようと試み、ケロッグの提案を中立的法律委員会に検査させると申し入れた。しかしながら世論の風潮は、ブリアンを象徴的な権威も持たない協定の受諾に追い込んだのである。

一九二八年一月一日の日記にキャッスルは、ブリアンを少し困らせてやれとからかうような記述を残している。「我々が彼を公然の場に追いやり、少なくとも書類上は戦争防止のための一歩となる何かをさせるか、あるいは何かを拒否するように仕向ければ、彼の足は完全に凍りつくことになるだろう」。

これがパリ不戦条約（ケロッグ・ブリアン協定　一九二八年八月）に至るまでの内幕である。

ケロッグ国務長官はキャッスルを最側近の一人と見ていた。彼が不戦条約でパリに行っている時、その前半はキャッスルが国務長官代理を務めていた。またケロッグがクーリッジ政権の終わりに辞任した時、キャッスルを国務次官に進級させる噂がたったことがある。

ジュネーブ海軍会議（一九二七年六月〜八月）はクーリッジ大統領が音頭を取ったもので、ワシントン会議で制限対象から外れた艦種を、たとえば巡洋艦まで拡大しようとしたものであった。しかしフランスとイタリアは参加を拒否した。大英帝国はさらなる減少を恐れ、帝国を守ろうと必死に努力し、国務省と合意することを拒んだ。キャッスルはイギリス、日本、そしてアメリカがジュネーブで軍備削減が推進できないことに失望した。

日本に対して、キャッスルは確信するものがあった。日本は自らの増大するアジアへの影響にもっと鋭敏に関係する、未来の会議には従順だろうと。会議が不首尾に終わる頃、キャッスルは松平恆雄大使との会話でそのような感想を述べている。

一九二八年は大統領選の年でもある。共和党の大統領候補はハーバート・フーバーであった。彼もまた第一次大戦中はヨーロッパの食糧問題で活動しており、キャッスルは彼を知っていた。戦後、フーバーはハーディング、クーリッジ両政権で商務長官を務めており、二人はますます親しくなっていた。キャッスルはこの年全力を挙げて、フーバーの大統領選に尽力するのである。十一月、フーバーは第三十一代大統領に選ばれた。キャッスルはそのまま国務次官補の職を継続した。彼は今度はフーバーの最側近となっていくのである。

ちなみに国務長官はフィリピン総督から異動したヘンリー・L・スティムソン、彼は国務次官に自分の親しい友人であるジョセフ・P・コットンを選んだ。極東部長は前年一月から、チャイナハンズのスタンリー・K・ホーンベックが就任していた。

一九二九年一月、キャッスルは就任前のフーバーに、駐日大使には傑出した人物が送られるべきだと進言し、「我々は中国が真に有効な政府を持たず、また長期に亙って持てる見込みがないにも関わらず、中国との友好を重視して日本を無視してきた」。そして排日移民法が争点として残っている限り、東京には第一級の人物を駐在させなければいけないと述べた（「東アジアにおけるアメリカ外交官」チャールズ・E・ニュウ）。

内外の様々な問題を解決してアメリカの明るい未来を切り開こうと、勇躍出発したフーバー政権だったが、発足まもなく思いもしない落とし穴が待ち受けていた。一九二九年十月二十四日、暗黒の木曜日に始まる世界大恐慌である。

✺第４章　キャッスル、日本特別大使となる

国務次官補からの就任は異例だった

ワシントン会議に引き続く海軍軍縮会議は一九二七年夏にジュネーブで日米英の三か国により開かれたが、英米の対立によりほとんど何の進展もなく終わってしまった。

一九二九年三月、職務に就いたフーバー大統領はこれを何とか再開させたいと考えていた。主力艦（戦艦、空母）以外の巡洋艦、駆逐艦などを討議する軍縮会議である。列国中、最大となる軍事費の財政負担を削減したい思いが彼にはあったのである。マクドナルド英国新政権はこの折衝に応じ、討議は進んで、海軍五か国による軍縮会議開催へと発展した。マクドナルド首相は九月下旬に訪米し、フーバーとの間で、英米両国の持つ海軍比率は均等（parity）ということで決着がついた。十月初旬に英国から日米仏伊四か国にロンドン会議への招聘状が発せられた。

日本政府は「欣幸」という言葉を使って招請を受諾した。濱口雄幸政権も打ち続く不況に、国民負担の軽減を考え、思い切った緊縮財政路線で行くことを表明していたのである。

一九二九年十二月十日、ウィリアム・キャッスルは日本大使に任命された。翌日の『ニューヨーク・タイムズ』は、翌年一月に開かれるロンドン軍縮会議の間だけの特別任務で、その後は元の国務次官補に戻

るのだと、以下のように伝えている。
「彼を特別大使に抜擢したのは、軍縮会議が開催されている間に、海軍の軍備制限に関する政権の目的に精通し、ロンドンでの交渉で起こりうる複雑な問題を日本政府に直接伝えることができる経験豊かな外交官を東京に置くためである。日本のミッションにキャッスル氏が選ばれたのは、軍縮会議の結果に対して多くの人が悲観的な見方をしている時である。この悲観論の多くは、フランスやある程度イタリアで広まっていると思われる意見を反映したもので、これらの国は、米英仏伊日、五つの参加国による条約の締結を確実にするような、いかなる軍備削減や制限の提案も受け入れないだろうという印象を与えている。

巡洋艦と潜水艦に関して日本が会議で主張することが最近明らかになったことで、こちらの官界はかなりの不安を感じており、キャッスル氏を東京に派遣するという大統領の決定は、この要因に直接関係していると言える」

「日本が会議で主張すること」というのは、巡洋艦（補助艦）比率が対英米七割、潜水艦が現有七万八〇〇〇トン維持のことである。出渕勝次駐米大使はこの問題を既にスティムソン国務長官やキャッスル相手に討議していた。

「かなりの不安」とは、そういう姿勢を日本が取るなら、アメリカはそれ以上の増艦に踏み切らざるを得ない、軍縮にならないということである。

ロンドンでの討議に際して、フーバー大統領は自国の外交的地位を守るため、彼の政策に威厳を添える十分に優秀な人々を主要な首都に大使として任命する対策を講じた。彼は日本のポストが特に重要であると考え、スイス公使のヒュー・ウィルソンに相談した。彼は日本にはキャッスルが一番いいと返答した。任命前にキャッスルは大統領に、自分は海軍会議の間だけという条件で任務を引き受けたいと伝えた。

ヒュー・ウィルソンは年齢はキャッスルより若いが、外交官経歴はキャッスルより長い。日本大使館の参事官（一九二一～一九二三）をやり、その後は国務省で時事情報部長、外交官執行委員長（一九二四～一九二七）をしていた。その頃にキャッスルと親しくなり、その対日観を理解していたのだろう。その後スイス公使となっていた。彼はロンドン会議の顧問団の一人である。

キャッスルの国務次官補からの任命は、それ自体が先例となるもので、またこれまでは大臣や国務次官のポストからしか大使を任命しないのが通例であったため、政権がキャッスルを高く評価していることを示すものであると『ニューヨーク・タイムズ』は述べている。

キャッスル自身は以下のように喋っている（一九三〇年五月六日、神戸での講演）

「大統領が私を日本に送った理由は二つあります。一つは、ロンドンで開催される海軍会議の間、日本の世論についてアメリカ代表団に十分な情報を提供するために、日本に大使を置くべきだということ、もう一つは、私が国務省での仕事に戻った時に、アメリカの極東政策に知的かつ同情的に取り組むためには、世界のこの地域について個人的に知っておくべきだということです」

日本全権団は最初、インド洋経由で行くつもりだったが、アメリカの要請でアメリカを経由した。アメリカもまた相手は日本一国のつもりであると理解している証拠だった。十二月十二日、シアトルに上陸した主席全権の若槻禮次郎は、「防衛的最小兵力、対米包括的七割を要求する。これは全国民の要望である」と声明した。これは出迎えに来た出渕勝次の勧めでもあった。

日本全権団は、ワシントンやニューヨークに事前協議のために数日滞在した。若槻は巡洋艦七割をフーバー大統領に主張したが、フーバーは急所に来ると、「ノー」と言った。艦種相互の融通という形をとれないか、それを考えてほしいと述べた。また一方では、十一月十一日の「大戦休戦記念日」での演説でも述べたように、「国際間に親善及び友好、並びに相互尊敬の念を養うことが平和のために最も有力な方法」だともフーバーは考えていた。

キャッスルはむろんこれらの会議に参加したのだが、堅苦しくないレセプションもあった。キャッスルの妻、マーガレットは財部彪（たからべたけし）（海軍大臣）全権の妻、いねと親しくなった。「彼女は自分が会った中で一番魅力的な女性です。彼女の穏やかな振舞いと優雅な威厳は、多くの温かい友人を獲得しました」と東京着後に述べている。いねは山本権兵衛元総理の娘である。

特別大使としてキャッスルが、妻と共に横浜に到着したのは一月二十日である。途中でもちろんハワイに立ち寄り、マスコミの取材に「幣原外相は知っているので大丈夫だ」と答えている。

横浜での『ジャパン・タイムズ』記者のインタビューで、キャッスルは、友好的な雰囲気が勝つ、ロンドン会議には楽観していると述べたが、対米七割をアメリカが認めるかどうかは答えることができないと述べた。また移民問題についても口は重かった。その理由は後に分かることになる。

しかし「私が読んだ本は、私が経験という現実に置き換えることを切望していたあなた方の国への称賛を与えてくれました。逆境でのあなた方の不屈の勇気、先進性、新しい考えを自分たちの立派な伝統の背景においてテストしてみて適用する能力、朝鮮や台湾で達成した素晴らしい仕事、これらのこと、その他の多くのことがアメリカの人々に深く印象づけられているのです。多くの面で、我々の理想はあなた方と一致しています。国際的な善意、国家間の信頼の造成という目的の下で、海軍軍備の制限、縮小という問題を解決するのに我々が提携するのは当然なのです」と日本への賞賛に関しては雄弁だった。

「ロンドン会議の間、大統領があなた方の政府と仕事をするために私を選んでくれたのは、私には大きな名誉であり幸福です。我々は成功するでしょう。なぜならこの会議の全体的な精神は、協力、希望、親善というものです。私は貴国の政府と人々にフーバー大統領の心からの願いと真心のこもった友情の表明を伝達できて嬉しいのです」

木造だったアメリカ大使館は大震災で焼け落ち、無事だった新装まもない帝国ホテルに仮事務所を構えていた。大使館では、その後終生の交友関係となるユージン・ドゥーマン一等書記官が待ち構えていた。キャッスルの横浜到着の翌日、ロンドンで軍縮交渉が始まった。日米英仏伊、五か国による会議だが、若槻の回顧録によれば、便宜上、二つに分けられ、大陸組と大洋組と呼ばれるようになった。大陸組は英仏伊、大洋組は日米英である。

英仏伊の大陸組とほとんど関係のない日本は、結局、アメリカとの比率がどうなるかにすべての問題がかかっていた。太平洋問題である。本稿もこれに焦点を当てる。日本の若槻首席全権に対するアメリカの首席全権は、ヘンリー・スティムソン国務長官である。

一月二十七日付の大統領への手紙にキャッスルは以下のようなことを書いている。在日一週間の報告である。「日本が満洲に既得権益をもっているという事実は、我々がキューバでそうであるのと同様に無視することはできない。しかし日本が満洲を併合する危険は、我々がキューバを併合する危険より少ない。……日本は極東における強力で忠実な同盟国になり得るだろうが、現在は疑い深い友人に過ぎない」。

しかし一月三十日の元米大使の埴原正直との対談で、中国問題に関するアメリカの考えを日本に押し付けるために、アメリカが日本に七割以下を要求している、中国問題で日米戦争が起きる可能性があると世論は理解しているとキャッスルは教えられた。この誤解を解かなければならないとキャッスルは思った。この場に吉田茂外務次官も同席していたようだ。終生続く両者の交友の始まりである。

一月末の『ジャパン・タイムズ』のインタビューで、キャッスルは「ロンドンの予備交渉では重要なものは討議しない、予備交渉は何日も費やし、世界のメディアは談判の結果に悲観的になっているが、何も失望することはないと述べた。

続けて彼は、自分を待っていたのは、日本人の心のこもった歓迎だった、自分は日本人の態度や礼儀正しさに喜びを感じている。「私は日本人と重要な問題を議論したことはありません。これまで議論することがなかったからです。しかし、実際の仕事が始まったら、日本人があらゆる面で助けてくれると確信しています。これまでのところ、電話ばかりの日々が続いている」と述べている。

日本協会での演説

二月四日、キャッスルは日米協会の大使歓迎晩餐会（東京会館）に出席した。幣原喜重郎外相、吉田茂外務次官、加藤寛治軍令部長、徳川家達（いえさと）日米協会会長、新渡戸稲造ら約一五〇名が列席した。キャッスルはその席で演説しているが、その内容は日米関係の現在と将来、中国をめぐる日米両国の問題、そしてロンドン軍縮会議に関することである。要約してみよう。

「この度、私が偉大なる友邦日本における代表者として来ることができましたのは私のこの上ない光栄と思う次第であります。

すべての国は第一に自国の利益を図るものでありますが、日本と米国のようにその相互の利害が共通している国はありません。つまり両国の場合、それぞれの利益を進めることが、他の一方を裨益することになるのであります。アメリカ

日米協会の大使歓迎晩餐会で演説するキャッスル（読売新聞）

大陸においては米国の勢力は平和の保障であると我々は考えておりますが、これと同様に東洋においては、日本の威力が西部太平洋方面において秩序と進歩と平和をもたらすものであることを我々は信じているのであります。

貿易関係においても日米両国は紛争を招くべき理由は全くないのです。両国の物資と勤労は互いに補い合い、相互の幸福と繁栄に必要欠くべからざるものであります。中国という未来の大市場の開拓に当たって、日米間に反目が生ずるというようなことはあり得ません。ちょうど我々が中国の政治上の安定を進めるために共同して努力しているのと同様に、その市場に商品を販売するに当たっても、協力することは必然であります。

日本は中国に輸出する商品を生産するためには、米国産の原料を必要としており、また米国はその商品の対中国売込みのために、日本の貿易業者の好意に俟(ま)たねばならないのであります。すなわち日米の協力は双方に利益をもたらす所以であり、私は両国がこの提携を進めていくことを確信します。日米両国は中国に関して何らの紛争をも有しないし、私は将来に亙っても何ら懸念はなく、両国共同の目的達成のために益々提携するのだということを確信しております。

ロンドンの会議においても、両国は共同の理想を持っている。真に軍備の制限を欲するのみならず、実質的な縮小を望んでいるのであります。日本の若槻首席全権はワシントンで、日本は攻撃のためには何物をも欲しない、ただ防備のために十分なる海軍を欲するのだと述べられました。これこそ自尊の精神を有するすべての国がその目的とするところだと思います。

我々が軍艦製造を制限しようというのは、小にしては国内の課税負担を軽減し、大にしては世界平和なる大理想に貢献するためであります。ロンドンにおいていかなる結果になろうとも、日本国家の安全を危うくし、あるいは東洋における日本海軍の優越を脅かすような、いかなる犠牲をも日本に申し出る者があろうとは私は決して思いません。

会議を成功させようと思えば、各国は現在保有すべきと信ずるものを放棄すべきであります。ただしこのような放棄は一般的たるべく、一国家に対してのみすべての犠牲を要求すべきではありません。日米両国のように男性的な国家は決してすべての問題について意見が一致するものではありません。友人間における正直なる議論は譲るべきは譲り、通すべきは通す、友情を深める結果となるものですが、国家間においても同じことが言えると思います。我々は相互に自己固有の思想を強く把持するのでなければ、十分に尊敬し合うことはできないのです。

私の使命は東京において終わりません。将来ワシントンに帰りましてからも、長く我々両国及び世界に対する私の真の友情、また尊敬の念を示すことができれば、私もこの世に生きた甲斐があったと感じられるでしょう」

この演説は日本での評判を呼んだ。『外交時報』の社主、半澤玉城(ぎょくじょう)はキャッスル大使がロンドン会議中のみならず「その全生涯を通じて我が国に駐在し、以て日米両国の鞏固なる連鎖たらん事を切望して已まざるもの」だとこの演説を激賞した(『外交時報』二月十五日号)。「日本の威力が西部太平洋方面において秩序と進歩と平和をもたらすものであることを我々は信じている」とは、この地域における日本の優越性を認めるものであり、中国という大市場を開拓するに当たって、日米両国が協力しなければならないという考えは、日本に以前からあった疑念を解消するものであった。疑惑とはハワイから東の太平洋をモンロー主義で囲い、西太平洋、つまり極東において日本の中国政策を牽制することがアメリカの利益だというものである。前述したエドワード・エバール作戦部長の発言が典型的である。

強硬派の加藤寛治軍令部長も感心していた。ロンドンにいる安保清種(あぼきよかず)大将宛てに、キャッスルの演説文を手紙（二月五日付）に同封し、日本が正々堂々と正論を主張して決裂すれば、「米国の清教徒一派と平和論者は却而日本の人格に感じ、日本との提携を欲して、帝国主義者を抑える如き、雨降って地固るの結果を得るも難計」と書くほどだった。

しかしアメリカではこの演説に反撥する者がいた。その代表はカリフォルニア州選出のハイラム・ジョンソン上院議員で、アメリカは西半球に属するが、日本が太平洋の平和の主要な保証人であるとほのめかす大使は度が過ぎるのではないかと公に疑念を表明した。マクラッチーと共にカリフォルニア州の修正排日土地法（二世にも土地を保有させない・一九二〇年成立）に尽力した人物である。

キャッスルの演説原稿はむろん、事前に国務省当局の許可を得たものだったが、長官代理のジョセフ・コットンは「中国に誤解される」と危惧の念を伝えていたが、キャッスルはこれを無視したのだ。

しかしキャッスルの演説の翌日、スティムソン全権は、日本が要求していた巡洋艦、対米七割を「六割に」と要求した。潜水艦もまた、米が六万トン、日本は四万トンと主張する。八年前のワシントン会議で決められた主力艦の比率10・6を、巡洋艦でもそのまま援用しようというのだ。

半澤はこれを問題にする。「キャッスル大使の演説が米国政府の方針、米国民の真意であるとするなら」ロンドンのスティムソンの提唱は「甚だしく米国民の真意に副わざる叛逆的内容が含まれている」「日本が七割で国家の安全感を維持しようと云うのに、米国が十六七割も無くては防衛に不足だと云うのはどういう計算なのか」。私はこの疑問について「米国の釈明を望みたい」「それが為には我がキャッスル氏の尽力を願わねばならない」。

在日米人たちに対する演説

二月十二日、ロンドンではアメリカに対し、日本側は改めて「対米七割」を主張した。同じこの日、キヤッスルは東京会館で行われた「アメリカアソシエーション東京&横浜」主催の晩餐会に出席し、演説を試みた。関東に在住するアメリカ人約一五〇名が出席した。重要な所はここだろう。

アメリカのために働くことはアメリカの貿易やアメリカ人の考えを拡充することだけを意味しません。持ち帰る価値のある他の考えを発見することも意味あることです。私たちは少し偏狭な傾向があり、自分だけで満足し、外界に対してブラインドを引いて生活しています。我々は自分と個人的に直接関係のないすべてのものに不正確になりがちです。一番悪いことは、我々はしばしば キャッチフレーズの範囲内に自分たちの知識を制限してしまうことです。日本人についてほとんどのアメリカ人は、ひどく嫌な、見下すような言い方「彼らは賢い、小人民族だ」とくくってしまう以上のものをどれだけ知っているのでしょうか。日本人の性格について、「日本人は物まね民族だ」以上のものを知っているでしょうか。どちらも真実ですが、どちらも真実の最小部分です。それがすべてだったら、我々は日本から学ぶものはほとんどありません。日本人は模倣しています。西洋世界と七〇年間接触して、西洋の方法に熟達してきました。それは単なる模倣ではありません。適応の力であります。またたく間に彼らは社会的に封建主義から近代システムに変わっていったのです。しかし彼らは奴隷のようにコピーしたのではありません。

彼らは西洋文明を彼らの古い文化に接ぎ木したのですが、その文化は我々アメリカ人がコピーした方がいいものを多く含んでいます。武士道の教義の多くは道徳的理想の最高の表明であります。日本人の礼儀、それは社交の儀式よりも深いあるもので、社交を象徴するものによって強調されていますが、それは我々アメリカ人の生活の価値を高めるあるものでもあります。日本人の忠誠心は実に見事なもので、愛国心の中心にあるものです。私は古い人間かもしれませんが、真の愛国心とは、理想主義やキリスト教の素晴らしい花などと称される、いささか薄気味悪い国際主義よりもはるかに素晴らしいものだと感じずにはいられません。真の愛国心は決して利己的であってはなりません。もし利己的であれば、自らの目的を達成することができません。また、他者への過剰な愛情に水を差して、アメリカが第一ではなく第二になってしまうようなことがあってはなりません。すべての真のアメリカ人にとってそうであるべきなのです。

一方で、愛国心は内に伸びるべきではありません。愛国心は、友好的であると同時に識別力のある目で海外に目を向け、我々が理解し、我々の国民生活にできるだけ取り入れることが望ましいと思われる他国の資質を発見する必要があります。例えば日本では、私たちのうち誰かは、芸術の水準、真剣な芸術的達成の理想、そして私たち自身の水準を高めるような芸術の優れたものを理解すべきです。ほとんどのアメリカ人は日本の芸術は中国の物まねだと言うでしょう。同じように我々もギリシャの物まねですよ。世界で最も純粋で美しい建築物の一つはワシントンのリンカーン記念堂ですが、あれはアクロポリスを装飾していたかもしれません。もちろん現にヨーロッパの芸術と日本の芸術は翻案で、それを作った人々の魂を表現したものです。日本人は無限の忍耐力をもって、西洋美術にはほとんど見られない線の美しさを発展させ、私たちは東洋美術にはほとんど見られない色の調和を発展させました。我々がここで学ぶべき何物もないというのは馬鹿げたことです。

これらはむしろアカデミックで、多分あなた方には明らかです。このようなことは、私が本の中でしか触れたことのない人生を生きている皆さんにとっては、むしろ学術的であり、当然のことかもしれません。私がこの言葉を強調したのは、何らかの理由で東洋に住む勇気を持ったあなた方が、自国の人々に伝えることのできる、アメリカにとっての大きな利益を強調したいからです。外国を知っていることはアメリカを傷つけることではありません。他国の美点を評価しても、自分の祖国への評価が下がることは微塵もありません。それは自国への愛国心をもっと強くし、もっと建設的にするでしょう。それは我々をより良いアメリカ人にするでしょう。

日本に暮らすアメリカの同胞に向かって、武士道や日本の芸術の素晴らしさを理解し、それをアメリカでの生活に生かすことが大事だと述べる。アメリカ人にとっての真の愛国心とは何かを、日本を引き合いにして述べる外交官は画期的で、当時としては異例の存在であった。

『日本及日本人』誌のインタビュー

同じこの日、キャッスルは国粋主義の雑誌『日本及日本人』から会見を申し込まれた。同誌は対日六割を要求するアメリカのその意図を、大使の口から聞こうというのである。キャッスルはこれを承諾した。会見は十七日である。質問者は平田晋策、元共産主義者で軍事評論家に転向していた弱冠二十六歳の若者である。前年十一月三十日、横浜から出港した若槻全権団を見送った観衆の中に平田はいた。

彼はこの二時間の会見記をキャッスルの校閲を経て『日本及日本人』（三月一日号）に掲載し、他の論考を追加した小冊子『米国は日本に挑戦するか』を三月二十日に出版している。『米国は日本に挑戦するか』では二一頁もあるので、以下要約する。

「閣下は東京会館で『ロンドンにおいていかなる結果になろうとも、日本国家の安全を危うくし、あるいは東洋における日本海軍の優越を脅かすような、いかなる犠牲をも日本に申し出る者があろうとは私は決して思いません』と述べられましたが、スティムソン全権の六割強要は明らかにこれを裏切っている。東京会館での言明を取消されるべきだ」

「いやそうではありません。スティムソン全権の提案は決して日本を脅かすものではありません。日本が六割の勢力を持っていれば、どこの国も西部太平洋で日本に匹敵するものはありません」

「意外な見解です。六割必敗は世界の海戦史の戦術的公理となっています。六割では日本の国防は不安である。米国の六割強要は対日攻略の腹である証拠であるとわが国民は理解します」

「私にも意外な話です。ワシントン会議では日本は六割を受諾されたではありませんか。およそ一国の全権たるものが自国の国防を危うくするような条約に調印するとは思いません。わが国は太平洋、大西洋と二つの国防線を持っていますから、戦時にはどうしても兵力を二分しなければならない。それがわが国が貴国よりやや優勢な海軍力を欲する所以であります」

「同意はできません。ワシントン条約に対し、わが国民は大なる不満を抱いています。しかもこの条約は戦艦や航空母艦のみに関する条約であり、巡洋艦、潜水艦には適用されていません。これら補助艦により、主力艦の劣勢を補えると考え、わが国は調印したのです。むろんフィリピンなどの防備制限という平和保障もありました。六割で満足してはおりません。また兵力集中は近代海戦の基本要件であり、賢明な米海軍当局がかかる初歩的知識がないとは信じられません」

「ワシントン会議の結果に日本国民が不満であるとは意外であります。私たちは満足していると思っていました」

「我々は『他を脅かさず、他から脅やかされず』の無脅威主義であって、枕を高くして寝ることのできる程度の軍備が欲しいだけであります。七割といえども守備海軍、金門橋を突くようなことは不可能である。日本の提案を受け入れるべきであります」

「我々はフィリピン、グァム、ハワイなどを守る義務もあります。米国民は日本の欲する七割は守勢以上の勢力と思っております」

「両国民の声がそうであり、その要望が両立しがたいものであれば、将来両国の間には由々しい事態が発生する可能性があります。この点についてどう考えられますか」

「それは甚だ憂慮すべきことです。私はひたすら日米両国の親交を希望するのみで、他念を持ちません。ロンドンで専門的に七割が妥当と判断されれば、アメリカは欣然同意し、それを国民に理解せしむるでありましょう。同様に六割で日本の安全が担保されると専門的に確認されれば七割案を撤回されるでしょう」

「日本は既に譲るべきは譲っており、背水の陣である。この案が蹂躙されたら、国民の憤激は想像するに余りあります」

「私が残念に思うことはアメリカのみが七割に反対と思われることです。問題は複雑で、オーストラリアの反対が強いのです。日本はこの方面も説得しないといけません」

「同意できません。日米間は日米で処理すべきです」

「実は、わが国は大西洋方面を重視しています。太平洋は第二位です」

「これは意外なことを。貴国の海軍配備はその反対を告げています。貴国の精鋭、超弩級戦艦群十二隻、航空母艦が二隻、太平洋に浮かんでいるではありませんか。対日戦備の構えでしょう」

「いやいやそれは演習上の問題でしょう。太平洋の方が便利なのです」

「それは閣下の遁辞です。八インチ巡洋艦は航続力が大なる攻撃的武器であります。ワシントン会議における5・5・3の割合は、当時の現有勢力を基準として定められたものでした。今度のロンドン会議はこれを継承しているわけで、現有勢力として八インチ巡洋艦を見れば、米国はわずかに二隻、わが国は八隻であります。スティムソン全権が要求する六割に従えば、米国は軍縮どころか、大軍拡をするということになります」

「それはわが国がワシントン条約の精神に忠実だった証拠であります。その後各国が盛んに新艦を建造するので、わが国は取り残されたのです。我々はあまりに正直でした」

「日本としては前には現有勢力を理由に劣勢比率を押し付け、今度は比率が逆なのに、以前と同様の比率を要求する貴国の態度に満腔の不満を感じております」

「わが国は海外根拠地がはなはだ少ない。しかし最近、わが国の通商路は英国に劣らないくらい長くなっており、ここにおいて航続力の大なる八インチ巡洋艦の必要が出てきております」

「通商保護なら、六インチ巡洋艦で十分でしょう」

「むろん、フィリピンなどの海外領土の保護のためにも必要です。またパナマの保護もあります」

「パナマは遠距離とは言えません。やはり八インチ巡洋艦の使途は対日作戦にあることが明らかとなりました。次に潜水艦についてお伺いします。わが国は主力艦の劣勢を補うために、八インチ巡洋艦と潜水艦に宗教的というまでの信頼をかけています。それをスティムソン全権は米国六万トン、日本四万トンの提案をされた。これは日本の国防線を妨害し、帝国海軍を侮辱するものです」

「わが全権の提案はそのような意味ではないと思います。ただ通商破壊戦に使用される潜水艦は人道上よくない兵器であると認識しているのです」

「日本海軍は切取り強盗のような通商破壊戦を快しとするものではありません」

「御もっともです。私も日本が通商破壊戦をやるとは思いません。思い出せば、日露戦争での日本海軍は終始男性的な戦いをしており、敵軍艦は徹底的に撃破しましたが、武器なき商戦に対しては最も寛大でありました。これは世界に誇るべき日本海軍の名誉です」

「有難うございます。日本としては、大洋における通商破壊戦は潜水艦よりも巡洋艦がやるだろうと考えています。日本は米国と違い、通商路を確保することは国家の生命にも関係する重大事でありますから、どうしても黙っておれないのです」

「いや万が一、通商破壊戦をやるにしても、それは軽巡洋艦の任務です。わが国の海軍軍人は八インチ巡洋艦は、戦艦と協働動作をして初めて完全にその性能を発揮すると申しています」

「それで貴国の八インチ巡洋艦の使途が明白になりました。思うに貴国のような天険に恵まれた国家は小補助艦で国防を維持できるのに、戦艦や八インチ巡洋艦を欲するのは不可解千万であります。これは明らかに米国の渡洋作戦を裏書きするものです」

「名前は言えませんが、米国には大海軍論者が複数おります。私どもはこれを好んでおらず、兵火を交えることなく、隣邦との関係が親密になることを熱心に希望しているのです。海外植民地保護の必要上、やむを得ず、航続力大なる艦種を求めているので、好戦的態度ではありません」

「フィリピンのことであるならば、その艦隊はあまりに大規模で、実際は日本を想定敵国とする渡洋作戦を準備していると認識しなければなりません」

「アメリカは決して日本を想定敵国と見なしていません。ただある程度の海軍力がなければ、通商路が脅かされる恐れがあると国民が思っているのであります。それを認識して頂きたいのです」

「御趣旨は了解しましたが、事実がこれを裏切っている。米国は全艦種にわたって、対日六割を強要し、渡洋作戦の準備をしていると我々日本人は思っています。日本の七割保有に米国民が反対であるならば、両国の前途は実に暗澹と言うよりほかありません」

「私は両国の平和的関係が永続することを固く信じて疑いません。国家が互いに猜疑する日は既に過ぎ去りました」

最後に平田はキャッスルの十二日の演説に感謝した。日本民族を単なる模倣民族と見ず、武士道を道徳の最高表現と喝破したことに「知己の言」として有難く拝見したと述べた。講演録は『ジャパン・タイムズ』紙上に掲載されていたのである。

キャッスルは「米国には大海軍論者が複数」いると述べたが、その代表はあのヒラリー・Ｐ・ジョーンズ提督だろう。ワシントン会議の際に、日本側に「アメリカが中国問題で日本を屈服させるには、日本を六割の比率に抑えることが絶対条件だ」と言明していた。ジュネーブ軍縮会議ではアメリカの次席全権で、またも日本に対する強硬な主張をした。既に退役していたが、ロンドン会議でも海軍顧問を務めていた。平田との対話では名前を出したようだが、活字では伏せたのである。

平田は条約を結ぶにしても、対米七割維持を強く主張する海軍軍令部に多い「艦隊派」の言論人だった。キャッスルに厳しい批判を浴びせたが、「キャッスル氏は温厚篤実、正に君子人の風があった。余に接するや懇切丁寧、殊に如何なる質問に対しても敢て答弁を避けようとされなかった事を深く感謝する」と会見記に書いている。

軍縮会議の推移

二月二十日の総選挙で民政党は安定多数を獲得した。これは大きな意味があった。キャッスルは野村吉三郎（当時は海軍省出仕兼軍令部出仕）から、日本政府は国会での立場が不安定な時は外交問題で強気の態度をとり、国会での立場が固まっている時は融和的な態度をとる傾向があると聞いており、これをロンドンのスティムソン全権に打電した（二月二十四日）。

キャッスルは平田に、「日本が六割の勢力を持っていれば、どこの国も西部太平洋で日本に匹敵するものはありません」と述べたが、来日当初の日記には、七割要求の日本に同情的な記述を残していた。だから比率に関して、できるだけ日本の要望を聞き入れるよう意見を述べていた。スティムソンは日本が妥協しないと思わせるキャッスルの報告にいら立ち、国務長官代理のジョセフ・コットンに、自分が命令しない限りロンドンの交渉に関するいかなる詳細も東京に伝えないように命令するほどだった。

キャッスルの打電はその誤解を解くためでもあった。「政府が譲歩しないという意味では全くない」と。しかしこれはその後ずっと続く、キャッスルとスティムソンの確執の始まりだった。スティムソンはその頃、日本は「愚かにも（unwisely）一〇対七の比率を公に問題にし」とその日記に書いている。キャッスルとの姿勢の違いは明らかだ。

もっとも『東アジア国際環境の変動と日本外交』（服部龍二著）によれば、スティムソンの長官就任直後から、その外交姿勢にキャッスルは違和感を抱いていた。一九二九年五月に、東支鉄道の回収をめぐる意見の相違から、張学良率いる満洲政権がハルビンのソ連領事館を実力捜査する事件が起きた。これはついに戦争状態となるのだが、その過程でスティムソンは、パリ不戦条約の枠組みの中で、つまり多国間交渉による調停で解決を図ろうとした。これにキャッスルは同調しなかった。不必要な突出であると日記で批判していた。

結局紛争はソ連軍の満洲侵攻、軍事的勝利、中国側の利権回収はならずという結果となる。この過程でも、キャッスルは「火中の栗を拾う必要はない」、中ソの直接交渉で問題を解決すべきだとするもので、これは出渕米大使も、幣原外相も同意見であった。ソ連の承認についても、前向きのスティムソンに対して、キャッスルは反対だった。

張学良の東支鉄道の回収行動とは、一九二六年から始まる国民政府の国家統一を目指す軍事行動＝北伐に始まる「革命外交」に連なるものであった。この革命外交は、満洲に利権を持つ日本にも大きな影響を与えることになる。ワシントン条約締結時（一九二二年）には、このような事態は想定されていなかったのである。この認識の違いが軍縮問題でも、その後も日米間に軋轢を生む原因となる。

キャッスルと野村吉三郎とはその後、終生続く交友関係となるのだが、前年、野村が練習艦隊司令官としてアメリカに行った時、ワシントンでフーバー大統領らと共に会っている。その場には出渕大使もウィリアム・プラット提督もいた。

プラットは野村が一九一六年から二年間アメリカに駐在武官として滞在中に親しくなった。フランクリン・ルーズベルトが海軍次官の頃である。ワシントン会議終了から一年半後、加藤友三郎が亡くなったと知ったプラットは、立派な人物がいなくなった、残念な思いであると野村に手紙を書いている（一九二三年八月二十五日付）。二人ともワシントン会議に随員として出席していたのである。ロンドン会議の時には合衆国艦隊司令長官だったプラットは、この軍縮会議の米海軍専門委員の代表だった。

ロンドンの日米協議は膠着状態となった。そのために駐英大使の松平恒雄とデヴィッド・A・リード全権との間で非公式協議が始まった。松平が駐米大使の時代には一緒にゴルフもした仲である。

二月二十四日、キャッスルはハーバード倶楽部での金子堅太郎とのディナーで七割問題

ロンドン軍縮会議に出発する、左からウィリアム・プラット、ヘンリー・スティムソン、デヴィッド・リード

と共に排日移民法に関しても苦情を言われた。金子はキャッスルの三十年先輩のハーバード大卒である。キャッスルは日米妥結後の日米関係についての金子の腹蔵なき意見を聞きたいと思ったのであると、加藤寛治は金子から聞いた話を日記に記した。排日移民法に反撥した前日米協会会長は加藤寛治と連携していたのである。

三月四日、キャッスルは住友別邸での午餐会で、齋藤実（さいとうまこと）朝鮮総督と会った。三年前のジュネーブ軍縮会議の日本全権である。その席で齋藤はハワイにおける米海軍の駐留が日本を刺激していると述べた（キャッスル日記　一九三二年十一月十五日付）。軍令部を中心にした日本の強硬派は、アメリカがハワイやフィリピンを難攻不落の要塞化することを国防の危険要因と見なしていた。アメリカの政治家にも軍人にも対日強硬派がいた。キャッスルには納得するものがあった。彼は一九二五年のハワイ沖での大演習を想起したのではないか。齋藤と意見を同じくする野村と親しいプラット提督がロンドンにいるのが彼の頼みの綱だった。

三月十三日、松平＝リード案がようやく成立した。その陰には首席専門委員のヒラリー・ジョーンズが病気となり、プラットに交代したことが大きかった。プラットはアメリカには六インチ巡洋艦が大事だと主張したのである。松平＝リード案の内容は、大型巡洋艦六割、軽巡洋艦七割、駆逐艦七割、潜水艦五万二七〇〇トン（米英と同量）で、比率としては総括で六割九分七厘となる。アメリカは当初の要求、大型巡洋艦二十一隻を十八隻に減らした。ほぼ七割だが、これを最後の米国案と受け取った軍令部次長末次信正はこれを認められないと公言した。

ロンドンの使節団は、政府側に請訓し、その了承を得たいとしたもので、松平＝リード案は米国案でなく双方の妥協案であることを現地の日本側は納得していた。海軍強硬派の言明は英米を刺激し、それはキャッスル大使の幣原訪問となった（三月二十二日）。キャッスルは日本政府が条約を締結する意向であることを確認した。

日本政府のロンドンへの回訓は、四月一日である。四月五日、平田はこの日、『売国的回訓案の暴露』を出版。その中に「現在日本はいかなる敵も邀撃し得る武力を持っている。これがある限り米国もいわゆる極東モンロー主義を認めるであろう」と述べている。そして同日、再度大使を訪問、幣原脅迫の件を問い質した。これは加藤寛治が二月十六日の日記に「米軍事会議に於てプラット作戦部長が日本海軍に七割兵力を許す時は米海軍の東京空襲は不可能なりと力説せる」とキャッスルが幣原外相に語ったと記しているものである。加藤は「真実なり」と日記に追記している。この時点で加藤はキャッスルに対する期待を失っただろう。

キャッスルは平田の希望に応じて、快く再会見に応じ、そして脅迫のようなことはないと懇切丁寧に説明した。平田はこれを諒解し、ユージン・ドゥーマン一等書記官との問答も含めて、『米国大使再会見記』として、これまた出版した。

注目すべきことはキャッスルが述べるプラット提督の発言だろう。ワシントンを出発する前の米使節団の集まり（キャッスルも同席）で、某文官が「日本を爆撃できるのか」とプラットに聞くと、プラットは笑い飛ばして、「対米一割、二割でも不可能」と述べたという。差し障りがあるということで、彼は文官の名前は出さなかった。この話をキャッスルは、二月十四日の幣原との会談の際に告げていた。ドゥーマンは平田に、その話がどこかでねじれて日本側の耳に入ったのだろうと言った。

対米七割を確保したい悲願からか、キャッスルに対する海軍の悪意のイメージ作りは来日当初から存在していた。自分に対する日本警察の警備が厳しすぎる感を持ったのだろうが、キャッスルはそれとなく幣原外相に「あれはスパイかな」と聞いたのかもしれない。それで次官の吉田茂が丸山鶴吉警視総監に善処するよう注意した。丸山は答えた。上泉徳弥退役海軍中将が、新大使の目的とする所は、軍縮会議の世論を米国側に有利にすることで、そのために新聞の買収費用として三〇〇万円を持参してきていると公言している。大使に万一のことがあったらいけないので護衛している次第であると。キャッスルはこれを聞き、その馬鹿らしさに大笑いするしかなかった。

キャッスルと吉田茂は、ともに一八七八年の生れで、誕生日も三か月しか違わない。吉田の岳父である牧野伸顕もキャッスル大使との交友を回顧録に残している。牧野がアメリカの都市計画のやり方に興味を持っていることを述べると、キャッスルはその規則や定款をアメリカから取り寄せてくれたのである。キャッスルもまた牧野のことを、「世界で最も偉大な紳士の一人」と賞賛している。

何よりも不況が日本経済を打ちのめしていた。濱口雄幸内閣は財政負担を余儀なくする建艦競争をやる余裕は全くなかった。海軍内にわだかまる大きな不満をなだめながら、四月二十二日、日本はロンドン軍縮条約に調印した。期限は一九三六年までで、アメリカ側が大型巡洋艦三隻の建造を抑えるので、その期間を経て、徐々に六割に近くなる。一九三六年には再交渉が可能である。形としては「対米七割」の体面は保っていた。

しかしこれは日本の弱気を中国に暗示するものでもあった。五月八日、国民政府外交部長の王正廷は首都南京の記者会見で、「我々は『二十一か条の要求』を承認していない。旅順、大連は回収する」と発言した。翌九日は「二十一か条の要求」を受諾した日（一九一五年五月九日）を国民の心に留める「国恥記念日」であった。中国は伝統の「以夷制夷」政略にアメリカを使うのかと、この発言は日本に反撥を抱かせた。

しかもその発言の二日前、五月六日には、中国側の関税自主権、最恵国約款を認めた関税協定が日中間に結ばれているのである。対中親善を掲げる幣原外交の勝利に、王正廷は水をかけたのである。

旅順や大連の租借権は一八九八年に中国（当時は清国）がロシアに与えたもので、期間は二五年間、一九二三年に返還される予定だった。日露戦争勝利の結果、この権利を受け継いだ日本が九九年に延長することを中国に求めたのが、一九一五年のいわゆる「二十一か条の要求」で、五月九日に条約が結ばれたのである。これを認めないと王正廷は声明したのである。革命外交である。

未来の日米決戦、最終戦争を構想しつつあった石原莞爾は、一九二八年十月から満洲の関東軍参謀として勤務し始めた。彼が翌年七月に記した「国運展開ノ根本国策タル満蒙問題解決案」には、「歴史的関係等により観察するも満蒙は漢民族よりも寧ろ日本民族に属すべきものなり」と書かれている。これは何を意味するか。

一八九八年には、中国がロシアに租借権などを与える他に、秘密の対日同盟が結ばれていた。つまりロシアが対日戦争する時は、中国は秘かに協力することが決められていたのである。期間は十五年、日露戦争中も期間内だった。この秘密条約が明らかになったのはワシントン会議の最中であった。

日露戦争前に満洲の大部分は事実上、ロシアの支配下にあった。それを一〇万の将兵の命を代償に北方に押し戻した日本は、その秘密条約の存在を終戦当時に知っておれば、自らが確保した満洲南部（つまり旅順、大連、満鉄付属地を含む）を自己の領土にすることも十分に可能だったのである。「二十一か条の要求」をする必要もなかった。石原が言っているのはこのことである。

石原莞爾はこうして「満蒙領有は正義である」として、その計画を推進する関東軍の中心人物となっていくのである。ロンドン軍縮条約が結ばれた後の七月十日には、「我天職を妨（さまた）くる白人圧迫の打破↓日米戦争」とメモしている。

折しも、この年、満洲では朝鮮民族の比率が高い国境の間島で、共産主義者による武装暴動が起こって死者も多数出ていた。これが満洲事変の胎動となる。

多忙なキャッスル大使

軍縮問題以外にもキャッスルの日米親善のための仕事は多かった。関東大震災の際にアメリカが援助してくれたお礼として、時事新報が五名の少女を使節として送るさよならレセプション（日比谷公会堂）出席、立教大学の卒業式参列（井上準之助蔵相と同行）、震災で壊れた聖路加病院の定礎式出席（これには秩父宮夫妻が同席した。勢津子妃殿下はキャッスルと親しい外交官松平恆雄の娘であった）。これまた大震災で毀損した日米和親条約の原本に替わる写真複写やオリジナル複製を贈呈する儀式（東京帝大図書館）出席、片倉製糸工場や森村組の陶器製作工場見学などである。

五月六日の関西日米協会での講演（神戸）では、実際の見聞は書物で知るものと違うということを枕に振りながら、強く受けた日本の印象を語っている。

「日本の伝統の中には、世界が賞賛し、世界が見習うべき特徴があります。私は礼儀作法について述べましたが、それよりもはるかに重要なのは、日本の文化的生活のさまざまな表現を生み出す源泉である、忠誠心の原則です。数年前、私は道徳についてのエッセイを書いたことがありますが、その中で、忠誠心はすべての美徳の中で最高のものであり、逆に不忠は許されざる罪であるという結論に達しました。日本の騎士道制度では、この原則が見事に花開きました。それは今日、日本国民の皇室に対する卓越した忠誠心の中に残っています。忠誠心は、国家を一つの単位にし、一つの単位として進歩する力を与えます。私にとって、この原則は、他のどんなものよりも日本を説明するものです。それは、本を読んでいても漠然としか感じられないものです。その空気の中で生活しなければ、本当に理解することはできません。そしてそれは、現代の世界で最も優れた大衆的な表現の一つでもあります。この国の目的を理解するためには、個人的にも常に助けになるでしょう」

キャッスル夫妻が最初に昭和天皇と香淳皇后と午餐を共にしたのは四月十七日である。高松宮殿下ほか十七名の陪食者がいたと記録にある。その他、二月十一日の紀元節、四月二十九日の天長節の午餐会に各国使臣の一人として参列し、帰国間近の五月二十三日にも、キャッスル夫妻は両陛下と午餐を共にし、香淳皇后から記念品を贈呈された。

皇室と共に過ごす時間はキャッスルには得難い、印象深い体験だったようで、天皇と国民の強い結びつきを自ら体験し、感銘を受けたことを語っている。三月二十六日に関東大震災からの復興を祝って、皇居前広場で開催された「帝都復興祭」のことである。

「天皇陛下が国民にお言葉を述べられることになっていた。宮殿の前にパビリオンが建てられ、そのパビリオンには、わずか十分ほどのこの祝賀のために、諸外国の大使や公使、皇室関係者が配置されました。私たちは後方から車を走らせ、パビリオンに入って席に着いた時、私はただ息をのんだ。目の前の公園に、それまで見たこともない六万人の人たちが、帽子をかぶり、整列して立っていたのです。彼らは、何時間も何時間も立って、天皇陛下が出てくるのを待っていたのです。それだけで大変な感動でした。後で聞いたところでは、スペースがあれば後二万人は入るそうです。そして、天皇はこの膨大な数の参集者を前にして登場した。彼らのお辞儀は、まるで穀物畑に風が吹いたような感じだった。天皇を敬愛する人々の顔を見ていると、感動してくる。それは完全に壮大なものでした。それは、あの国がこれほどまでに発展した二つの最大の理由であろう、人々の愛国

1930年3月26日に皇居前広場で開催された「帝都復興祭」の絵はがき

心と壮大な忠誠心の生きた実例でした」（一九三〇年六月十三日、帰国途上のハワイホノルルでの講演）

ロンドン条約締結についても、神戸の講演の最後ではっきり述べていた。

「ロンドンで署名された協定は、（中略）誤解を解消し、双方にとって有益なより緊密な友好関係を結ぶために役立つものであると、私は確信しています。ロンドン協定は五年しかありません。協定の期間が短いということは、その間に日本が求めていたものを実質的にすべて手に入れることができるということです。しかし、このことは、協定が終了するずっと前に、双方の善意の人々が将来について静かに話し合い、両国にとって本当に満足のいく解決策を見つける機会があるという事実よりも重要ではないように思います。

個人的には、たとえ次の会議であっても、何年にもわたって拘束力のある決定を歓迎すべきかどうかわかりませんが、それは状況や考えが急速に変化するからです。私は、日本とアメリカのどちらかが好戦的になるかもしれないと決して言っているのではなく、条約で何かを固定してしまうと、例えば半世紀にもわたって、その合意を非常に厳格なものにしてしまうのです。特に、相対的な比率のような不幸な問題ではそうである。例えば、日本が七〇％またはその他の％を受け入れると決めた場合、両国の海軍は常にその正確な比率を維持しようと必死になり、常に何か強制的なものであるかのように条約に言及することになります。そうではなくて、短期間の協定を結んで、常に無駄な建造を抑え、何よりも競争力のある建造を行うことで、平和になるという考えを徹底させ、将来を穏やかに見据えることで、艦船の交換がどれだけ行われようと、どちらかの国が合意された比率を少し下回ったり、少し上回ったりすることは全く問題ではないと思うのです。

私が思うに、この問題を見る唯一の適切な方法は、二つの国の必要性に限定することです。太平洋と大西洋の海岸線、パナマ運河、ハワイ、フィリピンの防衛という防衛目的のために、米国は一定数の船舶を必要としています。日本は、自国の海岸や周辺の領土を守り、本土との通信を常に確保するために、一定数の船舶を必要としています。このように考えることができれば、比率について考える必要はなく、お互いに現在合意されているよりも小さな海軍で満足できるはずです。困ったことに、世界中の海軍は、起こりうる戦争のための計画を立てることを主張し、来るべき災害の話をたれ流しています。しかし、このような話をすべて馬鹿げたものにしているのは、次のような疑問です。このような行動が、私たちのどちらかにとって、いったい何の役に立つのでしょうか？

国家が戦争をするのは、自衛のためか、あるいは自分たちが大きな利益を得るチャンスがあるからです。今の時代、我々は信じる権利を持っています。つまり我々全員が署名し、公に宣言したケロッグ条約は、無謀な侵略者に世界の反感を集中させ、目先の利益では最終的な損失を補うことができないというものです。しかし、話を元に戻すと、日本が、忠実な友でもある最高の顧客を攻撃するような非常識なことをすると誰が想像できるでしょうか。アメリカが日本を攻撃することで、世界のこの地域におけるすべての利益を一挙に破壊し、同時に親友を攻撃すると考えるのはおかしいのではないでしょうか。比率や戦争の可能性について厳粛に語る私たちは奇妙な人間です。私が見る限り、どちらも常識とはあまり関係がない。個人としてお互いを扱う時にはユーモアの感覚、つまりバランス感覚を保っています。国として議論する時に、なぜ同じことができないのでしょうか。

そよ風が吹いているのに地図に「台風」と書き込んでいるアメリカの大海軍論者（big Navy people）は、このロンドンでの賢明な合意に大きな感銘を受ける（exercised over）ことでしょう。私の知る限りでは、日本でも大海軍論者 big Navy people がこの合意に興奮する（exited over）でしょう。私は、この一時的な海軍協定を、平和と友好の恒久的な協定に高めるために、両国の声明の常識とビジョン、そして両国の人々の常識と健全な思考に期待しています。戦争の可能性について語るのはやめて、平和の問題についてのより有益な議論に専念しようではありませんか。産業がすべての国民を支えるようにするにはどうしたらよいか、税金を下げ、教育を改善し、公衆衛生の水準を上げ、それぞれの国をすべての国民にとって最高の国にするにはどうしたらよいか。そうして初めて、私たちは自分の国に対する義務を十分に果たし、この現代世界の前向きで建設的な市民となることができるのです」

キャッスルは条約締結に反対する加藤寛治が、天皇に帷幄上奏（四月二日）してまで締結を阻止しようとしたことを知っていたようだ。彼らを多少揶揄するような文章構成でもある。

彼は統帥権の存在を知り、フーバーに手紙で知らせている。「陸軍と海軍は（中略）どちらも非常に強力です。日露戦争当時の幕僚長であった者は閣僚級の高い地位が与えられ、天皇に直接近づけます。彼らが保持するその地位は、法律上は彼らの長である陸軍大臣や海軍大臣にも責任を負うことがないのです」（一九三〇年三月二十五日付）

しかし伝統的な友情というもっと大きな視点で日米関係を見なければならないというキャッスルの主張は、ハワイ沖で大演習をして日本を刺激し、フィリピンの要塞化を目論む米海軍の大海軍派に対しても言えることであった。

三月四日、スティムソンはキャッスルに、日本が七割にこだわるようなら、「必然的にアメリカの警戒心を煽り、マニラの要塞化を禁じる条約の終了を要求することになるだろう」と言ってきた。キャッスルは、そんな脅しのような危険な事は言えないとコットン国務長官代理に返事している。アメリカの大海軍派はもちろんだが、スティムソンの強硬姿勢にもキャッスルはため息をついたに違いない。

キャッスル大使、帰国へ

五月十九日、財部海相夫妻は東京に帰着し、その晩、キャッスル夫妻を招いて食事をした。翌日、キャッスルは財部が主催する芝公園の水交社での晩餐会に出席した。アメリカ大使館の職員とその妻も出席した。日本語の達者なユージン・ドゥーマンも来ている。出席者のメンバーを見ると、亀裂が入りかけた海軍内部の危機を修復する思いが財部にあったものと思われる。招待者には、加藤寛治軍令部長と加藤夫人、山梨勝之進海軍副大臣と山梨夫人、矢吹男爵と栗山政務次官、左近次政三中将、野村吉三郎中将、堀悌吉少将らの名前があるが、加藤は出席しなかったと『ジャパン・アドヴァタイザー』（一九三〇年五月二十一日付）にある。十九日、加藤は財部に会い、軍令部長の辞表を手渡していた。またこの日、条約に反対する草刈英治海軍少佐が東海道線内で抗議の自決をする事件が起きていた。加藤は「そんなのんきな気持ちになれるか」と思っただろう。

五月二十三日が日米協会主催による、華族会館におけるキャッスル大使の送別晩餐会であった。その離任演説を要訳する。

「私の東京滞在は極めて愉快でありました。この数か月は私の生涯の一つのエピソードとして終るべきものではありません。我々は今後なすべきことが多々あります。私は平和論者ではない。今後幾世紀の間、陸海軍は必要であることを認めます。我々は祖国の安全のためにその命を犠牲とする軍事専門家を尊敬しなければなりません。しかしながら我々は同時にまた、彼らの受くべき制限をも認めねばならぬ。もし政治家が近隣に事を構えんとする国のあることを知った時には、これを陸海軍に知らしめ、必要な防備の準備をせしめねばなりませんが、これに反して近隣の状勢が全く平和的であれば、陸海軍に対しその武力を最小限度に縮小することを求める権利があります。最小限度の軍備はむろん備えねばなりませんが、軍備問題の決定は政治家によってなさるべきものです。

ロンドン会議は製艦競争を終止しました。建艦競争が戦争の誘発物であることは何人も知っています。しかしそれは多く目的よりはむしろ方法の差であって、国民性の異なる自然の結果と申さねばなりません。両国は往々にして相手を誤解しました。日本はしばしば米国を以て日本の極東における勢力を害せんとするものとなし、米国は時に日本を目するに東洋において正しくない心を有するものとなしたのです。米国が今後学ばねばならぬこと、そしてロンドン会議後の信頼と友情との新時代においては、従来よりもさらに容易に学び得ることは何であるかと言えば、日本の極東における利害は最も重大であって、日本の対中貿易は何よりも重大であるが故に、日本は太平洋における平和の擁護者であらねばならぬということであります。

私は日本の中南米における貿易も今後大いに発展すると信じます。日本の貿易業者は中南米において安心して業を営み得ることを知っています。何となれば合衆国の目的とするところは、西半球において平和を護持し、何人のためにも公平なる機会の門戸を開放するほかにないからであります。米国は日本も同様に東洋における各国民の権利と機会との忠実なる擁護者であることを知らなければなりません。私はできる限りの努力を傾けて、米国をしてこれらの事柄を諒解せしめることが私の使命であると考えるのです」

「日本の極東における利害は最も重大であって、日本の対中貿易は何よりも重大であるが故に、日本は太平洋における平和の擁護者であらねばならぬということであります」とは、一月四日の講演、「日本の威力が西部太平洋方面において秩序と進歩と平和をもたらすものであることを我々は信じている」と同じである。アメリカはこれを理解し、信じていくべきであるとは、キャッスルがこの後もずっと主張し続けていくことなのである。

キャッスルのこの演説の後、ハプニングが起きた。既に退官していたが、宴席に侍っていた元米大使の埴原正直がその挨拶で排日移民法に言及したのである。キャッスルとはワシントンで親しく家族付き合いをしていた間柄だから、以下のような率直な物言いもできたと言える。

「日本政府及び日本国民が深くこれを憤ったのは当然のことで、その憤懣の情は今なお変わることはない。いや負わされたこの傷の治癒しない限り、憤懣は消滅することはあるまい。このようにひとたび損なわれた友誼は、有効なる治癒が施されない限り、その健全なる発達を回復することは困難である」

婉曲した言い方ではあるが、キャッスルへの修正の要望である。会場に新聞記者はいた。早速この埴原演説が電信でアメリカに発せられ、時差の関係で、ワシントンでは同じ日の夕刊に載った。ワシントンにいたジャーナリスト・清澤洌は二時頃これを読んでいる。六時の夕刊を買ってみると、下院移民及び帰化委員会委員長のアルバート・ジョンソンが修正の意志を示していた。つまり時日としては、埴原の提案にその日の内にジョンソンが返答したということになる。

ジョンソンの意向は、日本では二十五日に報道された。埴原によれば、ホノルルの商業会議所、ロサンゼルスの海外貿易協会などが、移民法中の排日条項修正要望を決議することになったという（『外交時報』一九三〇年七月一日号）。ホノルルの商業会議所はウォルター・ディリンガムの牙城ではないか。彼は軟化したのだろうか。キャッスルは帰国の際に立ち寄ったハワイで、彼とこの問題を話し合ったのだろうか。

そう思わせるのが、六月十三日にホノルル商業会議所でキャッスルが行った演説である。「私はあの法律が嫌いだ、不公平だと思う」と彼は述べたのである。また日本滞在中は合衆国の代表として、法律を批評すべき立場になかったが、今は遠慮なく言えるとも述べている。日本で排日移民法問題に口が重かった理由である。こうして帰国後は機会をとらえては、彼は埴原の要請に応えていくのである。

五月二十六日はアメリカ大使館を旧跡地に再建するための定礎式が行われた。キャッスルは定礎のハンマーを叩いた。牧野伸顕、澁澤榮一、幣原喜重郎、三井八郎右衛門、池田成彬、深井英五、樺山愛輔ら錚々たる政財界人らと共に、在京のアメリカ人三〇〇名余りが出席した。再建落成は翌年の十一月二十六日となる。

翌二十七日に、キャッスル夫妻は横浜から出港帰国した。キャッスルの日本時代を書き終えるに当たり、彼が後年まで嬉しく記憶していたエピソードを記しておこう。

新大使がハワイ出身ということを知って、面会したいと思ったのだろう。純日本人の血を引くが、ホノルルで生れたのでアメリカ国籍を持っていた二人の若者が大使館に彼を訪ねてきた。彼らは、両親が生れた国のことを何か知っておくべきだと思い、ハワイの学校を卒業した後、一年間日本の学校で英語を教えるためにやってきた。まったく退屈な一年だったので、今は早くハワイに帰りたいと彼らは願っていた。キャッスルが嬉しく思ったのは、二人の忠誠心の対象がアメリカであることだった。恐らくハワイの若い日系人の多くがそうであろうと彼は確信することができたのである（「ハワイは平等か、差別されているのか？」『ニューヨーク・ヘラルドトリビューン』一九三四年七月二十四日付）。

ハワイで同化運動を継続していた奥村多喜衛は一九二七年になると、その一環として「日系市民会議」を旗揚げした。相賀安太郎もこれに協力したが、彼の回想によれば翌一九二八年頃から、日本人の間にハワイ土着の機運が盛り上がるようになってきたという。そして一九三〇年には日系人がハワイの政界に初めて進出することになる。奥村多喜衛の尽力は着実に実を結んでいたのである。

条約をめぐるアメリカの議論

キャッスルの帰国以前から、アメリカではロンドン条約を批准するかどうかで激論が交わされていた。

日本と同様に条約反対派は少なくなかった。その急先鋒となるのは、二月四日のキャッスルの演説に反撥したハイラム・ジョンソン上院議員である。ロンドン条約はアメリカにとって甚だ不利なものであり、批准すべきでない、ワシントン条約の５・５・３の比率は破れて、日本の比率が増加し、アメリカは不利となり、そのために海外貿易は不利に陥る。世界の活動舞台は太平洋であることに注意せねばならないというのが主要な論理で、これを議会で演説、ラジオでも放送した。海軍内にも反対派は少なくなかった。

しかしプラット提督は上院外交委員会で演説し、条約の価値は三つの要素から分析しなければならない、国際親善、海軍から見た効率、経費の三点である。戦時であるならば、海軍から見た効率が一番優先されるが、今は平時である。国際親善と経費の視点から条約を見るべきであるとして、ロンドン条約を礼賛した。

六月二十三日、上院外交委員会は条約案を承認し、論議は上院特別議会に上程された。しかし委員会では賛成して、議会では反対に回るキー・ピットマンのような議員もいた。彼は、条約は西太平洋に日本の支配権を与え、日本に門戸開放政策を放棄させたも同然であると議会で演説した。

こういった論調に対して七月十一日、国務次官補に復帰したキャッスルはシカゴで演説した。「ロンドン条約は日本の領海においては、日本の安全を保障し、同様にアメリカの領海においては、アメリカに安全保障を与えるものである。少しでも海軍の知識を有するなら、日本がアメリカを攻撃するということは考えられぬものであり、日本のフィリピン占領など一笑にも値しない」と。

また『ニューヨーク・タイムズ』のインタビュー（八月十日付）では、日本には「アメリカとの戦争に対する恐怖心は常にある。その一因は、アメリカの一部の海軍将校が、あたかも我が国の海軍建設が主に日本を狙っているかのように語ることにある。このため、日本は当然、何が戦争の原因になるかを推測し、その答えはいつも、中国に関する何らかの問題が原因になるのではないかと考えている」と日本側の気持ちを忖度している。

また注目すべきことは、このアメリカ最大のクオリティ紙のインタビューを利用して、排日移民法の問題についても見解を述べていることである。

「このような状況の中で、日本人を排除したことによる失望や悲しみは、当然のことながら無視できません。この政策は彼らには理解できない。彼らにとっては、最も信頼できる友人が今回は失敗したと思えるのです。日本はアメリカへの移民を望んでいるわけではありません。日本がアメリカに移民を送りたいと思っているわけではありません。通常の少ない割り当てを与えられたとしても、おそらく満たされることはないでしょう。にもかかわらず、日本をあのような近代的で前向きな国にしたことに、他のどの国よりも責任があったアメリカが、『あなたの国民は私の国に来るにはふさわしくない』と言ったのです。

そこに傷がある。そして、日本のその自制心と、アメリカへの辛辣な批判がないことが、その結果として、日本の人々を道徳的文明の尺度で比類ない高みにおいているのです。しかし、このようにアメリカの一事を嘆く感情を最大限強調しても、アメリカは信頼できる友人であり、近代日本で最も優れたものをもたらしてくれた隣人であり、将来もその同情を期待できるという日本国民の一般的な感覚を変えるには十分でないことは明らかです」

キャッスルは日本人を信頼している。しかしそれが全米国民的に完璧なものになるためには、両国民の間を引き裂くとげのように刺さっている排日移民法の改定が一番必要だと彼は考えていたのである。

ロンドン条約は七月中には議会の批准が終わり、二十二日、フーバー大統領はこれに署名した。しかし日本ではなかなか議論が進まなかった。条約の中身でなく、軍政と軍令の問題、すなわち統帥権干犯問題が深刻化していた。加藤寛治軍令部長は六月十日に天皇に辞職を上奏し、翌日、次長の末次信正と共に辞任した。辞職は枢密院における条約の批准を阻止する構えであると見られた。財部海相との間には深い亀裂が入ったままだった。

八月十二日、キャッスルは出渕大使に会い、十月一日を期して主力艦三隻の廃棄を実行すると述べて、それとなく日本の批准促進を願う旨を漏らした。

八月二十七日のシカゴでの「世界平和の日」の演説では、キャッスルは、ロンドン会議は意図したものは実現できなかった。それが協定期間が五年となった理由である。しかし各国民が互いに各国の平和に対する熱意を認め、協定に対する信頼が現実に報いられ、更に軍縮によって得られた剰余金が生産活動に役立てられるなら、五年後には更なる軍縮が可能になるだろうと楽観的な演説をした。

偶然だろうが、キャッスルの述べた十月一日、日本の枢密院はロンドン条約を可決し、翌日批准した。しかし翌三日、部内の混乱の責任を取る形で財部海相は辞任した。十一月十四日、濱口雄幸首相が東京駅でロンドン条約に反対する愛国社員にピストルで撃たれ、重傷を負った。キャッスルはこの犯人を「頭がおかしくなったに違いない」と、十二月、ボストン日本協会での講演で批判した。

✺ 第5章　大恐慌の時代

アメリカの保護政策

一九三〇年十一月七日、アメリカの中間総選挙の結果、上院、共和党四八・民主党四七、下院、共和党二一八・民主党二一六という与野党が拮抗する議席数となった。民主党が伸びたのだが、これにはやはりフーバー政権の不況対策に対する国民の批判が強く出たと理解しなければならない。

またこれに関係するが、十一月二十四日、リード上院議員が、「一九三一年七月一日から向こう二年間の各国割当て移民停止法案」を提出することを表明した。米国労働総同盟会長のウィリアム・グリーンは、経済不況の現在、割当て移民を停止するのは我々の昔からの主張で、二か年はむしろ短すぎるとコメントした。国内の労働者を保護する目的であるが、これはいかなる人種、民族をも問わない。これではキャッスルの切実な願いである、排日移民法の改正どころではない。

しかし出渕大使は、誰も来られないなら、日本人のことを気にする必要はないから、逆に割当制を日本に与える絶好の機会ではないかとキャッスルに談判した（十一月二十八日）。キャッスルは言葉を尽して、移民法修正は無理だと説明した。出渕は納得したようだが、このような曲芸的アイデアを持ち出すのも、彼が日本人の対米感情を改善するのはこれしかないと切実に思っていた証しだろう。

この年の九月、プラット提督はアメリカ海軍作戦部長に就任した。二か月後に陸軍参謀総長にダグラス・マッカーサーが着任している。

一九三〇年六月十七日に、フーバー大統領は、スムート・ホーリー法に署名していた。これは二万以上の輸入品目に高率の関税をかけるものであり、これまた自国農民の保護を目的としていた。

第一次大戦後、世界最強の債権国家となったアメリカは、世界経済のかじ取りを任される立場に否応なく立たされた。しかしその自覚がどの程度あったのだろうか。国内の特に農業部門は機械化の発達による農産物の過剰生産と、そのあげくの価格低落に悩まされることになった。戦時中から食糧生産における輸出の比重が高まっていたが、戦後それもストップした。

元々大統領選挙期間中、フーバーはそうした農民層の意向を汲んで、農産物の輸入価格を引き上げるという公約をしていた。二人の共和党議員、スムートとホーリーの名を冠した法律は一九二九年五月に下院を通過した。その直後から抗議の声がアメリカに届き、九月までに二十三か国となった。「暗黒の木曜日」（十月二十四日）のひと月前である。

翌年六月、法案が上院を通過すると、隣国の農業国カナダは対米報復関税を課した。これは二年後のオタワ（カナダ）会議で決まった大英帝国（本国、自治領、植民地）によるブロック経済圏確立への参加に一直線につながっていく。その他フランス、メキシコ、スペインなども対抗関税を課した。アメリカ経済界の大立者たちはこうした道筋を洞察することはできていたのだろう。トーマス・ラモント（J・P・モルガン代表社員）らの大領領への反対への懇願にも拘らず、法案に大統領は署名した。フーバーもまた法案には反対したのだが、公約のこともあり、共和党内からの圧力には勝てなかったのだ。

日本の戦後不況と財閥批判

生糸の対米輸出が主要な産業の基幹となっていた日本も、この法律の制定に色を失った。先述したように、第一次大戦中から、アメリカとの貿易が盛んになっていた日本だった。戦時景気で沸いた日本であるが、戦後は一転して需要の激減に直面していた。ヴェルサイユ条約が発効した一九二〇（大正九）年に、日本は最初の戦後恐慌に見舞われた。

財政家の井上準之助は、「大正九年の時は日本全国一時暗黒になったのであります。（中略）総ての取引所と云うものは停止しました」（『戦後に於ける我国の経済及金融』）と大正十四年刊の著作で述べている。当時の井上は日銀総裁で、日本で初めてのモラトリアムを実施して、急場をしのいだが、多くの企業、商店、銀行が倒産した。

その倒産した企業を吸収していったのが、地力を持つ三井、三菱を始めとするいわゆる財閥だった。経済行為としては合法であるが、公益をわきまえない守銭奴、吸血鬼の所業と見なす者も少なからずいた。安田財閥の総帥である安田善次郎が朝日平吾に刺殺されたのは翌一九二一年秋のことである。しかし安田は、日露戦争中に破綻した第百三十銀行を、政府から「国家のために」と言われて救済整理に当たった人物でもある。ただこれも「政商の結託」と見られたかもしれない。安田は一九二〇年恐慌に始まる政財界テロの最初の犠牲者であった。

加藤友三郎がワシントン軍縮条約締結に応じなければならなかった経済的背景は一九二〇年恐慌の余波にあるのである。ちなみに条約締結後、四か月して加藤の内閣が成立するが、緊縮財政を予感して、十月大規模な銀行取付が起き、十六行が閉店した。後述する鈴木商店の傘下に神戸製鋼所があり、軍艦が作れなくなり、経営危機に陥ったという事例もある。

こうした恐慌の後始末が終わらないうちに、関東大震災（一九二三年）となった。国家の一般財政規模が約二〇億円の時代、日銀試算で物的損害が四五億円となった大災害だったが、この時もモラトリアムが実施された。被災地で支払いができなくなった手形を日銀が再割引することで補償する「震災手形」というものが生れることになった。そのために交付されたのが「震災手形割引補償令」である。日銀の損害は政府が一億円まで補償することになっていた。しかしこの震災手形の中には、大正九年恐慌を切り抜ける上で整理されていなければならなかった債券類が混在していた。これが一九二七（昭和二）年に問題を引き起こす。

日銀も懐に抱え込んでしまった二億七〇〇〇万円に上る震災手形を何とか整理しなければいけなくなった。そのための処理法案が一九二七年に作られたのだが、要するに一億円は日銀の損にして、残りを政府が肩代わりをする、つまりは国民の負担となるわけで、不況の最中、野党政友会から猛烈な反対攻撃がなされた。

その国会問答中に片岡蔵相が不用意な発言をして、パニックを引き起こした。「渡邊銀行が今日破綻しました」と述べたのである。渡邊銀行は放漫経営で噂されていたのだが、これをきっかけに、似たような状況の弱小銀行の連鎖倒産が起きた。約四〇行と言われる。

極めつけは一九二〇年恐慌で致命的な打撃を受けていた鈴木商店の破綻だった。ここも戦時景気で一時は三井物産より取引高は多かった。しかし事業を広げ過ぎていて、一九二〇年に倒産していてもおかしくなかった。しかし発券も許された特殊銀行である台湾銀行とは台湾統治初期からの縁があり、温情措置を受けていたのである。結果として鈴木商店の負債三億五〇〇〇万円は台湾銀行がすべてかぶるような状態になっており、台銀は全く身動きが取れなくなっていた。政府は台銀を救済するために、救済勅令（日銀の無担保貸付）を出そうとしたが、枢密院で否決されてしまった。これで若槻民政党内閣は瓦解し、同時に台湾銀行は休業宣言をした（四月十八日）。それから次々に銀行の取付騒ぎが起きて、休業が相次いだ。

二十一日、宮内省と関係の深い第十五銀行までが休業し、その翌日、二十五日から三週間のモラトリアムが決定された。驚くべきことに、日銀の金庫は空っぽだったのである。モラトリアム期間中に、紙幣の増刷が懸命に行われ、日銀特融損失法案、台湾融資法案が可決されて、恐慌は一応終決したが、むろん鈴木商店は整理された。

その後遺症もあって、その後の日本経済は物価も株価も低迷し、投資も一貫して減る一方だった。この過程で注目すべきことは、大企業や大銀行に富が集中していくという現象が起こったことである。大銀行ならば倒産しまいという庶民心理もあるし、大企業は確かに足腰が強く、整理された中小企業を傘下に吸収することができた。しかしそれ故に弱者を踏みつけにして、太っているという批判も起きてくることになる。

陸軍を病気退役したばかりの弱冠二十三歳、西田税は一九二五（大正十四）年、雑誌『日本』六月号に、「維新への廻向」を載せた。彼は当時の日本が政治的にも、経済的にもかつてない国難にあると見ている。「遂に吾等が魂革命の秋（とき）は来た。魂を地獄より天国に飛躍せしむべき其日は来た。（中略）此の魂を以て不当不義なる国家組織を根本的に改造して未曾有の険難を撃攘せねばならぬ」。他の号では、いわゆる「対支二十一か条の要求」をした日本を批判しており、また「朝鮮問題と日本の改造」という朝鮮統治を批判した論文もある。「天皇の大権を私して（中略）政権財権を縦に（ほしいまま）」してきた「不逞特権階級の手により奪還して真個純正大日本帝国を建設したる日、正義に基く朝鮮統治方針は必然決定すべく」など、痛烈なものである。そうした不義なる日本を改造することが第二の維新である。これに我々は立ち上がらねばならぬと彼は宣言し、国家革新運動に邁進していくのである。これはマルクス的な左からの革命に対するに、右からの革命運動というものだった。付記すれば、彼は前年に成立したアメリカの排日移民法は「暴戻専恣（ぼうれいせんし）」であり、「東西人種戦の火蓋を如実に切って落とした」ものと認識している。

ちなみに『日本』は大川周明（当時、拓殖大学講師）らによって、この年設立された民族主義、アジア主義の団体である「行地社」の機関誌である。

大川はこの年、『亜細亜・欧羅巴・日本』という著書を刊行している。該博な知識に基づく世界史の流れを叙述した後、「今東洋と西洋とは、それぞれの路を行き尽くした。（中略）世界史は両者が相結ばれねばならぬことを明示している。さりながらこの結合は、恐らく平和の間に行なわれることはあるまい。天国は常に剣影裡にある。東西両強国の生命を賭しての戦が、恐らく従来も然りし如く、新世界出現のための避け難き運命である」。排日移民法のことは出てこないが、「アメリカの日本に対する挑戦」と彼は書く。最後の行にはこうある。「来るべき日米戦における日本の勝利によって、暗黒の世は去り、天つ日輝く世界が開けそめねばならぬ」。石原莞爾の認識とほぼ同じであると言っていいだろう。

また大川は「則天行地歌」を作り、『日本』で紹介している。その歌詞には「権門上に奢れども　国を憂うる誠なし」「財閥富を誇れども民を念ふの情なし」とある。この詞が西田税と交際するようになった海軍青年将校・三上卓によって、少し言葉を変えられ、後に「昭和維新の歌」に取り入れられることになる。自由主義経済の行き詰まりを背景に、西田や三上には権力、財閥が明らかな敵となって浮上することになった。政党政治の否認、資本主義への懐疑から否定、そのためにはテロも容認されるのである。

日本の金解禁実行とその影響

一九二〇年代を通じた経済恐慌の連鎖の最後に、日本を待ち構えていたのが、一九二九年十月、アメリカの暗黒の木曜日であった。そしてそのわずか三か月後、翌年一月十一日に、濱口雄幸内閣は金解禁を実行したのである。キャッスル来日の直前である。

世界の主要国は第一次大戦まで金本位制を敷いていたが、戦争と共に臨時的にそこから離脱し、戦後いち早く復帰したのはアメリカだった（一九一九年）。アメリカも日本と同じように戦後恐慌に襲われたが、それは脱却し、好調な景気が続くようになった。一九二三年には年産二五〇万台だった自動車販売台数が一九二九年には五〇〇万台を越えていた。一九二九年の多くを欧米視察に費やした池田成彬（三井銀行筆頭常務）は、九月ニューヨークに着いた。

「ブームの絶頂です。産業界の繋盛は申す迄もなく、株も高く各人ホクホクものです。電車の中で見る労働者までも純白のシャツを着、靴はよく磨かれてあった」と彼は『財界回顧』で述べる。アメリカでは既に大衆参加の株式投資の時代が到来していた。バブルの時期だったのである。

十月二十五日、池田がサンフランシスコを出港するやいなや、株価の大暴落の知らせが届いた。帰国すると、濱口内閣が既に七月に発足し、金解禁を公約にしていた。解禁すれば景気が上がると宣伝していた。井上準之助蔵相も乗り気だった。しかし井上は政界に入る前は金解禁反対であったと池田は回顧する。

一九二〇年のブリュッセル会議、一九二二年のジェノア会議と連続して、各国が金本位制に復帰することが決議されていた。それに促されるように、ドイツは前述したように、ドーズ案の勧告で一九二四年秋、米国より八億金マルク借り入れた後に金本位制に復帰した。イギリスはその翌年四月、金本位制に復帰した。しかし旧平価のままだったので、ケインズが口を極めてチャーチル蔵相を批判したが、当時その意味は多くの政財界人に理解されていなかった。フランスは一九二八年に復帰した。一九二七年、ドイツは株式ブームだったが、その前年、前前年と翌一九二八年には景気後退局面があった。決して経済は安定しているとは言えなかった。

日本も金本位制が常態であると誰もが考えていたが、復帰のための条件は論者によって様々だった。金本位制下では、健全財政が絶対条件となる。濱口雄幸は蔵相時代に、金本位制への復帰を唱え、国内にある金（ゴールド）を海外に送ることをやった（一九二五年）。為替を安定させるためである。当時の日本の対ドル平価は、一〇〇円につき四九ドル四分の一で、これに人為的に近づけようとしたのだ。しかし当時、日本がいつ金本位制に復帰するかで、上海やアメリカで為替の思惑買いが頻発して、価格が乱高下し、輸出入に様々な弊害が出ていた。だからこそ、為替を安定させるためには、はっきりした金解禁が必要と思われていた。一九二七年に若槻内閣が震災手形処理法案を作ろうとしたのも、その準備のためであったのだ。池田成彬自身、一九二八年十月、「交換所組合銀行の声明」という形で、為替相場が平価に近づかなくても、多少の犠牲を甘受しても、解禁すべきだと所信を表明していた。

しかし石橋湛山、高橋亀吉、小汀利得といった論者たちは、平価を切り下げた形での解禁が理想だとし、井上準之助と親しいトーマス・ラモントも同じ意見だった。彼らはケインズのチャーチル批判「チャーチル氏の経済的帰結」を読んでいたのだろう。

金解禁に当たって、濱口内閣は何の準備もしなかったわけではない。緊縮財政を敷き、国民に美徳とされる勤倹、消費節約を呼び掛ける運動も行なった。井上蔵相も何度も演説会を催した。その声涙下る演説に、最前列にいた老婆たちがなんと賽銭を投じた(『今なら話せる　新聞人の財界回顧』)。官吏の給与も一割減らそうとしたが、これは大反対に遭い、失敗した。平価を切り下げた新平価解禁も、その実施のためには貨幣法の一部改正が必要だった。濱口内閣は少数与党で、野党政友会が反対する可能性もあり、改正案が通るかは問題だった。

つまり長く待たれていた政策実行の時が来たと濱口内閣は思ったのである。金解禁はそのことで経済の急激な収縮が起きる。危険だが、不況の荒療治として必要であると。

国家の台所が大変なことになっていた。第一次大戦終結当時、国内に四億円、在外に十三億円あった正貨(金)は、井上が蔵相就任時にほぼ枯渇し、在外正貨は八〇〇〇万円に減じていた。対外支払いの資金がもうないのである。政府の外債を借り換えようとしても、国際決済銀行の融資は金本位制国でなければならないという規則もあった。しかし徐々に対ドル平価は基準値に近づき、一九二九年十一月、アメリカでの一億円クレジットの設定も成功した。井上らは自信を持った。

ウィリアム・キャッスルは前述のハワイの講演で述べている。日本の与党「政治家たちは金輸出禁止を断然廃止する必要があり、解禁は不自然な技巧を弄しない限り、早ければ早いほど良いと信じておりました」。しかし、彼は「日本は今日不況にあります」と述べている。打ち続く不況を脱しないままに、金解禁を実行したのである。

「失業群激増の現況は目下全国主要都市並に隣接町村で施行している失業者救済事業により、救済されている失業労働者は真に九牛の一毛にも足らず、事業界極度の不振も付随して最近の失業洪水は予想以上の惨憺たる情勢に陥っているが、最近内務省社会局で救済事業の実情実地調査の結果は、労働手帳の交付されたものでも極く少数を除いては大部分は一日おきまたは三日に一度くらい職にありつけばよい方で、中にはその日の食にも困り、生活の綱たる労働手帳を仲間に転売するものさえあるという」（『大阪朝日新聞』昭和五年三月十四日付）

金解禁により諸物価は激落し、大恐慌の影響で輸出は不振を極めた。こういう情況を野党政友会は攻撃した。キャッスルは、この一層の不況化で井上蔵相はひどく非難されたが、これは政治上の問題で、野党が政権党であれば、やはり同じことをしただろうとホノルルの講演で述べている。

キャッスルは恐らく、当時新聞で騒がれていた大阪の鐘紡争議のことを念頭に話しているのだろう。四月五日、鐘紡の淀川工場で大規模なストライキが勃発したのだ。

世間がこれに驚いたのは、鐘紡がいわゆる家族的経営を標榜し、従業員を優遇することで有名な会社だったからだ。武藤山治が鐘紡の経営に参画することになったのは、明治の中頃からだった。そしてその当時から鐘紡は就業時間の短縮とか、従業員の福祉に心血を注いでいる会社だった。工場に目安箱を置き、従業員の意見書を武藤社長自らが読むということもしていた。いわゆる「女工哀史」的世界とは無縁の会社と思われていた（単行本『女工哀史』は、不況真っ只中の一九二五年刊行である）。当時の紡績業は時代の花形産業であるが、その中でも淀川工場は特にその従業員と設備の優秀さで有名な工場だった。

ストライキの原因は、好況時の大戦中に付加された三割の「戦時手当」を廃止することだった。これにより年間三〇〇万円の経費削減を見込んだのだが、工員にとっては事実上の賃金引き下げである。会社側も不況の進展に対して、それまでに様々な経費削減の努力をしていたが、それだけでは収まらなくなっていたのである。

会社の方針に不満な従業員たちは、社会民衆党の代議士で、労働運動の雄である西尾末広に相談し、その指揮によってストライキに突入した。淀川工場が最初に蹶起したのだ。対する鐘紡経営者側は副社長の津田信吾が中心となって争議に対抗した。彼は将来の幹部候補生として、淀川工場の設計、立ち上げから一切を武藤に任され、工場では昼飯を職工と一緒に食べていた人物である。

武藤はこの年一月に鐘紡を退職していた。しかしその慰労金が三〇〇万円という途方もない高額だったので、これも世間を驚かせ、どこが家族経営だと反感を持たせた。一月二十日の総会でも、三割五分の配当を可決しており、株主優遇、職工虐待の悪徳資本家という囂々（ごうごう）とした批判が高まった。

武藤は鐘紡を一流企業に押し上げた大功労者である。それだけの慰労金をもらう資格があると津田は弁護した。しかも実際には、武藤は所得税を八〇万円支払い、鐘紡従業員、昭和産業研究所（蚕種の研究）双方に五〇万円寄付し、残りの一二〇万円を自ら主宰する政党「実業同志会」に回していた。懐に入れてはいない。しかし世間はそう見ない。

実業同志会の武藤は金解禁が一層不況を深化させた、政府の政策が問題だと主張し、井上蔵相はそうではないと、鐘紡の高率配当を槍玉に上げて反論した。キャッスルはその応酬を知っていたようだ。

津田信吾は労働者側に対して一歩も引かず、遂には「吸血鬼津田」の貼紙も登場し、無事だったが、武藤と共に自宅を襲われた。しかし職工側も徐々に闘争の足並みが乱れ、解決の機運も出てくるようになり、ストライキ開始から二か月後に賃下げは実施するが、その穴埋めの手当ては本給に繰り入れ、将来の賃下げはやらないことなどの約束で決着した。しかし数十名の解雇者が出た。

津田はこの争議の後に社長に就任したが、七月の株主総会で、徹底的に彼を苛め抜く総会屋も登場した。総会はなんとか切り抜けたが、長期間の疲労蓄積のために、津田は体調を崩して三か月入院した。津田が退院する頃、東京モスリンで起きていた争議では、労働者と警官隊が衝突して多数の負傷者が出た。打ち続く不況のせいで前年から続いていた争議であった。濱口首相が銃撃されたのも十月であった。

「農業」といえば、「悲惨」という言葉が連想された時代、また国民の半分が農民だった時代である。農村も疲弊の極みにあり、全国的に不穏の空気がみなぎっていた。日本農民組合が賀川豊彦らによって設立されたのは一九二二（大正十一）年のことだが、その年に起きた木崎村小作争議（新潟県）では農民と警官隊との激突も起きた。その後、昭和に入ると共に小作争議は全国的に激増していく。

統制経済への期待

ドイツではドーズ案での経済再建対策には様々な矛盾が出てきて機能しなくなっていた。一九二九年から貿易収支は黒字となったが、これは外国の、特にアメリカの景気に支えられたもので、国内は不景気で、輸入も減少していた。しかもドイツは黒字だとしても、それに孫の代まで払わなければならない賠償という重い足枷がついていた。特にフランスが強硬だった。その賠償をめぐる対立からドイツから外資が引き上げる事態となった。多くはアメリカ資本で、これではドイツの経済が立ち行かなくなるということで、アメリカの実業家、オーエン・ヤングが委員長となったドイツ賠償問題検討会議がパリで開かれた。一九二九年春のことである。決まっていなかった賠償総額を決めねばならない時期にもなっていた。

六月になり、ヤングの提案が了承され、それは総額として三分の一、賠償年額は二〇億マルク弱に減り、年限は五八年となり、ドイツに圧力をかけるために、ラインラントに駐留している英仏軍の撤兵も決まった。国際決済銀行の設立など、新たな賠償の枠組みが作られた。多少は厳しさが減じたとドイツ人は思ったかもしれないが、ヤング案が討議されたドイツの議会では、「なぜ我々にだけ、戦争の罪、責任があるんだ！」と不満の声が聞かれたのである。これはドイツ人の本音であったろう。政府財政はマイナスで、税負担も重かった。同期間の賠償額の支払いと外債累積額を比べると、外債の方が多かったのである。最善の賠償の仕方は、貿易黒字が続くことである。

しかしその四か月後に「暗黒の木曜日」がやってきた。翌年一月のヘーグ会議で賠償条約（ヤング案）が結ばれた。まだこの時には大恐慌とは認識されず、循環的な不況としか思われていなかった。日本の金解禁と同じである。この年もドイツの貿易は好調に推移していた。ヤングプラン実施日は一九三〇年五月十七日と決まったが、しかし『大阪毎日新聞』（昭和五年七月七日）は、「世界第一の富を誇る米国に、世界第一の失業の群六百六十万人、英国は百八十万人、ドイツは三百万人の失業者を抱え、世界の三大産業国が不況に呻めく」と不気味な記事を載せている。

資本主義経済は末期的段階に来ているのではないか、マルクスの予言は正しく、ソビエトロシアの誕生は必然なのではないか、また自由主義競争に基づく経済体制は貧富の格差を拡大するだけで、人為的な統制を導入することが重要ではないかという深刻な疑問を持つ集団、個人が各国に生れてきた。ロシアに誕生したソビエトは貴族や資本家を打倒し、社会主義経済体制を導入した。似たような形であるが、共産主義は否定する国家社会主義体制を掲げることで国家を救済しようとする運動も起きてくる。

ドイツではヒトラーの率いる、ヴェルサイユ体制の打倒を標榜する国民社会主義ドイツ労働党（ナチス）が不況の深化と共に国民の期待を担って台頭してくる。一九三〇年九月十四日の選挙で、ナチスと共産党が勝利した。共にドイツの賠償を拒否する公約を掲げていた。諸外国は警戒した。ヤング案への警戒が起り、外資がドイツから流出し、「十月危機」と言われる経済危機に見舞われた。

日本では一九三一（昭和六）年四月一日、「重要産業統制法」が交付された。『東京朝日新聞』（四月六日付）は、「従来の経済法則の根幹たる自由競争主義を修正する画期的な産業法規」「人為的カルテル助成法である」とその性格を説明し、「カルテルを助成して統制を与え世界大戦で急激に拡張して整理困難に陥っている企業を立直らせようという点にある」とその制定意図の根本方針は、不況打開が目的であると述べている。

✺ 第６章 満洲事変の勃発

キャッスル、国務次官に就任

一九三一年三月、病気療養中の国務次官、ジョセフ・コットンが亡くなり、後任としてウィリアム・キャッスルが昇進した。

ちょうどこの頃、日本ではテロに倒れた濱口首相の代理となっていた幣原外相の議会答弁（二月三日）で、ロンドン条約は批准済みであるとの発言を野党政友会が「天皇への責任転嫁だ」と問題にし、乱闘事件となり、審議がストップした。一週間後に幣原の謝罪があって落ち着いたが、議会の権威は更になくなり、国家体制を一新しないと日本は終わりだとの危機感が陸軍幹部の中に強まり、大川周明らによって宇垣一成陸軍大臣を担いだクーデター計画が実行されかかった（三月事件）。未遂に終わり、新聞では報道されないが、尋常でない時代が始まっていることを国民に予感させた。

ドイツの不況はさらに進んだ。この年の失業数は五〇〇万人と言われる。ドイツと民族的にも親近性の強いオーストリアで、五月初め、オーストリアの主要銀行であるクレディタントラルトが破綻し、ドイツとのすべての主要な金融機関にその破綻が連鎖していった。これはむろんアメリカにも伝わり、ドイツ経済のこれまでにない状況の悪化が懸念される事態になった。六月十九日、ドイツ帝国銀行が九〇〇〇万マルクの損失を報じた。

フーバー大統領がモラトリアムを宣言したのは六月二十日である。ドイツの賠償を一年間猶予するとの便宜的措置である。

猛烈な反対が大債権国であるフランスに起った。彼らの本音はドイツを弱くしておくこと、それがフランスの安全保障なのである。スティムソン長官は翌年開催予定の軍縮会議の事前視察のために二十六日に欧州に出発し、フーバーの最も頼りになる相談相手はウィリアム・キャッスルとなった。フランス側の抵抗にうんざりしながら彼は日記に「フランスは輝く甲冑を着た騎士ではなく、卑劣な弁護士だ」と記している。ドイツの次の年金賠償支払い期限は七月十五日で、それまでにはフランスを説得せねばならなかった。キャッスルの必死の努力が功を奏して、フランスがフーバー提案の受諾をしたのは七月六日だった。そしてこの七月十五日にドイツは為替管理をすることにより、実質的に金本位制を停止した。

ちょうどその頃、満洲では朝鮮人農民が排撃される萬宝山事件（七月二日）が起り、続いて朝鮮では、これに激昂した朝鮮人たちが一〇〇名以上の中国人を虐殺する平壌事件（七月五日）が起きていた。またこの月、満洲の大興安嶺に兵要地誌の調査に赴いていた中村震太郎大尉が行方不明となった。直接的にはこれらの事件が日本と南京の国民政府の間に大きな問題となって、九月十八日に破裂する。しかし張学良政権との間には、三〇〇余件の解決しないままの外交交渉案件が山積していたのである。

八月九日、牧野伸顕宅を昔からの友人政客である杉山茂丸が訪ねてきて、こう言った。「今日の政局救済は軍人を以て当らしむること唯一の良策なりと云ふ」（牧野伸顕日記）。

キャッスルたちは自国の恐慌やヨーロッパの経済混乱に気を取られてしまっていた。三日後の九月二十一日には、イギリスが金本位制の停止を突然発表してしまった。ドイツの金融恐慌で、イギリスの対独債券が完全に焦げ付き、フランスなどの短期資本がシティから一斉に引揚げた。

日本では濱口雄幸が八月二十六日に亡くなっていた。翌日キャッスルは米国政府代表として弔電を打った。代わりに首相となったのは若槻禮次郎で、幣原は外相として留まった。中国も一枚岩ではない。蔣介石を批判する胡漢民、汪兆銘らを中心とする広東政府が成立し、その外交部長として陳友仁が七月下旬に日本にやって来て、幣原と会談している。幣原は陳に向かって、日本は満洲に権利があることを、日露戦争前の露支密約から説いたのである。陳友仁は了解して広東に戻っている（拙著『中国共産党の罠』を参照）。こうした理解をすることでは、幣原は石原莞爾と同じ観点に立っていた。違いは、古証文を持ち出して行動するかしないかであった。

事変の勃発

日本代理公使のエドゥイン・ネヴィル（フォーブス大使は休暇帰国中）は、九月二十二日の国務省への通信で、既に奉天や長春が占領され、吉林へも日本軍が派遣されたことを伝え、「これほど広い面積の占領は、主張されている原因とは釣り合わないように思われる。軍はどの軍隊もそうであるように、考えうるあらゆる事態を想定した詳細な計画を持っていたに違いない。この事件は、陸軍当局が未解決の問題を全面的に解決させるための軍事的手段としてとらえ、全地域を占領した可能性が高いと思われる」と鋭く観察している。「主張されている原因」とは、奉天郊外の柳条湖での張学良の兵隊の鉄道爆破に対する自衛的反撃行為である。

石原莞爾、板垣征四郎を筆頭とする関東軍首脳は、東京から止められても、山積する問題解決に対し、軍事的解決に邁進することを決意していた。満洲全域の占領である。しかし当初の総督制を敷くという方針は回避され、より理解の得やすい宣統帝を前面に押し立てた独立国家案が採用されていた。

もう一つ、彼らは満洲に蠢動している共産主義の防波堤として万全の機能を持たせたかった。北に新しく建国されたソ連は、かつてのロシアが武装を新たにした姿で、日本の国体と相反する共産主義という理想を世界に広めようとしていた。危機意識が彼らにあった。満洲は日本の生命線である。

九月二十三日、国際聯盟理事会は満洲事変への対応にアメリカ（非加盟国）も同調して欲しいと連絡してきた。スティムソンはそうすることを出渕大使に話した。翌日、アメリカは日中両国政府に敵対行為の停止希望の通牒を出した。

事変発生時、休暇中だったキャッスルが出渕と面談できたのは二十五日である。出渕は一九二七年の南京事件での英米の砲撃行動を例に出すなど、やはりスティムソンよりキャッスルの方がリラックスできて、話しやすかった様子が対幣原電報文に如実に伺える。キャッスルは満洲占領の意図があると思われるのは良くないから、なるべく速やかに軍事行動を停止して、中国当局と直接交渉するのがいいと言った。なおかつこの日、幣原が不拡大方針を声明していたので、キャッスルはその旨を記者会見でも話し、第三者よりの干渉は慎重であるべきだとの見解を述べた。

しかしキャッスルは、極東部長のホーンベックに、日本が満洲を支配することは、見込まれるところの最小の悪であることが証明されるかもしれないと話した。ホーンベックは「悲しそうに同意した」とキャッスルは日記に書いている（九月二十九日）。

キャッスルのこの見解は、金子堅太郎の回顧談と関係があるかもしれない。日露戦争の講和会議が開かれる直前に、セオドア・ルーズベルト大統領が金子に話した「日本モンロー主義」の話である。ルーズベルトは、アメリカのモンロー主義がラテンアメリカ諸国の独立を援助したように、これは、日本がアジアの指導者となり、アジア諸民族がその庇護のもとに安んじて国家を運営できるようになることであると話した。その範囲は欧米植民地以外の全アジア大陸であり、中国に関しては門戸開放、機会均等が原則である。また彼は、カリフォルニアで排日機運が高まっており、日本移民は満洲に向けるが良いとも金子に勧告した。

金子はこの話を英文にも認（したた）めており、キャッスルに会った時に話している可能性が高い。セオドア・ルーズベルトはキャッスルの尊敬する大統領だった。

九月三十日、国際聯盟理事会で、日本軍の鉄道地帯への撤退、中国側は鉄道地帯外の日本人の生命と財産に対して責任を負うことが全会一致で決議された。

関東軍の活動はこの時点では沈静していたが、それは次なる行動への準備期間に過ぎなかった。十月八日、満洲西南部、万里の長城に近い錦州に退去していた張学良軍の頭上に、関東軍は飛行機で爆弾を落とした。関東軍は満鉄沿線を守るためだけの軍隊で、錦州は英国の権益鉄道である京奉線（北京―奉天）の通る町である。奉天から二〇〇キロも離れており、明らかな逸脱である。この爆撃機には石原参謀自身が乗って作戦指導をしていた。

アメリカの新聞は国内の不況問題に気を取られ、満洲のことを忘れていた。しかしこれで極東に再度目が行った。

スティムソン、事変拡大にいらつく

この日の日記にスティムソンは書いている。「日本に対して、確固たる立場と積極的な立場を取らなければならないのではないかと思う」。翌日の日記には、「九か国条約については、我々は保留にしている。この条約は、事態を収拾するために必ず行われる日中の最終会議を円滑に進める上で、有益な役割を果たすと考えている」と記している。日本は明らかにこの条約に違反しているというのが彼の見解だった。そしてジュネーブの米国代表に、アメリカは聯盟と協力すると電報した。

スティムソンは翌日の出渕との会見で、日本軍が錦州で無辜の市民を殺害したと非難し、幣原外相に問

い合わせたが、「軍当局の報告書を私に転送しただけ」（日記）の曖昧な返事で、この調子では国際聯盟と歩調を合わせてやるしかないと「頗る興奮したる態度」（出渕評）で喋った。出渕はこれに対して、一旦軍事行動が開始されたら、それに対し一々東京から指図はできないはずで、居留民の安全が確保されたら、撤兵するという日本政府の方針は全く変わっていないと返事した。

翌十一日の幣原はネヴィル代理大使を呼び、満洲から遠く離れた中南支においてさえ、日本人の安全が脅かされているのに、どうして撤兵ができるのかと述べた。確かに上海などで反日暴動で婦女子が危ない目に遭っていることは確かだった。

しかしこの日、スティムソンはキャッスルやホーンベックを呼び、協議し、錦州問題について幣原に詰問する内容の覚書を作って日本に送った。日記に彼は書く。「彼らは、私たちがあまりにも簡単に彼らを解放するつもりだと感じているのではないかと私は心配していたが、今こそ彼らを一網打尽にする時である」。

十月十二日、キャッスルは出渕に、中国問題で日本が苦労していることは十分承知しているが、自分のような日本の友人を自称する者でさえ、錦州爆撃は不可解で、日本を世界の敵にすると言い、今回アメリカが聯盟と協力（オブザーバーとして参加決定）するのは、日中間の衝突拡大を防止するためである、また不戦条約と九か国条約に関してのみ、意見を述べるのだと述べた。また日本軍撤兵監視のために米国委員を中国軍に派遣してもらいたいと中国が米国に申し入れたのは事実かと出渕が尋ねると、事実だが、我々は当分握りつぶすつもりだとキャッスルは語った。

厳しいスティムソンと違い、キャッスルは出渕の不安と疑惑を解消するのに絶好の人物だった。出渕は本音のように、なぜ関東軍の撤退が遅いのか分からないとキャッスルに告白している。しかし日本の新聞では既に満洲独立が論じられ、この頃、溥儀の家庭教師のレジナルド・ジョンストンは、溥儀に対し、至急の旗挙げを慫慂していた。満洲の実力者の一人の于芷山も独立宣言をしていた。

この日、幣原はジュネーブの芳澤謙吉代表に連絡し、中国が日本との直接交渉に応ずるよう説得するよう求めた。「支那側の魂胆は第三者を介入させるオールドタクティクスだ」、問題の解決には決してならないと述べ、「満洲事件の遠因は支那側の排日不法の行動にある」と、かつて南京事件（一九二七年）当時、領事館を襲われても、軍事的対応を取らず、軟弱外交と呼ばれた頃の面影はない剛直ぶりであった。別の電文では「満洲問題は」「日本の国民的生存と死活の関係」があるとまで言っている。この日中の直接交渉には、キャッスルも賛成した。しかし中国は応じようとしなかった。

十五日、幣原は干渉がましいことをすると日本の世論が沸き、日米関係が悪化しかねないので、聯盟へのオブザーバー参加を取りやめるようアメリカに要請した。というのも、この日、外務省のスポークスマンが、米国から来た強硬な文言の二つの覚書があり、民心の激昂を抑えて発表しないでいると米国批判の記者会見を行なったのだ。幣原はまずいと思ったのだろう。

記者会見記はすぐにアメリカに行き、スティムソンを困惑させた。彼には強硬意見を述べた覚えがなかった。出淵は誤情報も入ることがあるからとスティムソンを慰めた。キャッスルは、「そのスポークスマンは幣原の子分で白鳥という者だ」とスティムソンに教えている。事変と共に台頭してきた外務省新官僚の代表である。この時情報局長をしていた。英語が得意で、キャッスルは日本で会っていた。

十七日、キャッスルは出淵を自宅に呼んで午餐を共にした。そして、かつてのハリマンの満鉄買収計画やノックス長官の満洲鉄道中立化案などを上げて、アメリカが今回、日本を満洲から追い出そうとしているとの誤解が一部にあるようだが、そういうことは一切ない。アメリカは日本が満洲で条約上に得ている地位を尊重し、認めている、問題を提起することはないと確言した。また彼は、ジュネーブの米代表であるギルバートには、不戦条約などの議論になっても、一応の意見を述べるに留め、主張がましいことは言わせないと述べた。

スティムソンもこれには賛成したようだ。というのも十六日の日記に、「今重要なのは、この問題をしっかりと押さえ、とにかく戦争をせずに、二国間の直接交渉で解決することである」と書いているからだ。しかし十三日の日記には、満洲の領事からの報告書の感想が書いてある。「日本軍が吉林を占領した方法に関するもので、陸軍の汚い動きと陰謀の詳細を記した非常に立派な報告書である」。彼はこれをジュネーブに送り、更に詳しい情報が入れば、幣原にも送ると記している。彼は決して妥協していなかった。国際聯盟や米国が不戦条約の特に第二項、いかなる原因があろうとも、問題は平和的手段で解決するよう注意喚起を日中両国に行ったのは二十日前後となる。

この頃、キャッスルはトルコ大使として赴任しているジェセフ・グルーに、駐日大使になってもらえないかと手紙を書いた。現大使のフォーブスはスティムソンの受けが悪く、感情的ないきがかりから、辞任を申し出ていた。キャッスルはグルーがいいと思った。気心の知れた仲でもある。キャッスルの手紙は十一月四日に届いた。グルーは数時間考えて、受諾の電報を打った。

十月二十七日の米海軍記念日、ハイラム・ジョンソン議員は、「ロンドン会議の結果はアメリカの海軍力を極端に弱めた。来年一月からの海軍休日が実施されたら、アメリカの軍艦比率は日英以下になる。今起きている満洲での日本の軍事行動は弱い隣国に対する侵略行動である。アメリカは空論に過ぎない軍縮条約に惑わされず、海軍を充実せねばならない」と演説した。

翌日、出渕はキャッスルと懇談し、日本人が満洲に持っている強烈な感情を無視することはできない、日本は中国政府との直接交渉をしたいが、これにおいても第三者の仲介を望まないとの旨をじっくりと話した。キャッスルはよく理解できると述べている。

十月二十九日、奉天の林総領事は、満洲の実情をよく知らない欧米人のために、聯盟から調査員を派遣してもらってはどうか、本庄司令官も賛成していると本省に提案している。

十一月の初め、嫩江（松花江支流）に架かる鉄橋が馬占山軍によって爆破された。関東軍はその路線が日本の権益鉄道であるという理由から修理に向ったが、修理中に攻撃された。黒龍江省で、ここには張海鵬（于芷山と共に後の満洲国重鎮）が既に独立の宣言をしていた。日本軍は修理を終えて張海鵬軍と共に省都のチチハルに向った。十月二十九日、張海鵬は既に馬占山に対し、最後通牒を発していたのだ。

日本の外務省は橋梁の修理が終われば撤退すると国際聯盟にも申し入れていたが、事態は幣原らを裏切った。十一月十三日、外務省は軍部と協議し、攻撃的な馬占山の撤退を要求。事実上の黒龍江省制圧にお墨付きを与えた。

スティムソンは十一月七日に、フーバー大統領と初めて対日禁輸のことで話し合っている。フーバーは、「挑発的で戦争につながる行為であるという理由で、大統領は否定した」とスティムソンは日記に書く。大統領は十月中に、アメリカは戦争に賛成しないし、経済的、軍事的な制裁措置に同意しないと決意していた。

日本政府もまた中国との直接交渉ができないままだった。二十一か条の要求から締結された一九一五年条約には、満洲についての協定が結ばれていたが、これを中国が認めていないからであった。強要されたものであるからという理由だが、それならば、ヴェルサイユ条約も義和団事件の条約も無効となろうと出渕はキャッスルに述べている。その論理からすれば、日清戦争後の三国干渉は無効となり、遼東半島は日本の領土に戻るだろう。

十一月十五日、再開される聯盟理事会に出席する日本代表への幣原外相の訓示は、堂々と日本の正当性を主張せよと、腹をくくった感がある。張学良は政権を失墜した、「今後満洲にいかなる政権出現するやは東三省（奉天省、吉林省、黒龍江省）内部の問題にして主として東三省民の決すべき所」という見通しを彼は述べ、奉天省を中心に自治運動が高まっていることを認めている。そして満洲への聯盟調査団派遣を積極的に認めることも表明していた。

十一月十九日のスティムソン日記、「今朝の新聞は日本軍が馬将軍の軍隊を壊滅させ、チチハルを占領したと報じていた」とある。彼のイライラは募った。「今回のチチハルでの最後の攻撃は、彼らの守備範囲から何百マイルも離れた場所で、張学良の最後の残存部隊を破壊するためのものだった。これは、ケロッグ条約や九か国条約など、すべての条約の精神と、おそらくは条文にも明らかに違反していると思う。(中略)我々は多分非常に素早く行動しなければならない」。また彼は正確な情報ではないが、橋本欣五郎らのクーデター計画「十月事件」を知ったらしい。「若槻、幣原、井上(だったと思う)の三人を殺害しようとする陰謀が発覚し、実際にそれが実行されようとしていることも、出渕を通じて聞いていた。つまり、我々が相手にしてきた日本政府はもはやコントロールできず、状況は事実上の狂犬の手に委ねられているのである」と日記に綴る。

それから一週間後、彼の頭はさらにカッカと熱を帯びていた。

「パリから電報が入って、日本軍が錦州に進攻する恐れがあることを知らせてきた。これは、実はリンゴ箱をひっくり返すようなものだった。彼らの私に対する約束、しかもそれは外務大臣による明確な約束であり、陸軍大臣と参謀総長によるお墨付きだったのだから、私はすべてを蹴って全記録を公表したい気分だ。今となっては、あの〝銃の息子〟たちを信用することはできない、というのが私の気持ちだ。彼らの軍隊は、どこまでもハードボイルドだ。世界中を敵にまわしてもいいと思っているようだ。このようなことが、夜中に頭をよぎり、なかなか寝付けなかった」(十一月二十六日付日記)

この「約束」「お墨付き」というのは錦州に進撃することはないという二十四日に届いた幣原のConfidential for the Secretaryの付いた電報だった。つまり機密電である。

翌日の記者会見では日本軍の錦州進撃問題で、「質問の嵐だった。この点については、私の問い合わせの電報と、そのような遠征はしないという東京の直接の保証を読み上げただけであった。外務大臣、陸軍大臣、参謀総長のこの直接の保証に照らして、私は現在の報道を信用することはできないと伝えた」とスティムソンはこの日の日記に記している。彼は機密電を読み上げたのだ。

これがＡＰ電となって、日本に来て、日本を激昂の渦に巻き込んだ。ややこしいのは、ＡＰ電が自らの憶測、「錦州占領は中国の満洲支配に対する由々しい打撃」「日本の攻撃は米国政府をして、国際条約を無視し、満洲を完全に領有するかのごとく思わせる」「日本はこれまで各都市攻撃の度ごとに遺憾の意を表し、今後はこれを繰り返さないと言った」などと、中国が喜びそうなことを、スティムソンの談話のように見えるように報じていたことだ。

白鳥敏夫は幣原の許可も受けずに、スティムソンを批判する厳しい談話を発表し、日本の新聞にはスティムソン批判があふれた。これがアメリカに来て、今度はスティムソンが顔をしかめた。彼は二十八日の日記に書いている。国務省では「日本の外務省が昨日出した声明、つまり外務省のスポークスマンの発言について、ものすごい騒ぎになっていた。何が起こったかというと、私を報道したＡＰ通信の記者たちは、私が許可した内容を正確に述べた後、日本に対して非常に煽情的な種類の独自の発言をたくさん挿入していたのである」。彼は記者会見でＡＰ電を否定した。出渕大使も色々調査し、ＡＰ電自体に問題があることを突き止め、日本に報じた。

しかしスティムソンが機密電を漏らしたのは事実である。幣原はフォーブス大使に抗議し、フォーブスは目を丸くしていた。これについてスティムソンは二十八日、出渕に向い、機密電でないと思ったが、よく見ると機密電だった。幣原男爵に迷惑をかけた、遺憾に思っていると伝えてくれと言った。

しかしこれはミスでなくスティムソンが故意にしたことだった。その日の日記に彼は自慢げに書いている。

「私のところに来る電報はほとんどすべて印がついているので、電報全体には機密と書かれていたが、だからといって私が油断することはない。Confidential for the Secretary というのは、わが政府の保護という意味であり、相手の政府が秘密保持を要求したことを示すものではない。さらに私は、チチハル占領後の十一月十九日に、出渕を通じて幣原に、これ以上の機密事項には耐えられないので、すべての公表権を留保し、この問題を国民に知らせる必要があると通知していた。実際のところ、日本の外務省からあることで安心していると、今度は陸軍が反対のことをするということに、私はほとほと疲れてしまったのだ。そして、今回、日本軍をしっかりと縛りあげようと、彼らを釘付けにして、幣原に何かあってもチャンスをつかむ方がいいと決心したのである。（中略）二日間の興奮の後、幣原は嵐を切り抜け、軍隊は諦めたので、私の計画はうまくいった。錦州に行かないという約束に軍隊を釘付けにした。今では、彼らは行く勇気がない」

キャッスルは自分の親しい幣原の抗議を当然知っており、面白い話ではなかっただろう。しかしスティムソンは、部下たちに「あれはよかった」と言われて、悦に入っていた。

✺ 第7章　スティムソン長官の不承認宣言

スティムソンの魂胆

スティムソンは十二月二日の日記に、「今朝はドーズへの電報の草稿に取り組んだ。日本政府に対する最終声明として、軍事的圧力の下で結ばれたいかなる条約も有効とは認めないという警告を与えるというテーマである」と書いている。スティムソンが意図しているものは、約一月後に完成することになる。「ドーズ」とはドイツの賠償計画を作成したあのドーズだが、現在は駐英大使で、実質的なアメリカの聯盟代表となっていた。

再開された聯盟理事会の決議に日本は抵抗しているとの情報がスティムソンに入り、彼は決裂した場合に取るべきアメリカの態度について、幹部会議を開きたいと思った。本庄繁関東軍司令官は張学良軍を錦州から排除することは既に宣言していた。六日の日曜日、彼はキャッスル、ロジャース、クロッツ、ホーンベックの四名を呼んで会議を開いた。以下、日記の記述である。

「この会議では、日本に対して経済的措置を講じる可能性について議論した。キャッスルは反対したが、他の三人は賛成した。ホーンベックは、日本に対して行き過ぎではあるが、禁輸措置がどのような結果をもたらすかについて非常に精力的な分析を含む、強力な覚書を作成した。彼は米国に害が及ぶことを認めており、私たちは皆、禁輸がさらに進んで本当に戦争になる危険性を認識しているが、ホーンベックの分析によると、日本側の利害の非常に大きな部分がボイコットによって断ち切られ、数日あるいは数週間以上耐えられないことを示している。可能であれば、まず他の国々から行動を起こすべきで、そうすれば一国だけの行動ではなく、世界各国のグループによる行動となる、というのが私たちの共通認識である。キャッスルは、聯盟による経済ボイコットは戦争状態を認めることになる、日本はすぐにでも中国を封鎖する、そうすれば我々と衝突する可能性が非常に高い、と指摘した」

このような議論が二、三時間続いた後、スティムソンは大統領に会いに行った。フーバーは、「この国にボイコットをさせるためには、九か国の会議を招集することが絶対に必要だ」とスティムソンに話した。九か国条約の締約国会議である。アメリカ単独のボイコットにフーバーは絶対反対だった。これはキャッスルも同じだった。日米両国は大きな経済関係で結ばれている。どのような恐ろしい影響が起るかしれない。スティムソン主宰の会議では結論は出なかった。

十二月十日、フーバーは議会に対するメッセージを発表したが、それには満洲問題も含まれていた。しかし元々あった日本に対する警告部分を削除していることが分かり、スティムソンは不満だった。この日の聯盟理事会決議で調査団を満洲に派遣することが決まった。いわゆるリットン調査団である。日本は治安回復のため、馬賊など不逞分子の跳梁に対しては討伐をせざるを得ないことを留保した。

この日、スティムソンは出渕大使と会見した際に、錦州進撃という「日本軍の攻撃は完全に侵略的な行為であり、全く不当であると信じている」と幣原に伝えるよう言ったと日記に記した。そして翌日の日記、冒頭に、「日本の若槻内閣が総辞職したとのニュースが電報で流れた」とある。政友会との挙国一致内閣運動をめぐっての閣内の不一致が原因だった。

この頃、キャッスルとも面識のある樺山愛輔がシアトルに上陸し、当地で演説をしていた。シアトル領事による報告（十二月十日）を要約すると以下のようなものだった。

日本は満洲に領土的野心はなく、目的は経済的発展を図りたいだけだ。日本経済に必要な資源は条約上支障なく満蒙から獲得している。過去二十五年間、満洲の治安維持に苦い経験を積んでいる。何をわざわざ地主となって苦労するような愚を犯すものか。満洲問題の急速な解決は困難ではあるが、中国側が実際的見地から誠意を以て臨めば、解決は可能である。

樺山は若槻首相の頼みで、日本の立場を理解してもらうために、フォーブス米大使の了解も得て、アメリカに行ったことを回顧している（「太平洋に友情の橋を架ける」『文藝春秋』昭和二十六年二月号）

三井のドル買い批判

イギリスの突然の金本位制離脱はドル経由でポンドに投資していた三井銀行を奈落の底に叩き込んだ。三井は国内の不況で資金需要が起らず、海外に投資先を見つけざるを得なかった。預金者には利息を払わねばならず、日銀に当座預金をしても金利は一厘だった。海外は表面的には好景気で利回りがよかった。しかし当時の為替取引の性質上から、ドルを買い、それを先物に売り繋ぎ、それをロンドンに送るという方法で、比較的有利な短期債権（三か月物）に投資したのである。総計約一二〇〇万ポンドである。それにはドイツに放資した百万ポンドもある。これはドイツの破綻前に上手く売り抜いたが、ロンドンの金本位制離脱はいきなりで、為替取引は停止状態に陥り、三井は引揚げそこなった。ポンドをドルに回金できなければ、ドル先物約定決済ができなくなる。そこで自衛上急いで、九月二十五日までに横浜正金銀行経由で二〇〇〇万ドルを買い入れたのである。それ以外一切ドル買いはしていないと池田成彬は証言している。

しかしドル買いは、金が大量に海外流出することを意味する。金本位制を敷く以上、当前の経済行為だが、これが売国行為だと糾弾された。十一月二日、社会民衆党青年同盟員一〇〇名以上が、「国民生活を蹂躙する三井財閥を葬れ」というビラをまきながら、三井本館に乱入するという抗議事件があった。『大阪毎日新聞』は「最近国家社会主義的転向を示した社民党が国家の名を以て資本階級に抗議したのは今回のデモ隊に初めて具体的事実として現れたわけである」と報道している。

池田は一切弁解しなかったが、その理由は三井のロンドンでの巨額損失約二四〇〇万円である。これを公表すれば、取付騒ぎが起き、金融危機が起こりかねないと彼は判断したのである。ポンド為替は甚だしく低落を続けたが、その苦境を救ったのが内閣の交替だった。新蔵相の高橋是清は着任後すぐの十二月十三日、金解禁を停止した。これによりポンド相場が回復、ドル相場も急落という事態となり、三井は危機を脱した。

しかし、『大阪朝日新聞』(十二月十六日付)は、「凱歌をあげた『弗(ドル)買い』資本閥」とどぎつい見出しを掲げた。年明けには社会民衆党設立に関わったジャーナリストの馬場恒吾が、『東京朝日新聞』(翌昭和七年一月四日付)で、民衆の犠牲において、金輸出再禁止で六〇〇〇万も儲けたのは財閥である、平生最も愛国者顔をしているのはこの手合であると激しく非難した。既に三井を筆頭とする財閥は疲弊する民衆を冷然と眺めている国賊扱いであった。翌月九日に金解禁を実行した井上準之助、さらに三月五日には三井合名理事長の団琢磨が血盟団の若者に銃撃されて亡くなった。馬場はテロを煽ったようなものである。池田も狙われていた。三月の三井銀行の決算は、九〇〇万円近い償却損を計上した。ドル買いで儲かりはしていなかった。

キャッスルは井上と面識があり、団琢磨も知っていただろう。ハワイでの講演で、三井本館ビルは「世界のどのビルよりも素晴らしい」と述べているので、会っているはずである。沈痛な思いをしていたに違いない。

錦州進撃と不承認宣言

一九三一年十二月十九日、ワシントンには今にも日本軍が錦州に出撃するようなＡＰ電などが届き、キャッスルが記者会見をした。彼の談話は、そういうことがあれば、非常に不幸な事態であるし、それをフォーブス大使経由で詳しく申し入れることになっている、さらに日本軍がそういう行動をこれ以上取るなと言うような最後的な態度を米国政府が示したことはないというものだった。フーバーの議会メッセージと同様、穏やかなものだった。

この頃ヴァレンタイン・マクラッチーは、日本は満洲事変のやり方を以て、人種平等の口実の下に、移民法改正を強要するだろうとの警告を発していた。

十二月二十三日、スティムソンは出淵を呼び、日本の「陸軍省から聞こえてくる、錦州と正規軍を本当に攻撃するつもりだと思われる公式発表に私が困っていること、そこで、中国側には全く準備がなく、攻撃を誘発するものは何もないという現地館員の一致した証拠があると伝える覚書の形の文を東京に送った。だから、もし正規軍に対する攻撃があれば、それは必然的に侵略の性質を帯びることになる。私は、それが世界世論に与える悪影響について指摘した」と日記に記した。

出淵を通しての対日警告であるが、翌年一月二日のスティムソンの日記の冒頭には、「今日の朝、日本軍がついに錦州を占領したという報道があり、これで満洲事変は最後のクライマックスを迎えることになった」とある。関東軍は錦州侵攻を正月祝作戦として取って置き、それまでは餅つきに精を出していたのだった。しかし知日派のクローデル仏大使は、スティムソンに会いに来て、「これは日本からの最後の平手打ちのようなものだ」と言った。

翌三日の日曜日、朝六時からスティムソンは、「満洲に関する覚書」を書き始めた。夕方からスタッフが数名集まり、その草稿をさらに検討した。キャッスルはクリスマス休暇中だった。スティムソンは翌日、出渕から大使館の晩餐会に招待されており、申し訳ないが行けないと電話した。出渕は招待状も出しているし、病気ということにしたいと言い、スティムソンも明日は出勤しないことにした。

翌日の午後、ホーンベックらがやって来て、草稿を検討した。夜の九時、スティムソンは大統領に会いに行き、草稿を見せた。フーバーはそれを承認した。

六日が草稿の最終的なチェックとなった。これにはキャッスル、ホーンベックら四名が討議に参加した。「不在だったキャッスルが、このような覚書を送ることに非常に積極的に賛成してくれたのが嬉しかった。キャッスルは、九か国条約の他の加盟国にも通知して、同じことができるようにするべきだと提案した」とスティムソンは日記に書いている。

しかしキャッスルは、原文に中国領土の一体性を「保証する」と思わせる文章があることに反対した。九か国条約には「尊重する」とあるからである。彼のこの意見は採用され、文言が変更されることになる。

翌日その覚書は日中両国に向けて発せられた。いわゆる不承認宣言である。

錦州に関する最近の軍事行動により、一九三一年九月十八日以前に存在していた南満洲における中華民国政府の最後の行政権は破壊された。アメリカ政府は、国際聯盟理事会が最近承認した中立委員会の活動が、中国と日本の間に存在する困難の最終的な解決を促進すると確信し続けている。しかし、現在の状況とその中での自国の権利と義務を考慮して、アメリカ政府は、日本帝国政府と中華民国政府の両方に、事実上のいかなる状況も合法性を認めることはできず、これらの政府またはその代理人の間で締結されたいかなる条約または協定も承認するつもりはないことを通知することが義務であると考えている。これには、中華民国の主権、独立、領土および行政上の一体性に関連するもの、あるいは一般に門戸開放政策として知られる中国に関する国際政策に関連するものが含まれる。一九二八年八月二十七日のパリ条約の誓約と義務に反する手段によってもたらされる可能性のあるいかなる状況、条約、協定も承認するつもりはないことである。

これは一九一五年のいわゆる「二十一か条の要求」の結果、日中間に締結された新条約に関してアメリカが出した覚書にある、「米国および中国におけるその国民の条約上の権利、中華民国の政治的または領土的一体性、あるいは一般に門戸開放政策として知られている中国に関する国際政策を損なういかなる協定または事業も承認できない」という文言を基に作成されている。

この不承認宣言はキャッスルのアドバイスに従い、九か国条約関係国にも事前に送られた。しかしイギリスは九日、「日本は昨年十月十三日、十二月二十八日と満洲での門戸開放政策を維持すると述べており、国王陛下の政府は米国と同じ覚書を出す必要はないと考える」と声明を出した。

キャッスルは米仏軍事同盟になりかねない条約をガス抜きし、制裁条項もない、解釈の自由な不戦条約に変容させてしまったのだが、それと同様な効果を狙って関係国への事前通知を提案したのではないのだろうか。彼はこうしたイギリスの声明を予期していたのではないか。これは日本を追い詰めることはないのである。

予想通りだった。スティムソンはその日の日記に、「イギリスがインドとの間で抱えている複雑さと財政状況を考えると、私としては全く予想外のことではなかった」と書きつつ、「私が不利な立場にあることを、私の敵が示そうとするかもしれない危険性はある」と書いている。キャッスルはスティムソンをゆすぶったのである。

既に満洲では、スティムソンの理解を越えた新国家建設の息吹が高まっていた。一月十一日、朝日新聞主催による石原参謀も参加した、「新国家建設座談会」が奉天ヤマトホテルで開催されていたのである。

石原の発言が群を抜いている。独立国となるならば、「今までの日本は暴戻なる支那軍閥のために附属地内に屏息されていたのであるが、今度は日支両国民が新しい満蒙を造るのだから日本人、支那人の区別はあるべきではない、従って附属地関東庁も全部返納してしまって関東長官も失業状態ですな、そしてほんとうに一緒になってやるのでなければならない、日本の機関は最小限度に縮小し出来る新国家そのものに日本人も入り支那人も区別なく入って行くが宜しいと思う、それが出来なければ満蒙新国家もなにもないと思います」(『大阪朝日新聞』一月十三日付)

日本は租借地を新国家に譲渡する。満蒙も占領しない。ここに民族協和という形の理想国家を作るという理念が高唱されたのである。石原は領土にする権利を持つと考えていたが、一旦独立国案に賛成すると、その理想を徹底的に追求していく。スティムソン、キャッスル、クローデル、そしてフーバーも、そんなことを考えている日本人がいるとは夢にも思っていなかっただろう。

スティムソンの「不承認宣言」に対する日本の回答は、芳澤謙吉新外相名で十六日に発表された。

要約すると、門戸開放政策は日本においても極東政策の中心においているが、残念なのは中国全土が不安定な事態であり、そのためこの政策の遂行が減殺されている、パリ不戦条約に関しては、手段が妥当でないことが常に必然的に結果を無効にするかどうかは疑問の余地があるが、日本としては妥当でない手段を取っている意思はない、しかしやはり、中国の不安紊乱の状況を見れば、ワシントン条約などの適用に当たっても、現実の事態に即してこれを行なう必要がある、日本は領土獲得の意志は毛頭ない、米国政府が友好精神を以て、事態の正当なる認識を得ようと細心の注意を払おうとされているのを知ることは日本の欣快とするところだというもので、木で鼻をくくった印象がある。白鳥敏夫の書いたものかもしれない。スティムソンはむろん不満だった。

日本側の回答には、満洲において行政当局において変更があるのは、当該地方の人民が張学良政権の逃亡と共に、「自ら政権を組織して秩序の維持に任じ」ようとしているのだと述べた部分がある。新政権胎動の事実を報知しているのである。

第一次上海事件の勃発

満洲事変が始まってから長城以南の支那本部（China proper）では、各地で排日の空気が強くなり、不穏な雲行きになっていた。警備のために砲艦を派遣して欲しいと連絡してくる領事もいた。南京では外交総長の王正廷が激昂した学生たちに暴行を受けて負傷したのだから、日本人が安全なわけがない。各地で日本人が軍人も民間人も、男女の別なく襲われ、放火や殺害事件も起きていた。

上海では共産主義の別働団体的な反日救国聯合会ができていた。中国の経済の中心地で人口も多い上海には二万六〇〇〇人の日本人が住んでいた。彼らも危険な目に遭っていたし、日系紡績工場ではストライキも起こり、日本製品のボイコット運動が強烈だった。同胞を護るために日本の居留民団も殺気立っていた。そこに起きたのが一月十八日の日蓮宗徒襲撃事件である。一名が死んだこの事件は戦後に田中隆吉上海駐在武官が行った謀略だと判明しているが、村井上海総領事の呉鉄城上海市長への抗議文には、「過去数ヵ月に亘る当地方排日運動の為」と書かれており、この事件のみが第一次上海事件の原因ではない。前年十月九日から、日本の抗議は始まっていた。村井はボイコットの停止、抗日団体の解散を要望したのだが、上海駐留海軍（第一遣外艦隊）司令官の塩澤幸一は、一月二十八日以降、自衛手段を取ると声明した。これがアメリカに来て、スティムソンを刺激した。「日本は中国に宣戦布告して、上海や河川の港だけでなく、中国のすべての港を封鎖させたいのだと思う」（二十五日日記）。

その日、彼はキャッスル、ホーンベックらを呼び、徹底的に話し合った。キャッスルは長官が「興奮状態にある」ことを指摘し、日本は満洲よりも上海で弁明できることはもっと少ないが、放火や殺人によって実施された不買運動や、中国における一般的な混乱や安定した政府の欠如に、日本は本当に不満を持っていると述べた（キャッスル日記二十五日）。

別用件で国務省にアダムス海軍長官とプラット海軍作戦部長が来ていたので、スティムソンは彼らからも話を聞いた。彼は日記に書いている。「私はプレッシャーをかけなければならないことがわかった」。「英国が同じことをするのならアジア艦隊の一部をそこに移動させる」。アジア艦隊の本拠はフィリピンである。

翌日の閣議でスティムソンは持論を展開した。ハーリー陸軍長官は、日本は武力でしか止められないかもしれないが、スティムソンの考えは衝突を招くだけかもしれないと恐れると言った。スティムソンは、「中国に対する遠大な見方、中国における我々の影響力がいかに重要か、そしてその利害を失わないことがいかに重要かを指摘した」。

フーバーはおもむろに発言した。五年前、同じように中国に攻撃的な立場が取られそうになった時、彼はそれに強く反対したという。一九二七年の南京事件のことだろう。彼は商務長官だった。国民党軍の北伐の過程で南京の外国領事館や外国人が襲われ、多数の犠牲者が出た事件である。当時のマクマリー中国公使は中国南部一帯を海上封鎖することを本国に提言した。

フーバーは言う。「中国の単なる規模、三億五〇〇〇万は、日本など他国の中国への侵入と支配の努力を常に阻止してきたし、今後も阻止できると考えている。やがて中国は、日本を満洲から追い出し、長江流域から追い出すだろう。このような問題で日本と戦争するのは愚行である。そのような戦争は局地的なものでもなければ、制限内に収まるものでもなく、極東で軍を上陸させることになるが、それは我々には何の理由も意味もないことだ。誰よりもアメリカ大陸のために戦うが、アジアのために戦うことはない」

（スティムソン日記より）

しかし彼はスティムソンの不承認宣言は偉大な論文であり、「中国での戦争に巻き込まれるよりは、今この不承認宣言の道を歩む方が安全だと考えた」と述べた。

スティムソンはしかし、この大統領の言明に必ずしも満足はしなかった。午後遅く、彼は大統領と二人で話した。彼はこう伝えたという。大統領の「主張と私の主張の間にある唯一の違いは、経済的にも軍事的にもアメリカの強さに頼ることができるという点である」と。

そして彼は日記に綴る。

「私は、ルーズベルトの『穏やかに話し、大きな棒を持て』という言葉を引用した。私は彼に、これは偉大な真実を表していると思うと言った。私は、言葉の中に少しも脅しがないのは反対だった。我々には我々の大きさや軍事力という無意識の要素に頼る権利がある、日本がそれを恐れていることは承知しており、それを利用するつもりはないなどと言わずに、恐れさせるのだと私は考えていた。今述べたような違いが、私が大統領の政策に抱いている大きな違いであり、困難な点である。彼は最もかすかな種類のブラフさえも、ほんの少しも持ち合わせていないのだ。彼は、相手が推測できないような自分たちに不利な要素を、相手に知らせてしまう可能性が高すぎる。私は、撃つ準備ができるまで引かないという方針の徹底的な信者である。しかし、戦いに巻き込まれない可能性が千分の一であるような場合には、我々の体格と強さにものを言わせ、必要となれば戦うという意思を公言しないのである。現在の世界情勢では、これ以外の立場は実りあるものにはなり得ないと思う」

スティムソンは二十八日の日記にこう書いている。「マスコミは上海について何か情報を得ようと躍起になっていたが、私は何も与えず、たとえ彼らが、我々が積極的に行動を起こすという方向で、かなり幻想的な推測をするとしても、少しは推測させる方がよいと判断した。私は、ジャップにもしばらく推測をさせても構わないと考えている」。

二十八日午後三時に、上海市側は日本側の要求を受け入れた。しかし租界近辺でうごめく中国軍兵に不穏の行動があったため、租界の工部局（施政機関）は、午後四時に戒厳令を発した。その結果、列国の駐屯軍は協同警備計画に基づき、それぞれの警備地区に就くこととなり、日本海軍陸戦隊も北四川路方面を担当することとなった。共同租界外の閘北地区も担当だが、そこは日中共同居住区で陸戦隊本部もある。二十九日午前零時に配備を開始した陸戦隊に向って、突然中国軍は発砲してきた。日本は応戦する。第一次上海事件の始まりである。

当時滞米中だった鶴見祐輔（政治家・評論家）は、それまで大したことはなかった対日感情が、上海事件が始まると急に日本非難の声が聞かれるようになったと言う（『改造』昭和八年二月号）。中国の民間人が住む閘北地区を飛行機で爆撃したことである。スティムソンも出渕大使に対し、陸戦隊が無辜の中国市民に発砲していると非難し、「許しがたい蛮行」と日記に記した。単独での軍事行動と共同租界を軍事基地にしているという理由で、イギリスの外務大臣のジョン・サイモンとスティムソンは、日本政府に抗議した。

鶴見はまずいと思ったし、そう思ったのはキャッスルも同じだったようだ。彼は三十一日にボルチモアで、軍縮問題で講演をすることになっていた。二月一日からジュネーブで軍縮会議が開かれることになっていたからだ。

「この会議に参加する五十二か国の全権大使が、軍備削減の具体的な成果を得るために全力を尽くすことに期待し、自信を持たなければならない。しかし、制限のための基礎を示す合意だけが得られたとしても、失望してはならない」

「もしジュネーブで制限だけでも得られれば、我々は多くのものを得たことになる。このことだけでも、世界を襲っている精神的な憂鬱を取り除くのに役立つことは明らかである。一国の軍備がもはや他国の安全を脅かすことはないという具体的な知識が得られれば、国家間の信頼を回復する上で大きな一歩となるでしょう」と述べつつ、上海事件について、以下のようにガス抜きを図った。

中国と満洲で起きている紛争がジュネーブ会議にどのような影響を与えるかは誰にもわからないとした上で、その影響が好ましいものであることを望むと強調し、「戦争狂（war madness）、それは世界で最も優れている日本人の一部ではない、軍部の中の戦争狂が大きな苦難を起こさせているのであり、それがジュネーブでの作業をより困難にするかもしれない」と付け加えたのである。

日本の陸戦隊は三〇〇〇名である。対する中国は三万の第十九路軍が陣を敷き、しかも数千の便衣隊（スナイパー）もいて、民間の住宅を防御に利用して、陸戦隊に攻撃をかけてきた。二十八日夜からの戦闘は英米の領事による斡旋で二十九日夜に収まったが、その翌朝から中国軍は装甲列車も使って、日本人居住地区を攻撃し始めた。日本側が被害を少なくして攻撃するには、空母から発進する飛行機に頼らざるを得なかったのである。そんな事情はキャッスルには分からない。日本居留民は早くも陸軍の派兵を要請した。これは二月三日の第九師団を中心にした二師団規模の派兵となって実現する。

二月二日、出渕はキャッスルと会い、日本兵が中国軍から狙撃されている可能性があるということを述べた。多勢に無勢ということだろう。キャッスルは飛行機爆撃の必要性を認めたかもしれない。彼は中立地帯を設けるべきだと出渕に述べた。また彼は野村吉三郎が第三艦隊司令長官となり、上海に派遣されることになったことを聞いた。プラット提督の親友である。キャッスルは希望を見出した。

アメリカは居留民保護のためと称して、マニラから海兵隊と陸軍一聯隊、一四〇〇名を派遣した。キャッスルは「日本軍よりも中国軍から守るためだ」と考えていた（キャッスル日記二月二日）。しかしスティムソンは明らかに、国民政府への援護射撃の意味合いで派遣していた。一月二十九日の日記に、彼は「艦隊であれボイコットであれ、私たちが持ちうるいかなる武器も使うつもりはないことを示すような言動が、誰であれあってはならない」と記している。

二月一日、フォーブス米大使は芳澤謙吉外相に対して、国務長官からの警告として、日本軍が他国の分担地域をも勝手に動き回り、そのために住民の生命財産が危機にある、いかなる場合も居留地を根拠にして行動しないようにと申し入れた。芳澤は色を成して反論した。日本居留民が皆殺しにされても、居留地を使うなというのか、他国の分担地域は使用していない、アメリカは現地の実情を知らずに、日本軍の行動を批評し、中国軍をかばう向きがある、陸戦隊の行動は、中国側の挑戦から始まったものだと強く主張した。

この一日には、アメリカ各地を回っていた樺山愛輔がキャッスルを訪ねてきた。キャッスルはその日の日記に記す。

「今日の午後、私は哀れな樺山老伯爵と悲しい話をしていた。（中略）彼は日本の三人の立派な人物を考えていると言った。牧野伯爵、西園寺公、山本提督で、起こったすべてのことを私と同じように感じているという。彼らは私がここにいることを有難いと思っているという。それは嬉しいけれども、私は日本の現在の行動、いやむしろ日本軍の一部の行動が、不可能でないにしても何かをすることを難しくしていると言った。私は正しい考えの人々がどんなに苦痛を感じているかを理解できるが、その軍隊の行動に合わせて、日本は世界から裁かれなければならないだろうという事実は残る。私は樺山に、これらの事件が起きている時に、日本を弁護するために日本の友人でいることは非常に難しいと言った。彼は分かると言い、日本の敵対国の批判に答えるのは非常に簡単だ、しかし日本の友人の嘆きに反論はできないと言った」

（山本提督とは、山本権兵衛のこと）

日本はフィリピンをねらっている？

スティムソンは二月三日の日記に重要なことを書いている。ホワイトハウスでの会議の席上である。キャッスルはいなかった。

「勢い込んで、フィリピンを手放すことがいかに犯罪であるか、いかに不要なことであるか、私の意見を彼らに伝えた」。独立を与えるという公約は「彼らが本当に望むなら、本当に賛成なら、独立させるべきだという条件付きで与えられたものであることも指摘した。また私は、今日の極東に存在する状況を指摘した。日本との問題や日本の強硬さはすべて、私たちはフィリピンを手放すつもりだ、極東の大国であり続けることを望んでいない、私たちは本当に極東から手を引こうとしている、という日本の信念に基づいているのであると。私は、そうでないなら日本との間に何の問題もないはずだと指摘した」。

スティムソンは明らかに日本がフィリピンを狙っていると信じているのである。確かに満洲のように、フィリピンにもかなり多くの日本人が移住していた。現在の満洲と同じことをフィリピンで起させてはならないと彼は思っていた。

また日本の「上海への攻撃は、一九一四年にドイツがベルギーに侵攻した時と同じような反響を呼び起こした。全世界に衝撃を与えた。それは、無資力の民衆に対する完全に不可抗力の侵略行為であるかのように思われた。ドイツは、自分たちの政策以外に何の根拠もなく、無防備な市民の街を爆撃した。そして今、問題は我々が部外者が眺めるようにしていていいのかということだ。私は、ベルギーに対して我々が感じた恥ずかしさを示すためにウィルソン大統領が何もしなかった時、私たちがどれほど憤慨したかを思い出す。私は、フーバー氏がここで同じ立場に立たされないことを強く望んでいる」（二月八日日記）とも書いている。

最初に攻撃されたのは陸戦隊だということは頭に入らない。日本が如何に侵略性を持った国家であるかという彼の認識は不動のものであったことが明らかである。彼は上海攻撃に抗議するために新たな声明が必要だと考え、この日、大統領にそれを提案した。フーバーはうなずいた。

二月十一日の日記にもスティムソンは「ジャップ」と書いている。こうした〃ジャップ意識〃の直接の被害者は出渕大使だった。日本からの陸軍部隊が上海租界に上陸し始めたのは十四日である。十五日、出渕と会見したスティムソンは、万が一米国人の生命財産に危害が及べば、日本政府は責任を取らねばならないと興奮した調子でこれに抗議した。出渕は冷静に、戦車を揚陸させるには、そうした設備のある所を選ばねばならず、これは第一次大戦に従軍された長官もご存じのはず、我々は各国居留民に迷惑がかからないよう東隅の方に兵を集めているとなだめた。そして一九二七年の南京事件を思い起こさせ、英米もあの時は多大の困難を嘗めたではないかとまで言ったが、スティムソンは頑として聞き入れなかった。彼はこの日の日記に出渕のことを poor little man「哀れな小男」と記している。

これには後日談がある。出渕はこの会話を東京に報告したが、外務省がこれを公表したのだ。興奮するスティムソンはピエロとなり、会話はＡＰ電でアメリカに戻ってきた。心配した出渕は様子を見に行ったが、スティムソンは深く失望し、不満たらたらだったという。恐らく白鳥敏夫の仕業だろう。

十八日、日本軍は蔡廷楷軍に租界外二〇キロ圏外退去を要求する最後通牒を出したが、聞き入れられず、結局二十日から戦闘が再開された。スティムソンは二十三日の日記にこう書いている。「今日はより心強い一日となった。第一に、中国人は上海で大奮闘しており、日本の歩兵を実質的に止めている」。中国軍が使用禁止のダムダム弾を使っていることも、後方に督戦隊がいて、下がろうとする自軍兵を撃つ準備をしている非人道的な実態も彼は知らないのだろうか（拙著『中国共産党の罠』を参照のこと）。

この日、彼はジム・ロジャース国務次官補の書簡体にするというアイデアから生れた声明文の草稿をチェックしているところだった。上海事件という新たな事態が発生したことで、一月七日の不承認宣言をさらに肉付け、発展させたもので、日中米関係を日清戦争や三国干渉の時代から説き起こした小論文だ。日本語訳すれば、五〇〇〇字近い。ジョン・ヘイ国務長官の門戸開放宣言がワシントン会議の九か国条約となって普遍化し、その後のパリ不戦条約とも結びついている。両条約の締約国である日中両国はこのような正義と平和の方法で現在の紛争を解決せねばならないという趣旨を、上院外交委員会委員長のボラー議員宛てに送ったもので、翌日公開された。

これに対し、日本外務省はすぐさま強く反撥した。白鳥敏夫と思われる文章で、日本は九か国条約にも、不戦条約にも違反していない、現在の武力行使はあくまで自衛権の範囲内だというものである。そしてスティムソンがグァムやフィリピンの防衛現状維持を約束したのは、九か国条約の尊重を代償にしたものとすることは甚だしい誤解である。それは日本が海軍比率対英米六割を甘受した見返りであると反駁し、日本の九か国条約違反を以て、海軍充実のための口実となすつもりか、スティムソン氏は平和を唱えながら、実は血に飢えた平和主義者だと論難した。

確かに書簡には、「グァムやフィリピンの陣地を無防備なままにしておこうとしたのは、特に、東洋貿易の機会均等を世界各国に保証しただけでなく、中国を犠牲にして他国が軍事的に肥大化することを防ぐための、九カ国条約に盛り込まれた自己犠牲の誓約が前提となっていた」と述べている。「他国」とは日本のことで、日本がフィリピンを狙っているという思い込みが無意識に文章に浮き出てしまったのだろう。白鳥は鋭くこれを見逃さなかった。

キャッスルは前年八月十四日のマサチューセッツ州ウィリアムズタウンでの、ロンドン軍縮条約を巡る講演会と討論会に出席し、「日本はフィリピンに関心がない」と明快に述べていた。同席した日本のパネラーの鶴見祐輔もこれに同意した。キャッスルはため息をついただろう。

フーバーとスティムソンの対立

上海の戦闘に中国側は蔣介石直属の顧祝同軍も参戦しており、日本側の不利は隠しようもなかった。そのため日本政府は増派を決めた。むろんそれは内密のことであるが、出渕大使は二十三日、この話をキャッスルにした。如何に日本側の信頼が厚かったかがわかる。

しかしキャッスルは以下のような憂慮を示した。自分は東亜における日本の存在は、世界平和のためにも、増派は世界にさらに衝撃を与える。租界への陸兵の上陸は関係国が一致して反対しており、アメリカのためにも必要と考えており、満洲における日本の特殊地位はアメリカにおいてもこれを尊重すべきものと考えている。しかし最近の日本の行動はいくら説明を受けても納得しがたいことばかりである。日本に対する各国の態度が日増しに険悪になるのを日本の友人として見ておられない。満洲においてはともかく、上海では今少し隠忍できなかったのかと残念でならないと。

アメリカでは十三日、下院外交委員会で対日武器禁輸の問題で大騒ぎになり、十九日には、日本の軍事行動を阻止するため、国際聯盟を支持し、シルクを始めとした日本製品を一切買わないという請願書が大統領と議会に請願書が出された。ハーバード大学総長ローレンス・ローウェルや前陸軍長官ニュートン・ベイカーを始めとした大学人、知名のジャーナリストたちが署名していた。二十日にフーバーとスティムソンはこれについて話し合ったが、フーバーは乗り気にならず、スティムソンはリーダーシップのない大統領になって欲しくないと言った。二十三日の閣議でもこの禁輸問題が取り上げられた。閣員の多くは賛成だったが、大統領とキャッスルは反対し、閣議はまとまらなかった。

キャッスルはこの禁輸問題も出渕に話し、議会でもボラー委員長が反対だし、今のところ早急に議会の問題となることはないだろうとの見通しを述べた。しかしその後請願書の署名者は五千名に上った。大統領とキャッスルには経済断交とは暗黙の宣戦布告だという認識があった。出渕は本国に上海事件の早急の解決を求める電文を打った。

二月二十六日、キャッスルの唯一の子供のロザモンドが、ニューヨークで突然亡くなった。結婚しており、まだ幼い子供が三人いた。このためキャッスルは国務省をほぼ一か月留守にすることになる。

二月二十九日、政務次官からイタリア大使になっていた吉田茂から、本国にスティムソンのボラー宛て書簡に関する批評が届いた。かなり辛辣なもので、中国の統一政府の樹立に向けて、南京事件などの被害にも拘わらず、日本は九か国条約の精神を遵守している。破っているのはむしろ中国で、条約を無視し、内乱がその政治を解体している、どこに条約尊重の事実があるか。中国の無秩序、無政府状態は極東平和の禍源であり、日米親善は極東平和の基調と信じて、我々は対中、対米外交において最善の注意を払ってきた。しかしスティムソンの所論は遺憾とするほかない。その誤謬を反駁しなければならないと。

また国際聯盟が暗に対日経済制裁を慫慂するような態度を取っているのは日本の利益と威信を無視するもので、聯盟の脱退も覚悟の上で、聯盟や列国が最も慎重な態度を取り、軽々しく日本を圧迫せんとする結果を十分考慮するよう直言すべきだと論じている。

これは米国大使にも転電されており、キャッスルも読んだであろう。

スティムソンは上機嫌だった。書簡の反応がいいからである。そうした電報を見せようと大統領に会いに行くと、驚いた。フーバーは「私たちが成し遂げたことをすべて台無しにするような声明を立案していたからだ。彼は、どんなことがあっても戦争はしないと、アメリカ国民に言おうとしていたのだ。彼は、私の手紙に対する大海軍論者（big Navy people）の反応にむしろ怯えており、平和主義者たちの反応も同様に好意的であったことを忘れようとはしない」とスティムソンは日記に記す（二十五日）。そんなことをされたら自分の書簡を支持していないと思われる。必死に彼は大統領を説得した。「私は、いかなる脅しも行わないように非常に注意していた。しかし、アメリカ国民が本当に怒った場合にどうするかという問題は、日本が考慮しなければならない状況の要素の一つであり、その要素を無効にするようなことは、日本がさらに多くの悪行を行うための手立てとなる」。ようやく納得してもらえたとスティムソンは書いている。フーバーは翌日も同じ提案を持ち出して、スティムソンに説得されている。このように大統領は決して納得はしていなかった。

三月一日、満洲国の建国が宣言されたが、上海では停戦交渉が進み、二日には野村吉三郎が仲介者の英国艦隊司令長官に、いつでも停戦はできるとの申し出をした。野村は二月二十八日に、中国側代表の外交官・顧維鈞と上海停泊中の英国旗艦で友誼的に話し合いをしていた。一日に日本が強い攻勢をかけた翌日には蔡廷楷軍の撤退も確認されていた。翌三日に、白川義則派遣軍司令官が戦闘中止を声明した。この日は吉田茂がそうであったように、日本が懸念もしていた国際聯盟の総会が開かれていた。停戦ができなければ、日本の悪印象は増したかもしれない。

しかしスティムソンは停戦を予想しても、日本を信用してはいない。「日本側が休戦を提案するのは、単に三日（来週の木曜日）の総会が終わるまでのつなぎとして行われる可能性が常にある」（二月二十九日日記）。聯盟総会は三日過ぎも続いていたが、スティムソンは次の手を考えていた。

二月二十日、彼は「プラット提督を訪ね、太平洋で利用可能な海軍の戦力と日本艦隊の詳細について、彼らが知っている限りでの詳細な説明を受け、状況全体についての海軍の記録を入手した」と記し、三月二日には、「極東の情勢とわが海軍のことが心配なので、今朝は朝食前にプラット提督を呼んで、省に下る途中で立ち寄って状況を話してもらい、奇襲攻撃（surprise attack）に用心するように警告した。彼はそれについて警戒していると言い、戦艦はハワイと太平洋岸の間に待機させ、最終的にはサンフランシスコでランデブーし、そこは危険のない場所だろうと教えてくれた」とまで書いている。彼は日本海軍の攻撃を警戒しているのである。

三月八日の閣議では、大統領に海軍の増強を談判している。「さらに重要な一歩を踏み出したことを指摘した。私は、海軍の現状を非常に憂慮していたが、それに踏み込む機会がなかったこと、そして、日本に対抗するには思った以上に不均衡であることを伝えた」（日記）。フーバーは、「そのことが攻撃的な海軍を持たないことの一層の理由になる」と反論し、スティムソンは「攻撃的な海軍のことではなく、防御的な海軍のことを言っているのだ」と言った。二人の話は嚙み合わない。

フーバーは国務長官がどこまで本気なのかと訝しがっている。長官が言うように増強するとして、具体的にはどうするのか。日頃の彼の言動からしてフィリピン、グァム、ハワイの海軍基地を増強することだろう。日本を挑発することになる。またそれはアメリカが主唱して作り上げたワシントン条約体制を自ら壊すことにはならないのか。フーバーは憂慮を深めた。

翌日、スティムソンは部下の前でこんなことを語った。

「もし日本がこのままの態度を続けるならば、文明の偉大な理論と経済的方法の間に問題が生じるように思われる。日本は、工業化と外国貿易を維持できなければ十分ではないと決心し、その誘惑に負けて、力ずくで中国に市場を作ることができると考えているようにも見える。それは中国を永遠に食い物にし、片方が片方の民族に宗主権を行使することを意味する。難しいのは、優勢な民族だからといって、優れているということを意味しないということだ。中国の方が優れた民族であり、私自身の感覚では、これは不可能であり、いずれ破綻するだろう。しかしその間に、一八四四年に始まり、『門戸開放』と『九か国条約』とに至るまでの長い歩みに象徴されるように、太平洋における我々の政策には非常に鋭い問題が提示されるだろう。このような対立の過程において、二つの異なる文明の間で武力衝突が起こらないということは、ほとんどあり得ないと私は思う」（一八四四年は、アメリカが中国と初めて外交関係を結んだ年）

日本では、石原莞爾や大川周明が未来の対米戦争を構想していた。スティムソンもまた、満洲事変以降の発展を見ていて、そのような未来への対処を構想するようになったのである。また日本は満洲国を作ったが、「中国に市場を作ること」が真の目的であろうと彼は鋭く読んだのである。それはアメリカに頼らないアジアに自己完結した経済体制である。日本は「工業化と外国貿易を維持できなければ十分ではない」。スティムソンの理解は正しかった。この問題は改めて、後述することになる。

スティムソン・ドクトリンからフーバー・ドクトリンへ

スティムソンが閣議やボラー宛て書簡で、フィリピン問題を取り上げているのは、連邦議会にフィリピン独立法案が提出されていたからでもある。彼は日記にも書いているように、独立に反対だった。それでまた上院宛に反対の理由を書いた書簡を送ったのである。しかし上院の委員会は独立に有利な部分だけを公開し、全部は公表しなかった。不満でいたスティムソンの所に四月四日、下院議員の独立反対派のロバート・ベーコンが見せてくれとやって来た。そして公表されたのだ。これは日本の新聞でも全文公開された。要約しよう。

アメリカは既に太平洋の大国であり、従って今後、太平洋の事件に対し愈益々深い利害関係を有するに至るだろう。フィリピン諸島は米国理想主義の極東における米国の経済的文明の根拠地となろうとしている。これはひとえにアメリカの指導よろしきを得た結果であり、自由通商の結果の物質的援助のたまものである。もしこれらの要因が撤去されるならば、フィリピンは経済的混沌と政治的無政府状態が招来され、恐らく中国あるいは日本がフィリピンを支配（domination）するようになるだろうと結論したものである。

日本の反応としては、「無遠慮な放言で、呆れるほかはない」（時事新報）、「フィリピンを領土にしようなど夢想もしていない」（東京朝日新聞）というものである。そして日米関係の悪化はスティムソンのせいだという理解も共通している。

これには出渕もあきれて、スティムソンを問い詰めた。するとスティムソンは困惑顔で、あれはeconomic domination「経済支配」のことで、日本の領土的野心のことではないと言い逃れた。出渕は続いてキャッスルに会った。あれは長官の個人的見解で国務省のものと考えなくてよい、自分も相談にあずかっていない、上海問題もあってついつい筆が滑ったのだろうと上司を弁護した。

キャッスルはこの日の日記に、スティムソンが言うように日米間で「将来戦争になるかもしれないとしたら、満洲に関して今戦争になるような手段をとることは、少しも悪くないということになるのだろうか」と疑念を表明した。スティムソンは翌日の閣議で、日本が西洋文明に対して行った挑戦について長々と語り、「大統領は火薬を乾かしておいた方がいい」と警告を発した。フーバーは困惑し、何とかしなければならないと考えた。

ジュネーブの一般軍縮会議は二月から始まったが、議論が進まず、スティムソンは四月八日にニューヨークを出発して、会議に参加することになっていた。約一か月の公用旅行となる。

この間にキャッスルには講演の依頼が来ていた。フーバーは自分とほぼ同じ政治思想を持つキャッスルに相談した。その講演で、スティムソン・ドクトリン（不承認宣言）をフーバー・ドクトリンに変えるのである。フーバーは「新しい不承認のドクトリンについて話して欲しいと言っている……彼が当然自分自身のものだと思えるもの」とキャッスルは書いた（キャッスル日記四月一日）。ボラー宛て書簡直後にフーバーが作成しようとしたものだ。しかしこれは慎重にも慎重に思索し、講演の文章には推敲に推敲を重ねなければならない。万が一にも閣内不統一のひびが入っているようだと受け取られてはならない。今年の秋は大統領選挙である。フーバーはむろん二期目を狙っていた。

五月四日、国務長官代行・キャッスルは、国際司法会議（ワシントン）の席上で、「世界正義のアメリカ的側面」というテーマで演説を行なった。要約する。

合衆国政府の外交政策は、その後の行動の基礎を形づくる条約類に成文化されており、国際紛争を解決するために戦争に頼ることを防ぐ目的のケロッグ条約もまたその一つである。アメリカは参加していないが、戦争を不可能にしようという最も重要な協定は、国際聯盟の条項で、それには戦争を防ぐために、戦争を意味する武力の使用を明確に予測している。ケロッグ条約には武力の示唆はないために、これをすぐ折れる弱い葦だと指摘する人もいる。

ケロッグ条約を遵守しない国には、最近ではボイコット、あるいは禁輸を強制することも重視されている。これは当政権によって反対された。第一に公的なボイコットはほぼ確実に戦争に導く行動だからだ。少なくともそれは、今後何年にも亘って、私たちが問題の国から憎しみの対象とされることを意味する。

大統領は戦争を避けるために、誠実にすべての手段を信じている。しかしこれらの措置は、それ自体が戦争を想定したものであってはならないとも決意している。彼は武器の使用という厳重な抑止策は戦争という価値なき結果に終わると理解した。この考えは最初、一月七日の日本と中国に対する国務長官の覚書に具体化された。またこれは国務長官のボラー書簡で詳述され、この新しいアメリカの方針は、三月十一日に国際聯盟によって受け入れられた。

このようにして、国際聯盟は、規約を基本としながらも、パリ協定を含めて、加盟国を新たな国際法の尺度に縛っていった。ここには侵略者を決定する超人はいない。早急の決定も必要としない。なぜなら警告が先であるからだ。この方針は、現在の不正を是正できないように凍結するのではなく、その不正がさらなる不正によって是正されてはならないことを明確にしているだけである。力を行使せずに強力な制裁ができる。それは「条約を強化する」ことだが、戦争を防ぐための戦争を引き起こさない、ボイコットが引き起こす戦争の危険がない。それはこの国を厄介なことから遠ざけるようにする。同時にそれは、世界を住むための安全な場所にすることに他国と協力するという我々の意志を証明する。

これがフーバー・ドクトリンで、それはできるだけ人間的に、平和的な戦争の防止という目的を達成する。それは国際法の公平な成長する殿堂の根本原理の一つとなるべきである。

一見、何事もないフーバー政権の政策提言のように見える。朝日新聞特派員は「今更何ら事新しいものを備えていない」と評している。しかし政権の内部にいる者にはスティムソン・ドクトリンを巧妙にフーバー・ドクトリンに換骨奪胎されたことが明らかだった。また「ボイコットの発議者は、条約を守るためには、正義感や道徳心以上のものが必要だと最も声高く叫ぶ大変な人々だ」とも講演録にあるのだが、この代表はスティムソンその人ではないか。スティムソンは「不承認宣言」で自分は歴史に残ると考えていた。しかしそれは名前を変えられ、「不戦宣言」となってしまったのだ。

翌五月五日、上海停戦協定が結ばれ、日本軍は撤退し、中国軍の駐兵禁止区域も定められた。スティムソンは五月十五日にワシントンに帰着した。汽車の中まで出迎えた部下の中にキャッスルもいた。「ニューヨークで汽車に乗った時、私は日本の犬養首相が暗殺されたことを知った。暗殺が続いているが、これは日本を現在血まみれの大地にしている」とスティムソンはこの日の日記に書いている。

五・一五事件だった。キャッスルと親しい牧野伸顕内大臣も私邸を襲われている。手榴弾が邸内で爆発しただけで、彼に被害はなかった。首謀者の三上卓は、後の公判の際に、加藤寛治軍令部長の上奏を阻止したからであると主張し、東京駅前でロンドンから帰国した財部と濱口首相を銃撃するつもりだったと供述している。

また停戦交渉中の四月二十九日、上海虹口公園での天長節祝賀会で式台上にいた重光葵公使や、陸海軍の派遣軍司令官らに爆弾が投ぜられた。重光は片足を失い、白川義則は一か月後に死亡、植田謙吉も片足を失い、野村吉三郎は片目を失うという大事件が起きていた。朝鮮独立党の尹奉吉(いんほうきち)によるテロ事件であった。

娘の死を筆頭に、キャッスルにとっては心痛む日々が続いていた。

フーバー、キャッスルとスティムソンの不協和音

十六日、スティムソンはキャッスルの演説を知り、激昂した。彼はボイコットも含め、日本人に何をしようとしているのかを伝えないという方針でいたのだ。キャッスルの講演の問題性をスティムソンに最初に提起したのはジム・ロジャースのようだ。ロジャースは最初、キャッスルに「長官の政策が台無しになる」と抗議した。キャッスルは「大統領の命令でやっている」と答えたという。スティムソンがハーリー陸軍長官に聞くと、「大統領はあなたを傷つけるようなことは考えていない」となだめた。

十九日、スティムソンは大統領とじっくりこのことで話し合った。フーバーは、「この件は私にも責任の一端があると思う」と言い、「私が留守の間に日本で盛り上がっている感情に非常に神経質になっていて、それが我々への攻撃につながるのではないかと心配しており、それを防ぐためにはボイコットをしないことを表明するのが最善の方法だと考えた、と言った」(スティムソン日記)。スティムソンは、「彼は非常に率直で、遠慮なく、勇気を持ってその責任を取ってくれた」と日記に書いている。一見、亀裂は修復されたように見える。

しかし翌日彼が、「国際聯盟から侵略国と宣言され、ケロッグ条約も破った国を認めないという宣言をして、ケロッグ条約を履行する」という提案をすると大統領は躊躇した。スティムソンはがっかりしたと

記す。フーバーには、あくまで軍縮が大事だった。この日、スティムソンはキャッスルとも演説のことで話した。キャッスルは「ボイコットをしないつもりだと日本に言わないように気をつけていた」と言ったが、これにもスティムソンは納得していなかった。

キャッスルは個人的には、満洲が破滅的な戦争の原因となる僻地としてあるより、日本が併合（annex）して平和にし、そこに発展し得る政府を作ることを望んでいた。また彼は経済的な国益を通してアメリカと結びついた強い日本が、満洲からソ連を閉め出すだろうと思い続けていた（キャッスル日記五月二十四日）。事変発生当初、ホーンベックに話したことと同じである。むろんハイラム・ジョンソンとは正反対の考えだった。

スティムソン自慢の不承認宣言は、政権内部で奇妙なねじれを見せ始めた。この後、大統領とキャッスル、そして国務長官派の間には、表面上は穏やかでも、内部には深刻な不協和音が響き渡っていくのである。プラット作戦部長は表面的にスティムソンに従うふりを見せながら、巧妙にその意向をかわし続けていた。

四月後半、新渡戸稲造がアメリカにやって来た。日本の立場を説明するためである。サンフランシスコに着くと、ホテルにヴァレンタイン・マクラッチーが新渡戸を訪ねてきた。会談は長時間に亘った。

新渡戸はアメリカの排日に関し、「パリ講和会議の国際聯盟委員会で日本が提出した人種差別撤廃案をウィルソン大統領が満場一致を条件に否決したことを、日本は絶対忘れない。そのため満洲問題でも日本はアメリカの態度を疑念を持って見ている。アメリカがこの際排日移民法をどうにかすれば日米間の空気はよほど緩和する」と述べている。

ワシントン訪問は六月一日で、フーバー、スティムソン、キャッスルと会っている。七月になると、スティムソン長官と意見交換をし、ラジオで長官が日本問題で演説をした後に、彼が二十六分の反論もできた。新渡戸は弁護士出身のスティムソンが法律一点張りで、条約を文字通りに解釈しようとして、政治的な思考が欠如していると考えていた。

イタリアから帰任した吉田茂は一九三二年の暮れから翌年の初めにかけて、中国、それから欧米の在外公館を巡視する旅に出ていた。中国では、引退していた段祺瑞を登場させて、熱河省できな臭くなっていた日中両軍の停戦を斡旋させようとしたが、失敗した。アメリカでは、キャッスルと再会した。キャッスルが日本大使の時、一等書記官で勤務していたユージン・ドゥーマンが一緒だった。キャッスルが吉田を夕食に招待したもので、外交委員会の委員など、上院議員が十二名程度の集まりだった。ウィリアム・ボラー議員もいた。満洲問題でしつこく詰問された吉田だったが、愛国者として最善を尽くし、日本の行動を弁護したとドゥーマンは回想している（ジョン・ダワー著『吉田茂とその時代』）。ジュネーブでリットン委員会の報告書を採択するかどうかで、白熱した議論が展開されている最中だった。

一九三三年一月九日、スティムソンは次期大統領に決まったルーズベルトにハイドパークの自邸に呼ばれた。約五時間、様々な政策課題の話が出ているのだが、極東政策に関しては、ルーズベルトは「我々の政策を全面的に支持すると述べ、唯一可能な批判は、我々がもっと早く着手しなかったことだと述べた」と彼は日記に記す。つまり事変の当初に、不承認宣言をだすべきだったということだ。スティムソンはご機嫌となり、ルーズベルトの国務長官代理を自称していた。キャッスルはこのことを一月二十日に聞いた。出渕大使は十二日、スティムソンから不承認政策が継続されると聞いた。スティムソンは新政権にあまり期待しない方がいいと得意げに出渕に話している。

政権末期の一九三三年二月十四日のキャッスルの日記にフーバーとの会話がある。もしフーバーが「再選されたら、私はあと四年間、スティムソンの下にいることはできなかったろう。するとフーバーは、それは無理だろう、自分もスティムソンをそのままにおけないと言った。スティムソンは本当に病理学的症例で、明瞭に思考できるのは二時間で、それから精神的におかしくなるのは、頭に血が上るからだと彼は言った。私を国務次官に任命することを主張したのは、それが国務省を強くするし、スティムソンの仕事の三分の二を任せられるからだとも言った」。

満洲国承認は可能である

四月七日、キャッスルはフィラデルフィアの政治社会科学学会で演説している。すでに政権から離れており、自由な立場であるが、席上で驚くべき発言をしていた。

「スティムソン・ドクトリンは、侵略によって獲得した領土の不承認主義を宣明するものであるが、アメリカが満洲国を承認する可能性を否定するものではない。このドクトリンの議論には一つの間違いがある。我々が満洲国を承認することはないとは言っていない。時代は変わるかもしれない。状況が問題全体に影響を与えるかもしれない」

キャッスルやフーバーはリットン報告書が前年十月三日に公表された時、国家の不承認に熱狂するスティムソンほどではなかったが、その結論（満洲国不承認、中国主権の下に自治政府の樹立、政府の顧問はほぼ日本人等）を肯定していた。日本は国際聯盟でのその採択に反対して、二月に聯盟を脱退した。つい二か月前のことで、演説当時も日本は熱河作戦を実行中で、万里の長城付近で中国軍と交戦中だった。そんな中で彼は満洲国の承認が可能であると言ったのである。時代が変わる時というのは、建国の過程でできた傷が癒される時、状況が反共の防波堤として満洲が認識されるようになる時であろうか。

現に翌一九三四年、スティムソンと親しい評論家、ウォルター・リップマンは満洲国を承認してもいいではないのかと問いかけたのである。

スティムソンはキャッスルの演説をどのように聞いていたのだろうか。国務長官を辞めてから、日記には熱心でなかったのか、彼の日記は三月三十日から四月十七日までが簡単にまとめてあるだけで、以下のような記述がある。「ワシントンでは、不眠と憂鬱が続いていたので、できるだけ運動をして休養をとっていた」。キャッスルの演説が不眠と憂鬱の原因だったのだろうか。いずれにせよ、キャッスル＝フーバーとスティムソンの関係は、これ以降切れることになる。

なおこの演説でキャッスルは、日本国民はアメリカを友邦と見ているが、しかし排日移民法による侮辱を忘却できない。誠にこの移民法は不要なものと断ぜざるを得ないとも述べ、またも移民法の改正を訴えている。

二月二十四日、熱河事変の最中、ジュネーブで国際聯盟脱退演説をした松岡洋右はアメリカ経由で帰国した。キャッスルと同じこの四月七日、オレゴン州ポートランドに到着し、母校オレゴン大学で演説をしている。以下は記者団に対する談話である。

「もし自分が今日本の政界を離れる事ができるならば、再び帰って来て当地に永住したいと思う。だが自分は母国に対する義務があり、我国民は引続きその義務を果たすことを希望している。日本国民は一人残らず日本が国際聯盟を脱退した事を惜しんでいる。自分は以前から聯盟擁護論者だった。しかし自分はこれまで聯盟のためというより寧ろ世界の平和のために闘って来たのである。自分の東洋モンロー主義については、日本はアジアに平和を確立し得る資格及び実力を有する唯一の国である。日本は恰(あたか)もアメリカが南北アメリカの門戸閉鎖を欲しないようにアジアの通商門戸を閉鎖することを望んではいない。日本の欲するところは唯々現在隣邦中国における混乱状態より秩序を見出さんとすることであり、且つ共産主義の伝播を防止することである、日本は何よりもロシア思想の侵入を恐れるものである。なお日米間の戦争については、そんな事態は到底考えられない問題であり、万が一起るとすればそれは両国を破滅に導くものである」(『大阪時事新報』四月九日付)

この年八月、カナダのバンフで開かれる太平洋問題調査会に出席するため、再び新渡戸稲造は太平洋を渡った。途中のハワイでの歓迎会で、彼は次のような発言をしていた。「日本の行動は、ソ連が中国を踏み台として、日本に共産主義の魔手を及ぼさんとするに対するやむを得ぬ防御である」。これを相賀安太郎はそばで聞いていた。

アジアにおける共産主義の伝搬を阻止せねばならないという思いは、キャッスル、松岡、新渡戸に共通するものだったのである。なお新渡戸は再び生きてハワイには戻って来られなかった。カナダの太平洋岸の町、ヴィクトリアで客死したからである。

キャッスルの四月七日の演説は、むろん日本で驚きを以て受け取られた。『ジャパンアドヴァタイザー』(四月九日付）は「政策の変化か？」という見出しを付け、「この発言から得られる最初の印象は、その正当性の有無にかかわらず、米国が政策を修正する可能性を示唆しており、キャッスル氏はそれを承知の上で、来るべき変化のための基礎を築いているというものであろう」と述べた。

しかしルーズベルトはスティムソンに不承認主義を受け継ぐと誓っていたのだ。

なお、キャッスルは「承認とは何を意味するか」というエッセイ（『ニューヨーク・ヘラルドトリビューン』一九三四年二月二十五日付）で、スティムソンの不承認宣言について、「この宣言は、国際聯盟に集まったすべての国の政策として採用されなければ、無為なジェスチャーに終わっただろう。事実上、国際的に受け入れられ、これは国際法の一部となったのである。これは率直に言って、侵略をより魅力的でなくするために考案されている。それが果たして有効なのかどうかは、まだわからない。この教義は世界によって維持されるべきであるし、侵略的行動への抑止力になるかもしれない。しかし、あまりに厳格になりすぎてはならない。常に例外を設け、事後的に変更する可能性を持たなければならない」と述べている。

なぜなら、「米国による新政府の承認は、その政府が国内の秩序を維持する能力と、国際的な義務を果たす意思を表明しているかどうかにかかっているというのが一般的な原則であると言える」と『ニューヨーク・ヘラルドトリビューン』(一九三三年十一月十二日付)で述べているからである。形式的なものであり、満洲国がこの二つの原則を果たす能力があれば、アメリカの承認は可能であるということである。

第8章　キャッスルによる満洲事変の総括

キャッスルは『アメリカ政治社会科学アカデミー紀要（特集　太平洋におけるアメリカの政策）』（一九三三年七月）に論文を寄稿している。タイトルは「最近のアメリカの極東政策」である。これは満洲事変の当事者としての彼の事変総括論になっているので、小見出しも含めて全文を紹介してみよう。むろんそれは彼の日本論ともなっているからだ。同年五月三十一日に塘沽（タンクー）協定が結ばれ、満洲事変をめぐる戦闘行為はすべて終了していた。

最近のアメリカの極東政策

ウィリアム・キャッスル

この国では長年にわたり、米国は中国の親友であり、西洋諸国の侵略から中国を守る存在であるという伝統がある。このような伝統がどのようにして生れたのか、また何がその伝統を維持しているのかはよくわからないが、政府が国民の感情に反して行動することを躊躇する以上、政府の政策に影響を与えることは間違いないだろう。中国の場合、この伝統は宣教師によって始まったかもしれないし、育てられたかもしれないが、それ以上に、おそらくアメリカ人の負け犬に対する本能的な同情心のために存続している。東洋で何かが起こると、たいてい中国が償いをする。

他の国は特権を持っていても、我々は気高く自分たちのために何も取らないようにしてきた、と自慢してきた。私たちの自慢の無欲さはその程度のものだった。私たちが治外法権を共有したのは、貿易を保護するために必要だったからである。国際問題における利他主義は、行き過ぎると、たいていは自らの目的を達成することができない。私たちは完全に利害関係がなかったのではなかったし、そうでなかったのは正しかった。それは、一般的には弱さの表れと受け取られるが、それには理由がある。そのような烙印を押された国は、本当に役に立つ友人になることはできない。極東においては特にそうである。中国における我々の正当な利益を守ることで、我々は他国が自国の利益を守るのを助け、同時に中国の発展にも貢献した。なぜなら我々は尊敬されていたからだ。米国に大きな責任がある「門戸開放政策」は、その代表的な例である。

◎アメリカの日本に対する友好

現在、人々は、我々の太平洋政策において同様に重要な要因が、アメリカの伝統的な対日友好であることを忘れがちである。私たちは、日本を世界に開き、いわば国際社会の他のメンバーに紹介したと感じていたし、私たちの子分の並外れた進歩を誇りに思っていた。しかし、この友情には波乱があったのも事実である。西洋文明の良いところだけでなく、悪いところも取り入れすぎているのではないかと思ったこともあった。

日清戦争の時には、二つの愛情が対立した。我々は日本が成功を乱用したと感じた。通常、これは抑圧された人々に対する本能的な同情であり、個人だけでなく国家に対する評価にも影響を与えるものである。しかし、それにしても、日本は西洋の大国が歴史上行ってきたことをやっているに過ぎないと考えていた。勝利者には戦利品があるという考えがまだあった。この近代的で複雑な文明においては、勝利の果実は概して苦い果実であるということを、私たちはまだ学んでいなかったのである。第一次大戦後、私たちはそれを学んだ。

しかし、その少し後、日露戦争の頃になると、アメリカはかつてないほど熱心な日本好きになった。私たちは、中国に対してしばしば感傷的になっていたように、日本に対しても感傷的になっていた。日本は我々にとって負け犬のような存在であり、我々は負け犬が見事に勝利するのが好きなのである。

当時は日本への賞賛の最盛期であり、日本人はアメリカの賞賛が日本の軍事力だけに向けられていると信じてしまうという不自然な間違いを犯していた。実際には、私たちが好きな弱い国が、私たちが嫌いになりがちな強い国に打ち勝ったからである。私たちは、日本軍が有能であることを示したことよりも、私たちには正義と思える大義のためにその有能性を発揮したことを喜んだのだ。日本はまた、とりわけ、中国の主要な抑圧者の一人を押し返した。少なくとも我々は「抑圧者」と解釈する。

日本人はこの様相を全く認識していなかった。日本はロシアに代わって中国を支配しているに過ぎないということが明らかになり、アメリカの感情が再び変化した時に初めて、彼らは（しかもよく理解せずに）それを意識するようになったのである。第一次大戦中、日本が有名な「二十一か条の要求」を提示した時、アメリカの世論は大きな衝撃を受けた。これが、アメリカの対日感情の変化の潮目であった。

◎東洋の世論

公的な政策を策定する上で、あるいはその政策を有効にする方法を考える上で、それによって影響を受ける国々のアメリカに対する態度を理解することは非常に重要である。これは東洋では特に難しい。中国の世論を語るのは馬鹿げている、もしそれが国の世論を意味するならば。そのようなものは、おそらくプロパガンダによってあちこちで火がつき、すぐに消えてしまうことを除けば、存在しない。一般に、中国の世論はローカルな案件である。しかし、全体としては、中国政府は我々に支援を求めており、支援が得られれば友好的であり、そうでなければ軽蔑的な態度をとる傾向があると言えるだろう。

日本では、状況が大きく異なる。日本はコンパクトな国であり、国民の多くが識字率が高く、新聞は熱心に読まれ、世論は侮れない力を持っている。しかし国がコンパクトであるがゆえに、公式による世論の形成は比較的簡単である。

多くの理由から、日本はアメリカを友人と考え、友人であることを望み、必要としている。ペリーとハリスの名前は崇拝されている。日本が長い鎖国から抜け出したばかりの頃に行った援助や励ましは、関東大震災の時の寛大さと同様に忘れられていない。米国は日本の最高の顧客である。

しかし日本人にとっては、なぜアメリカが、日本人の心の中にある正常な拡大への道を、いつも塞いでいるように見えるのか、理解に苦しむのである。ワシントン会議では、日本の山東省撤退を主導したのはアメリカであり、日本のマニフェストデスティニーを阻止するための仕掛けであると考えられている九か国条約の主な責任はアメリカにあると考えられていた。私には、日本の誇りは、我々の弁解の余地のない移民法の通過によって深く傷つけられ、今でもその不当な傷の記憶は消えないように見える。日本は、私たちの友情の誓いとその行動を両立させることができないと考えており、私たちは二心があると考えている。

◎矛盾した基準

この点では日本は間違っている。この二つの人種には、深遠な心理的な違いがある。開国後、日本は大きく前進し、西洋の方法を驚くほど簡単に採用し、道具の使用において驚くほどの効率性を身につけたので、私たちはこの変化が、私たちの知的プロセスや精神的価値を完全かつ漸進的に受け入れることを伴っていると考えた。しかし、そうではなかった。人間の心の質感は、服を着替えるように一瞬にして変えることはできない。幾世代にもわたって培われてきた理想は、一瞬にして消し去ることはできないし、日本の理想の多くは、私たちの理想と同様に素晴らしいものであることを我々は忘れてはならない。それらを外国人の理想に即座に置き換えることなどできない。私たちはこのことに気づかなかったことが間違いだった。日本人が我々と同じように反応することを期待していたが、そうではなかったので失望したのだ。

侍の精神はまだ残っている。それは高貴で、ほぼ疑うことなく、愛国的で、国家の利益と天皇の栄光のためにすべてを従わせるのである。私たちは、愛国心の基本的な部分では日本人に遠く及ばないかもしれないが、私たちにとってはその全体像が異なる。我々にとって、より高い愛国心とは、たとえそれが一時的に不利益をもたらすものであっても、条約上の約束を忠実に守ることである。日本人の心の中には、国への忠誠が紙の協定への忠誠よりも優先されなければならない。そこには国民の視点の間の深い乖離があり、そこには確実な誤解があり、正しいと思うアメリカの解釈が日本の基準をあまり理解せずに押し付けられると、衝突の危険性がある。

日本人は、戦後の条約を完全に立派な意見の表明として受け入れているが、国家の利益のために行動を放棄することを義務として受け入れているわけではない。例えばフーバーやマクドナルドがケロッグ条約を受け入れたように、欧米諸国と同じく、条約を国の政策を強制的かつ抑制する公理として受け入れることを私は望むが、彼らは文字通りには受け入れない。

一九三一年九月十八日の運命の日以来、アメリカの満洲問題に対する政策は、これらの条約、特に九か国条約とパリ条約にしっかりと基づいている。この政策により、私たちは日本の政策と真っ向から対立することになった。私がこれまで述べてきたことは、なぜそうなのかを示すためのものである。私たちは日本に対して非友好的ではないが、日本人は私たちが非友好的であると考えている。なぜなら、私たちが友好を公言しているにもかかわらず、起こったすべての出来事についての公式見解を日本国民が素直に受け入れているように、私たちが受け入れることができない理由を、彼らは理解できないからである。日本側の主張はもちろん、九月十八日以降の一連の動きはすべて自衛の性質を持つものであり、したがってケロッグ条約の下で許容されるものであるというものである。

◎アメリカの国際聯盟との協力

紛争が始まると、国際聯盟が直ちに管轄権を持った。アメリカ政府はこれを歓迎した。それは、国際的な行動が一国の利益のために行われているのではなく、日本と中国が署名している国際聯盟規約を含むすべての国際条約の神聖さを守るために行われているのだと考えたからである。

私たちは国際聯盟には加盟していないが、ケロッグ条約や九か国・四か国の条約には署名していた。したがって、これらの条約の下での共同責任を否定することなく、世界から離脱することはできなかったのである。私たちは直ちに聯盟に、聯盟の行動を同情的に見守ること、決定事項については独自の判断を保留すること、しかしその範囲内では、私たちが拘束されている条約の庇護のもとに極東の平和をもたらすために喜んで協力することを伝えた。聯盟がケロッグ条約の影響について議論した時、私たちはジュネーブのアメリカ領事を任命して、この問題を議論するために聯盟の理事会に出席させたが、この行動は問題をやや混乱させたため、おそらく賢明ではなかっただろう。

私たちは、非加盟国に可能な範囲で、ずっと聯盟に助言と協力をしてきた。私たちには、極東におけるアメリカの利益を守るという、具体的かつ独立した義務があったが、それが危うくなったのである。また、他の調印国とともに、平和条約を支持する義務があった。日本人はこの国による圧力に非常に敏感であり、日本の行動に対して指導力を発揮する責任があると考えがちになるという事実を見失ってはならなかった。私たちは、日本人を不必要に刺激しないように細心の注意を払わなければならなかった。なぜなら、あらゆる戦争の可能性を避けることを決意していたからだ。それゆえ、我々は経済制裁に賛成しないと一貫して聯盟に理解させてきた。これはしばしば戦争の前兆となると信じていたからである。また、この場合は特に、我々が世界の世論を反日に動員する指導者であるという誤った、しかし広く普及した日本の信念があるために、米国にとって真の危険をもたらすものであると考えたからである。

◎侵略的行動の成果の不承認

フーバー大統領は、マクドナルド首相とのラピダンでの会議（注　ロンドン軍縮会議開催につながる一九二九年十月の会議）後に発表した「平和条約を善意の宣言としてだけでなく、その誓約に従って国の政策を決定する積極的な義務として受け入れることを決意する」という宣言の文言と精神を維持する決意を、誰よりも固く固めていた。

フーバー大統領がこの義務を直接追求し、要請した原則は、一九三二年一月七日にスティムソン氏が日本と中国に宛てた覚書に初めて明示された。侵略的行動によってもたらされた領土やその他の変化を認めてはならないという原則である。

（注　ここに不承認宣言文があるが略する）

この声明の重要な部分は、侵略的行動の成果を認めないとした最後の条項である。これは明らかに新しいドクトリンを宣言している。これを世界が採用するには時間がかかったかもしれない。しかし、事態は極東で急速に進み、上海での戦闘は、中国に利害関係を持つすべての国に非常に危機的な状況をもたらした。その結果、三月十一日、国際聯盟総会は、聯盟加盟国は「聯盟規約またはパリ協定の条項に反する手段によってもたらされたいかなる状況、条約、協定も承認してはならない」と表明した。この表明により、欧米諸国は、アメリカ政府が初めて策定した国際法の新原則を批准したのである。

大統領はこの行動に責任があったが、結果を十分に検討せずに日本に対するボイコットを要求した人々の喧騒に立ち向かった。彼は、組織化され表明された世界の世論が徐々に過ちを正していく力を信じていたし、信じているのである。いかなる国も、いつまでも世界の世論から非難されることを望んでいるわけではないのである。

◎アメリカの日本に対する寛大さ

この二年間の歴史を振り返ってみると、特に「リットン報告書」という立派な文書に照らしてみると、明白に間違いがあったことがわかる。しかしその間違いは、何が起こっているのかを十分に理解していなかったことと、全く称賛に値する感情の影響から生じたものである。

アメリカ政府は、最初の段階で日本に対してより強い態度を取らなかったと批判されている。当時の我々は、今のように日本軍の広範囲にわたる計画を知らなかったし、日本側が主張するように詳細な計画がなかったとしても、進行中の軍事行動に対して日本国民がほぼ全面的な支持を与えることを予測していなかった。（上海事件については、当初の計画に含まれていなかったことがほぼ確実であること、満洲事変との関係が薄いこと、全体として日本では不人気であったことから、本稿では一切触れていない）。また我々は、日本政府のトップにいる優秀な人材を信頼していたこと、外部からの圧力は過激派の術中にはまることを知っていたことから、強い態度をとることを躊躇していた。もちろん、軍部が政府を完全に掌握して、文官を好きなように処分できるようになるとは思っていなかった。つまり、島国帝

国の文民政府が完全に崩壊するとは考えていなかったのである。
しかし、それでもアメリカ政府の節度ある態度は正当なものであった。好戦的な態度をとれば、苦い思いをして悲惨な結果を招くことになっただろう。

◎中国に落ち度がなかったわけではない

感傷も一役買っていた。またしても、中国は負け犬だった。中国の領土と行政の一体性に対する差し迫った脅威の中で、私たちは日本に与えられた挑発行為を忘れる傾向があった。つまり、長年にわたる満洲での失政によって日本の条約上の権利が無視され、日本人の命が犠牲になっていた。我々は、満洲がオハイオ州とワシントン州のように、南京と密接な関係にあると考えていた。張学良が国民党政府への忠誠を表明したのはつい最近のことであり、日本の脅威が取り除かれれば、私利私欲のために再び独立した軍閥になることも厭わないだろうということも忘れていた。言い換えれば、日本が無視できない事実、すなわち、満洲における疑いようのない日本の権利を守るには、全体の状況を劇的に変化させるしかないという事実を無視したのである。

この問題が起こった当初、日本は満洲を併合することなど考えていなかったし（おそらく今も考えていない）、おそらく満洲に独立国家を作ることなど考えていなかったことは確かである。

アメリカは、世界のほとんどの国とともに、日本の行動を非難したが、それは確かに不当なものだったが、周囲の状況をまったく考慮していなかった。また、日本や中国の国民的心理を理解していなかった。

聯盟もアメリカも、中国側の見解を疑いなく受け入れていた。それは、過去の数世紀、そしてこれからの数世紀からわずかな時間を切り離すことができる場合に限り、正しい見解であった。その時点では、日本は間違いなく侵略者であり、非難されるべき存在であった。世界は中国を守るために、少なくとも道義的には中国を守るために結集した。あらゆる圧力が日本にかけられ、中国にはかけられなかった。誰もが親日家だと思われたくなかったからである。しかし、今になって振り返ってみると、「中国は直ちに日本との対話を迫られるべきだ」と言っていた人たちは、どうやら正しかったようである。

◎和解が成立していたかもしれない

日本が現在喜んで受け入れるべきことでも、多分受け入れないであろうが、その時は喜んで受け入れていただろう。例えば、問題が起きた当初、中国が満洲を自治州とし、日本の権益を尊重する総督を任命していれば、日本は十分満足していただろう。たとえ満洲と南京の関係が紙一重であったとしても、中国の行政と領土の一体性を保証する九か国条約の条件を維持することができただろう。それは日本の面目を保つことになる。満洲にとっても最善の策だったかもしれない。極東における善意の時代の幕開けとなり、日中双方に計り知れない利益をもたらしたかもしれない。しかし、これは聯盟とアメリカが中国に直接対話に同意させる意思を持っていた場合にのみ達成されたものである。

興味深いことを思い出そう。ワシントン会議では、日本に満洲開発の広範な権利を与えるという、同様の、しかしさらに広範囲に及ぶ取り決めが、中国と日本の間でざっと話し合われたことがある。アメリカをはじめとする列強諸国からは何の働きかけもなかったが、中国側はこのアイデアを受け入れたいという気持ちがあった。山東問題の解決ははるかに差し迫ったものだと感じられていた。ヒューズ氏は、中国側に、山東問題が解決したら満洲問題を日本と一緒に解決しようと言った。しかし、それは実現しなかった。

振り返ってどうすべきだったかを言うのは、もちろんとても簡単なことである。当時は、中国に対する同情心が強すぎて、日本の軍事力や、出版物が垂れ流す不動のプロパガンダによって日本の世論が硬化していることへの理解が不十分だった（日本の軍事力といっても、対中国の軍事力ではなく、日本国内の軍事力のことである）。今日、日本国民の間には、日本は終始、自衛のために行動してきたという無条件の信念があり、満洲国の現状は満洲人の民意の表れであるとさえ考えられている。

もちろん、これらのことから、リットン報告書の勧告の実現は非常に遠いものとなっているが、何らかの修正を加えた形で完全に絶望的というわけではないだろう。特に、同報告書は、現在の状況は不公平で耐え難いものであり、満洲国政府は実際には日本の傀儡であるが、現状に戻ることも同様に賢明ではなく、極東の平和を確保することはできないだろうと指摘しているからである。

◎アメリカの立場

今回の満洲事変における米国政府の行動は、太平洋地域におけるわが国の政策の伝統に厳密に従ったものである。さらに重要なことは、これらの行動は、世界の平和体制を構築するために交渉された戦後のさまざまな条約を維持するために、世界の国々と協力するというアメリカの意思を示したことであるといえる。

世界の他の地域と同様、太平洋地域においても、自国民の利益を保護し、促進することは、アメリカ政府の義務である。残念なことに、日本には、米国の国際聯盟との協力がこの義務だけではないにしても、主にこれに動機づけられていると考えるだけでなく、米国の利益の促進が日本の権利や利益と対立すると考える人があまりにも多いのである。これは真実ではない。日本の相次ぐ行動は、上海での出来事を除いては、今のところアメリカの利益に重大な影響を与えていない。これは別の事件である。もし門戸開放政策に影響を与えるならば、何よりも日本と中国の間の敵意を永続させるならば、長い目で見れば、それらはアメリカの利益に悪影響を与えるだろう。なぜなら日本と中国の間の親密な友情と理解から来る真の平和と進歩ほど、アメリカの東洋での利益を促進させるものは他にないと確信を持って言えるからだ。

通常の貿易は、平和な時代にのみ繁栄するものであり、したがって、最終的に最も効果的な貿易促進は、国際的な紛争を平和的に解決するためのあらゆる方法を促進することである。これまでに考案された唯一の方法は、我々がその下で行動してきた様々な条約であり、これらはアメリカのすべての交渉、決定、行動において唯一の指針となってきた。日本がこのことを理解する時が来るだろう。

また、非常に残念なことに、多くの日本人が、私たちが日本に対する恨みや日本嫌いから行動したと考えていることである。これは全くの誤りである。アメリカの行動は、日本を傷つける目的で行われたものは一つもない。我々は、日本が極東において必要であることを十分に理解している。大国としての日本が、国内革命によって、あるいは日本や世界との無意味な戦争の結果として破壊されれば、何世代にもわたって東洋を混乱に陥れる可能性のある複雑な事態が生じるだろう。私たちは、日本が太平洋の安定化に貢献してきたことを知っている。そして、この一年半の日本の行動は私たちの信頼を揺るがしたが、分別のある文民派が政府を再び統制するようになれば、日本は再びその役割を果たすことができると信じている。

一方で、我々は世界の他の国々との約束を反故にして、日本への友情を示すことはできなかった。東洋にその特別な問題があることはわかるが、東洋が世界の一般的な平和構造の外にあることを認めることはできない。私たちは、満洲における日本の利益が極めて重要であることを理解しているが、だからといって、日本と中国の間の良好な関係が同様に重要である（もしかするとそれ以上）というさらなる事実に目をつぶることはできない。太平洋における我々の政策は、自分たちのために特別な利益を主張することなく、日本と中国の両方に対する伝統的な友好関係を継続し、すべての国に門戸開放の扉を開いておくことである。

◎アメリカの立場の正当性

全体として、この論議の中でアメリカ政府が最も明確に貢献したのは、侵略の戦利品を認めないという教義（ドクトリン）だった。これは、国際法の教訓に真の意味で追加されたものである。世界がこれを維持すれば、国際紛争解決のための武力行使に対する抑止力となることは間違いない。紛争の熱が冷めた後、中国と日本の間に真の理解への道を示すことになるかもしれない。このドクトリンの発表により、戦争を意味するかもしれない制裁の発動は、少なくとも一時的には阻止された。

この最後の数か月は、共同戦線における国際協力の重要性を示した。この協力は、戦争の危険性を増大させるものではなく、最小化するものである。確かに、遠く離れた西太平洋で何が起ころうと気にしない、と座っていることもできただろう。この方法でも私たちは安全だったはずだが、それは弱さからくる一時的な安全であっただろう。米国は、世界の他の国々から軽蔑され、中国からは敵視され、もし日本が米国を賞賛したとしても、それは嘲笑的な賞賛でしかなかっただろう。ところが実際は、我々は自らが理想を持っており、平和を維持するために常に最大限の努力を払うべき太平洋地域において、すべての人に平等な機会を与えるという政策を維持してきたのであることを証明したのである。

文中の「大統領はこの行動に責任があったが、結果を十分に検討せずに日本に対するボイコットを要求した人々の喧騒に立ち向かった」というのは、キャッスルがなした「フーバー・ドクトリン」演説のことである。

戦争の「勝利者には戦利品があるという考えがまだあった。この近代的で複雑な文明においては、勝利の果実は概して苦い果実であるということを、私たちはまだ学んでいなかったのである。第一次大戦後、私たちはそれを学んだ」には、第一次大戦への参戦を主張した自らへの反省が含まれている。これを彼は国務省に勤務する中で痛切に思い知ったのだ。

私は親日派外交官による満洲事変の見事な総括論文であると思うが、このように国務省を離れてのキャッスルは、元日本大使、元国務次官という経歴を使って、時事論文を書き、演説をし、討論会に出席する等、主に外交問題評論家として生きていくこととなる。フーバーの側近中の側近として、相変わらず、共和党内で重きをなしていたが、議員にはならなかった。ハワイは準州で、上下院枠はなく、米本土で選挙に打って出ようとも思わなかったようだ。

キャッスルは一九三九年の講演で、フーバー政権末期の出来事を次のように回想している。

「私は、ウッドロウ・ウィルソンに任命され、フランクリン・ルーズベルトに追い出された、この省の数少ない人間の一人であるという栄誉に浴しています。ハル氏が国務長官になるよう要請された時、彼は私に、せめて彼が仕事を始めるのに十分な時間、私のオフィスを維持してほしい、と言った。しかし彼の希望が最優先されるはずのこの問題で、彼は何も言えなかった。大統領はハル氏に相談もせずに次官を任命し、長官が最初に知ったのは新聞で読んだことだったのです。現内閣のメンバーの一人が、就任式の直前に私のところにやってきて、少し荒々しい言葉を発した。『我々は君の経験を必要としている。君を昇進させることもできない。もし君がまだ部長だったら、クビにできないのだが』と。これは、政権が変わるたびに起こる『逆説的』な話であります」

キャッスルのシニカルなユーモアのセンスが味わえる小話であるが、「ルーズベルトに追い出された」というところに、野に下ってからのルーズベルト批判者としての彼の真骨頂を見るべきだろう。一九三三年六月、ウィリアム・プラットも作戦部長を退任した。ホーンベックは極東部長を留任している。

なお、この年八月十五日、ロザモンドの夫のアラン・ウィンスロウが旅先のカナダのホテルから転落事故死した。第一次大戦の米空軍の英雄で、左手を失った傷痍軍人だった。残された三人の子供はキャッスル夫妻が親代わりに世話することになった。

この年の十二月二十三日、昭和天皇に待望の男子が誕生した。キャッスルは早速の祝辞を述べている。アメリカで最も早いものの一つだろう。

「日本の天皇・皇后両陛下にご子息が誕生した。このご子息は世界で最も古い皇統を引き継ぐことになるので、少なくとも感情的には全世界が関心を寄せる出来事であると思われる」

『ニューヨーク・ヘラルドトリビューン』（一九三四年一月十二日付）に寄稿した前出エッセイの冒頭部分である。

吉田茂は一九三四年十月から翌年二月、また欧米諸国を遊歴し、アメリカではキャッスルに自宅の夕食に招かれている。極東部長のホーンベックも客であり、キャッスルは吉田に日本の立場をホーンベックに語ってくれと述べている（『吉田茂とその時代』）。

一九三四年二月、赴任した新大使の齋藤博は早速大統領と談判して、日米が太平洋の東西において各々安定的勢力となることを認めるという共同宣言をまとめようとした。しかし国務省を無視するとハルの嫉妬を招くというキャッスルの忠告を受け、まずハルと交渉した。しかしハルは元々財務家で、外交は専門ではなかった。交渉はうまくいかなかった。その後、齋藤は直接大統領に会ってまとめようとしたが、ハルが同席していて、話はできなかった。そうなった原因は、どちらにも極東問題の権威とされるホーンベックの強い反対があったらしいと近衛文麿は木戸幸一へのアメリカからの書簡に述べている（『木戸幸一関係文書』所収）。近衛はこの年六月に貴族院議長として訪米し、齋藤にもキャッスルにも会っている。

キャッスルはおそらく二人からこの話を聞き、吉田を招いた席にホーンベックを連れてきたに違いない。

✺第9章　ブロック経済、自給自足経済体制の深化

世界経済のブロック化

スティムソンは一九三六年に上梓した『極東の危機』に、「もし誰かが世界のどこからも干渉を受けまいとの見通しの下に満洲事変を起したのなら、実に見事な時を選んだものだ」と述べている。フーバーもスティムソンも、キャッスルも、極東、日本問題だけに関わっているわけにいかなかった。自国や西洋の極度の経済不況をどう打開すべきかに頭の半分以上を使っていた。

ドイツの失業者数は、一九二九年、三〇〇万人、一九三一年、五〇〇万人、一九三二年、六〇〇万人と急増していた。フーバーモラトリアムも、翌一九三二年七月に結ばれたドイツ賠償金額三〇億金マルク決定（ローザンヌ会議）も少しの効果もなかったと言っていい。モラトリアムの前の三月に、ドイツは自ら不況を打開しようと、同じく苦境にあえぐオーストリアとの関税同盟を結ぼうとした。近くの友好関係からそこに経済共同活動を行おうというのは自然な話である。しかし第一次大戦の敗戦国・オーストリアが結んだ条約に、ドイツとの提携を禁ずる誓約があることをフランスに突かれ、反対され、経済制裁を受けた。それがクレディタントラルト銀行の破綻につながった。これはドイツ全体の不況となり、それがイギリスに飛び火し、急激な金の流出からイギリスの金本位制離脱となる。これを打開しようとイギリスはス

ターリングブロック（ポンド経済圏）を設立しようと動く。一九三二年七月のオタワ会議である。ポンド流通圏に特恵関税制度を設けて、不況打開を図ろうとした。ブロック経済化の始まりである。

一九三三年一月、ドイツでヴェルサイユ体制打倒をスローガンとするヒトラーが遂に政権を掌握した。そして戦債賠償を拒絶し、自国の経済回復に邁進し、その後は劇的な失業者の減少が見られるようになる。国民のヒトラー支持は盤石なものとなる。経済を立て直したヒトラーがオーストリアを併合するのは政権獲得後わずか五年の一九三八年である。

アメリカではボーナス・アーミー事件が起きた。大不況下で退役軍人たちもあえいでいた。一日一ドル積み立てた基金を預託して一九四五年に払うという法律（一九二四年）があり、不況のために、これを前倒しでもらおうという運動が一九三二年春に始まり、多くの退役軍人たちがワシントンに集まってきた。フーバー政権は空き地などに露営していた彼らやその家族を排除するということを決めた。そしてマッカーサー参謀総長が彼らを軍事力で強制的に排除したのである。その過程で死亡者を出すという不祥事が起きた（七月）。まもなく大統領選挙も始まるという時であり、これはフーバーには逆風となる事件となった。結果的に、大恐慌に始まる国内経済対策の不如意により、フーバー政権は一期で終了したと言ってよいだろう。

翌年三月、政権交代期にアメリカでは再び金融危機が起こり、ルーズベルト新大統領は四月に金本位制から離脱することを決めた。この頃、全世界の失業者は三〇〇〇万人と言われている。六月から七月にかけて、ロンドンで世界経済会議が開かれた。世界を取り巻く様々な経済問題の解決を図ろうと計画されたものだが、主要三か国、英米仏の思惑が違い、何も決定することはできなかった。フランスはこの会議の最中、金ブロックを形成（仏、白、蘭、スイス）した。世界各地で自国を護るために、関税障壁がめぐらされるようになった。ソ連は一国社会主義で完結し、五か年計画に邁進していた。ルーズベルト政権はこの国内不況対策として、いわゆるニューディールを推進することになる。

アメリカはモンロー主義の名のとおり、アメリカ南北大陸で自給圏を形成することができた。スムート・ホーリー法はそのための宣言のようにも見えた。日本の対米貿易に遮断機を下ろした。日本は自己防衛のために同じような経済圏を作ろうとした。

石原莞爾自身が、満蒙を日本経済の打開策の場と位置づけていた。土地を持たない農民の移民の土地として、あるいは資源供給の場として。「満蒙の合理的開発により日本の景気は自然に回復し有識失業者亦救済せらるべし」と彼は言う（一九二九年）。「有識失業者」とは、大学を出たけど仕事がない知識層のことである。彼は日本と満蒙を一体にした自給経済圏を考えていたのである。

自給経済圏とは言い換えれば、欧米化に走らないアジア回帰の思想の経済的表現と言っていいかもしれない。「欧米化」とはこの場合、資本主義化を意味すると言ってもいいだろう。その間違いが現在の惨憺たる悲境にあえぐ日本であり、欧米の大不況の現状である。そこには未来はない。目指すべきはアジア回帰である。こうした思考は着実に広まっていた。

満洲国承認を方向づけたのは、一九三二（昭和七）年の第六十三回帝国議会だった。八月二十五日、森恪（つとむ）議員は内田康哉外相に質した。「満洲国の単独承認は、わが国の外交が自主独立になったことを世界に宣告するものと申して差し支えない」「我々は東方会議以来、国民にアジアに帰れと訴えてきた」「六十年間盲目的に模倣してきた西洋の物質文明と袂（たもと）を別（わか）って、伝統的日本精神に立帰り、東洋本来の文明と理想とに基いて、我がアジアを守るということが、我々がアジアに帰れということの真意である」「日本が東洋本来の精神に立ち返り、内外の懸案となっている問題を解決し、東洋永遠の平和を確立するならば、アジアにおける諸民族の福祉となるのみならず、欧米諸国民に対し、自覚覚醒の燭光を与えるのだ」と訴えた。

「東方会議」(一九二七年)は当時政務次官であった森恪が実質的な実務責任者として開催した。野村吉三郎、吉田茂、出渕勝次も参加している。

答弁に立った内田は、我が国民は「挙国一致、国を焦土にしても」満洲問題に対する主張を貫徹する決心を持っていると述べた。

その齋藤実内閣は九月十五日に、満洲国を国家承認した。中島久萬吉商工大臣は以下のように述べている。

「満洲国の承認に当って最も痛感することは、極東経済ブロックの組織である。従来日本は世界経済の一単位として産業立国による原材料の輸入、工業化による密集人口の吸収を意図したのだが、世界経済におけるブロック経済の対立と関税競争の発生は遂にその連絡に暗影を生じ、我が経済界を暗雲に陥らしむるに至ったのである。(中略)日本としては満蒙・朝鮮・内地を打って一丸とする極東経済ブロックを組織し(中略)満蒙に対しわが人口を移住せしむると同時に、諸原料供給地とし、更にわが商品・資本の大輸出市場とし、極東経済ブロックの基礎を強固ならしめ、東洋経済、特にわが日本経済に一大革命を招来せんことを希望してやまない」

東京帝大経済学部に学び、陸軍省軍務局に勤務する池田純久少佐は、『日満経済の統制』という論文を書いている。「苟(いやしく)も世界経済が自給自足経済に転向するものとせば、今迄の如き放任的な無統制な生産は許されないこととなる。即ち国民全体の利益福祉を基調としたる経済の統制こそ、吾等の顧念して止まぬ処であり、これが今後我国経済界の進むべき道であると確信する」(『中外財界』昭和七年十一~十二月号)。それは日満に留まらない。「日本は日支提携経済ブロック形成の一過程として、日満経済ブロックの形成を提唱せねばならぬ」。それは経済危機と貧富の格差をもたらした自由主義経済ではない、統制経済こそが日本とアジアの進むべき道だと池田は論じるのである。

新満蒙国家には資本家を入れないということまで関東軍は言っていた。石原も一月の奉天の座談会で、「資本家も少しは金を捨てて然るべく、口頭で挙国一致とかなんとかいっても内面はやはり商売人では非常に不愉快を感じます」「日本の経済を支配している方々も目前の利益を十分に犠牲にするだけの精神でやって頂かなければならぬ」と苦言を呈している。花谷正参謀も、「満洲を資本家の出店にしない」と声を荒げていた。資本主義、資本家の信頼は地に落ちていた。

石原莞爾のアジア回帰の思想は、日本、満洲国、中国、三国を中心とする東亜聯盟の結成という方向に向かった。彼は満洲にある資源だけでは自給はできないと事変以前から論じていた。資源が豊富な中国も一体となった東亜聯盟の結成によってこそ、米国と対等以上の経済力が構築できるのであると。

この考えと重なるのだろうか、一九三一年十二月、本庄繁関東軍司令官がニューヨーク・タイムズ上海支局長のハレット・アベンドに語っている。「日本は北京＝天津地区を支配、重要な北京＝綏遠鉄道を所有するだけで静止することはできない。かつての首都から察哈爾、綏遠省に北西へもっと四〇〇マイル行くと、莫大な鉄鉱石鉱床がある。それから日本が黄河の北の支那すべてを支配しなければ、北京＝天津地区は『安全』ではないと彼は付け加えた。この本庄将軍の言明は明確だった。彼は奉天の司令部の個室に下がっている大きな壁の地図に色々な円を描いて状況を説明した」というのだ（My life in China）。

「鉄鉱石鉱床」とは。察哈爾省都の張家口近くの龍烟鉄鉱床のことだろう。当時の中国は無尽蔵の資源の宝庫と世界から見られていた。「支配」というのは穏当でないが、スティムソンが言った **economic domination** と同じものと考えていいだろう。むろんこの北支への経済的進出は平和的手段でなければならない。そのための北支那協会が元外相、貴族院議員の芳澤謙吉を会長として設立されたのは一九三三年三月、熱河事変最中のことである。

財閥の転向

日本の既成政党は金融資本家の忠実な番犬である以上、一般国民大衆のための政治が行えるはずがない。相次ぐ疑獄事件に政治家の信頼は失われた。こうして、昭和の政治に強い影響を及ぼすようになった日本陸軍は、日本の経済危機を乗り切るためには中国・満洲・日本を一体とした統制自給経済圏を形成していこうとしたのである。

経済界にもこれに呼応する動きがあった。いわゆる「財閥の転向」である。武藤山治は五・一五事件に深刻な影響を受けていた。彼は政治家でもあったから、血盟団事件と五・一五事件が連続するものだと早期に知ったのだろう。武藤はジャーナリストの和田日出吉に、「資本主義にあるはずの社会共助の精神を踏みにじって、他人を陥れても私利追及に盲進するような悪性の力が強まっている。これが現在の資本主義だ。資本主義の萌芽期には私益追及は必要だったが、今はこれを調整しないと大変なことになる。国民の恨みを買わないはずがない。金持ちは思い切った反省をしないとえらいことになる」と述べていた。

事件の全容が世間に知られるのは一年後、公判が始まる頃からのことで、それから事件関係者への国民的同情が集まるようになった。井上準之助にお賽銭を投げた老婆は、同時に五・一五事件の被告に涙を流して同情する人でもあったのだ。

池田成彬もまた危機感を抱いていた。自らがテロの対象として狙われていたが、五・一五事件の翌年に、懇請やみがたく三井合名理事に就任すると共に三井報恩会を設立した。三井の屋台骨を揺るがすと言われた三〇〇〇万円の基金で社会事業や文化事業に進出する財団法人である。そこには東北の飢饉に数百万円を拠出することなども含まれている。池田も武藤と同じ考えだったのだろう。

こうしたことは後に池田が大蔵大臣（第一次近衛内閣）に就任することにも伺われるように、国策遂行への財閥の協力行動へとつながっていくのである。これはキャッスルが「最近のアメリカの極東政策」で述べていたように、日本人にとって国家への忠誠がまず優先されるという事情に基いているのである。

池田はまた北一輝に政治活動費を私費から出していたが、それも反財閥の青年将校らの行動や理念を知るために必要だったのだろう。池田が北に頼んだのか、実際に山口一太郎や満井佐吉らの皇道派軍人らと会っている。山口は流血革命が絶対必要だと述べたという（『財界回顧』）。

三井本館ビルに乱入して「三井を葬れ」とビラをまいた社会民衆党の指導者・赤松克麿は、事件から二か月後の『東京朝日新聞』（昭和七年一月三日付）に、自分が提唱する「国民社会主義」を以下のように定義している。私は共産党の空想的なインターナショナリズムを排撃して、社会主義の国民主義的な立場を明らかにした。日本の国民大衆は日本の国家情勢に適合した独自の方法により、自主的立場で社会主義日本を建設すればいいと。赤松は「三井の転向」を良いことだと思ったに違いない。彼もまた国家に近づいていた。国家の側も例えば「重要産業統制法」を作り、自由競争からくる弊害を制御しようとしていた。

石原が満洲から戻り、中央の参謀本部に勤め始めるのは一九三五（昭和十）年八月のことである。戻って分かったのは、ソ連の東アジアにおける軍備が急速に増強していることだった。対する満洲国の国防はお寒い状況だった。これに対抗しなければならない。石原は満洲時代からの側近の宮崎正義を中心とした「日満財政経済研究会」を組織させ、一年後日満を一体とした経済発展五か年計画を作り上げる。石原はこれを池田成彬に見せて意見を聞いている。石原の意向が強く出た林銑十郎内閣では、宮崎が池田に大蔵大臣就任を促したが、池田は結城豊太郎を推薦し、自らは日銀総裁に就いた（「昭和初期における財界の形成――財界における池田成彬と結城豊太郎）。また満洲国の経済発展のために日産の鮎川義介に満洲進出を促した。津田信吾率いる鐘紡の満洲進出も彼は歓迎した。

ここには事変当初の資本家排撃の姿勢は少しも見られない。石原もまた資本家、財界が国民のために私心を捨てて働けば、問題はないとの認識に到達していたのだろう。その意味で自らが戒厳参謀として働いた二・二六事件は許せないものだった。彼ははっきり五・一五事件とは違うと指摘している。同じように牧野伸顕が襲われ、元老的政治家たちが殺された。青年将校らが除こうとした「君側の奸」たちが襲われた。しかし既にそういう時代ではないと石原は認識していた。必要なのは彼らの能力を生かすことだ。実際、殺された高橋是清大蔵大臣のケインズ的手腕により、日本は世界に先駆けて不況からの急激な回復を見ていたのである。戦後ＧＨＱにも勤めたＨ・Ｅ・ワイルズの『東京旋風』によれば、昭和十年位から日本の農家の収入は上向き始め、日米戦開始まで続いていた。

数年後、石原莞爾が第十六師団長の時に、彼を官舎に訪ねた山本勝之助という人物がいる。彼はクロポトキンに心酔し、大逆事件で捕まる前のアナーキスト・朴烈と親友で、西田税とも交流があった革命実践家である。彼に向い、石原は「軍人に日本変革の主体を見出すことは間違いである、軍には限界がある」と静かに説いた。山本は目から鱗が落ちる体験だったと回想している。

キャッスルの二・二六事件評

二・二六事件は、統制派と皇道派の目指す方針の違いが軋みを上げて表層に現れ出た私闘と言えるのではないか。永田鉄山を殺害した相澤三郎事件の延長が二・二六事件である。双方共に国家革新の内容、姿勢は変わらないが、非合法手段も良しとする青年将校らを抑え、統制が取れた合法的方策を求める統制派に対する反撥がこの事件の大きなウェートを占めている。これは具体的には渡邊錠太郎教育総監や片倉衷少佐への銃撃に象徴されている。

牧野が襲われ、齋藤実が殺害されたこの事件のことを、キャッスルは国務省、日本大使館経由で詳しく知っていたようだ。「粛清の後で」という論文を『ニューヨーク・ヘラルドトリビューン』（一九三六年三月二十二日付）に発表している。

彼は牧野、齋藤、高橋といった事件の被害者は偉大な愛国者であり、彼らがその愛国心の名の下に、殺されようとしたことが西洋人には正直理解できないと述べている。しかし以下のような文章を読むと、彼が「君側の奸」的感情を詳しく理解していることが伺われる。文中の「保守派」とは皇道派的なものと理解していい。

「日本の自由主義を語る時、この言葉を急進主義と混同してはならない。日本の自由主義は、社会主義や共産主義の影響を受けていない。日本の自由主義者は、天皇制の忠実な支持者であり、国家のあらゆる伝統を堅持しているが、これらの伝統が現代の状況によって必然的に変更されることを理解している。彼は、下層階級にも上流階級と同様の権利があることを自覚しており、社会法制に関心を持っている。彼は、知性と才能があればどこでも歓迎する。彼は、人間の政府ではなく、法律の政府を信じている。

一方、保守派は、多くの軍人に代表されるように、共産主義と多くの提携関係がある。彼の理論は、彼が解釈するところの日本古来の慣習からのいかなる逸脱も、国家の統合にとって危険であるというものである。彼が政党制度の敵であるのは、その重要性を誇張しているからであり、彼が資本主義の敵であるのは、富の分割を望んでいるからではなく、富が間違った人の手に渡っていると考えているからである。彼は反動と社会主義の混合物であり、反動の一形態かもしれない。彼は帝国を、法律に従順ではなく、理論的には天皇にのみ従順な人間に支配させようとしている」

キャッスルはむろん自由主義者の方を支持している。結局この軍事クーデターは失敗したのだから、自由主義の時代が回復すると彼は期待した。「広田（弘毅）が新内閣の組閣を依頼されたということは、反動勢力の前に退くことはできないと真剣に考えられていたことを示している」。彼が期待するのは広田や西園寺公望、近衛文麿である。

そして会見したことのある齋藤実のことを思い浮かべて次のように続ける。「もしも齋藤提督が、自分の死を通して、日本国民に、陸軍や海軍が愛国心を独占しているわけではないこと、自分の動機の純粋さや自分の小さな考えの正しさを信じる自己中心的な考えは、愛国心の尺度ではないこと、国家の偉大さは、その剣よりもはるかにその高潔さにあること、古代日本の美徳は、今もなお現代日本の美徳であり続けることができること、またそうあるべきであることを、どうにかして理解させることができたならば、自分の死は無駄ではなかったことを知るだろう」と。

しかし彼らリベラル派とて、「保守派と同様に退却を信じていない」。「満洲を中国に返還し、モンゴル国境でロシア軍と衝突したという理由でソ連に謝罪し、日本が撤退するということを意味するのではない」。日本は「文明化という使命」(mission of civilization)を持っている。「日本は明らかにアジアにおける政策を決定しており、その政策を変えることはない」。

「日本は満洲国の支配を着実に強化していくだろうし、中国に対しては、必ずしも軍事的な意味ではなく、可能な限りあの不幸な国を管理する目的で進出していくだろうと思う。また、中国に関しては、日本は共産主義を宿敵と考えているので、中国で共産主義の軍隊が満洲国境の方向に前進すると、防衛のために日本の軍隊がすぐに出動する可能性があることを常に念頭に置いておかなければならない」

「今回の東京での大失敗により、よりリベラルな政府が誕生したとしても、大日本帝国の政策が大きく変わるわけではないが、東京がその政策を拙速にならず、より世界の国々を刺激しない方法で実行できるようになるだろう。このような政府は、先ず行動して後からその行動を正当化しようとするのではなく、行動する前にその状況を確信しようとするだろう。過去五、六年間の日本の行動の中には、西洋の行動基準に照らして正当化できないものもあるが、一方で、これほどひどく示されなければ、西洋諸国に受け入れられたであろうものもある」とキャッスルは災いを転じて福となせと論じている。

持てる国、持たざる国

彼はこの論文で、ルーズベルト大統領が最近、議会向け演説で日独伊三国を念頭に、「善良な国と邪悪な国」と述べたことを記している。日本の影響下に、満洲国の長城国境の外側に「冀東防共自治政府」が誕生し、ドイツはラインラントに新設ドイツ軍を進駐させ、イタリアは移民先としてエチオピアを併合しようと戦争を始めたという時期であった。ルーズベルトはこの三国を邪悪な国と暗示したのだ。

しかしブロック経済を形成せねばならない時代となれば、その区域、その資源を大きく囲い込んだ方が有利になるのは理の当然である。その意味で西半球、南北アメリカを十九世紀の時点で囲い込み、モンロー宣言をなしたアメリカ、あるいは英仏両国のように、世界中に既に広大な植民地を領有している国がはるかに有利である。日独伊は囲い込める土地がない。日本が北支に、ドイツがラインラントに、イタリアがエチオピアに進出するのは、自らが生きるためである。ここに、「持てる国」と「持たざる国」の対立が顕在化してくるのである。持たざる国が伸びようと思えば、持てる国の圧力を撥ね退けていくしかなかったのである。

キャッスルはこの持たざる国の問題で、日本の英字紙からその見解を問われている。

貧しいあるいは人口過剰の国々が世界の資源にたやすくアクセスすることを保証する国際的行動は、未来の戦争や摩擦を少なくするために早急の必要性がある。世界が今直面している最も重要な問題の一つは、ある国々がより大きな資源を必要としていること、そして豊富な物品の分配の問題に、大掛かりで平和的なアプローチが必要だということである。

通常の価値ある埋蔵量として土地や水が不足していることで、ある国々における資源の不足は、世界の不安と摩擦の主要な原因の一つである。別の場合でも、かつては十分な資源が供給されていた国も、人口が集中することで資源が枯渇したり、不足したりするようになった。

確かにそのような状況が最近のイタリア・エチオピア問題の背景にある。また、他の国際問題の原因にもなっており、世界の政治家たちが適当な解決を見出さない限り、今後もそうであり続けるだろう。私は個人的には解決のための詳細を提案する準備がない。しかし確かに、何らかの国際的機関を通して取組みがなされるべきだ。それは国際的な委員会、あるいは影響を受けた国々の会議、あるいは国際聯盟、あるいはその他の団体であるかもしれない。どんな国々が貧しく、どういうはけ口が可能かを考慮しなければならないだろう。

もちろん、不必要な犠牲を求められる国や地域がないように、最大限の注意を払わなければならない。むしろ材料の出口を探している国を支援するようなシステムに注目すべきである。これは貿易を通してなされるかもしれない。別の場合では、世界の不毛な部分や使われていない部分が開拓されるかもしれない。協定の両当事者にとって有益なステップは可能であるべきだ。(The Osaka Mainichi & Tokyo nichi- nichi 一九三六年二月十二日付)

しかし国際聯盟から日独は既に脱退し、イタリアも翌年脱退する。キャッスルが期待する国際機関はその力をなくしていた。むき出しの力による解決方法を求めようとする危機の時代が始まろうとしていた。この談話から間もない、一九三六年六月、吉田茂はアメリカ経由で駐英大使として赴任して行った。ワシントンでハル国務長官と会談している(『吉田茂とその時代』)ので、キャッスルとも再会していると思われる。

日支事変の勃発

日本が北支に期待した資源は鉄鉱石、石炭、綿花、塩などであった。資源なき国である日本はそれらを必要とし、また製品の市場として中国を必要としていた。そのための平和的な共存共栄の道を中国相手に求めねばならない。

しかし中国には一九一〇年代から根強い反日、抗日運動が継続していた。新日派中国人へのテロも続発していた。これを根絶するのはかなりの困難を伴い、遂に盧溝橋事件において大破綻となった（一九三七年七月七日以降）。その過程で何が起きていたのか、盧溝橋事件の背後には、コミンテルンとこれに共闘する中国左翼人士の策謀、挑発があったことは間違いない（詳しくは拙著『中国共産党の罠』を参照）。中国側の挑発に対し、日本側は石原莞爾作戦部長を中心とする不拡大派と武藤章作戦課長を中心とする拡大派があったと言われるが、武藤らだとて拡大しようとは思っていない。これに関しては、牧野伸顕が近衛文麿首相との対話の場（昭和十二年七月二十二日）で語った「自重派」と「膺懲派」という区別が正確であると思われる。

牧野はその日の日記に記す。「石原の新提案、そのまま支那側が承認するや否やは別問題として、その考え方は新機軸を画するものにして、陸軍従来のやり口に比し、それこそ百八十度の革新なり」と非常に石原に好意的である。石原と武藤が参謀本部でやり合っている最中で、石原は冀東防共自治政府を廃して、その代わり中国に満洲国を承認させるという提案をしたのである。これは前年に須磨彌吉郎広東総領事が提案しており、土肥原賢二や柴山兼四郎ら、有力軍人の賛成者もいた。石原は直接杉山元陸相に談判したが、陸相は難色を示し、石原はそれを因循と嘲ったという。

確かに南京政府が乗って来るかは疑問で、逆に日本側の弱腰と思われかねない懸念もある。しかしここで大事なのは、満洲事変でリベラル政府を引きずり回した石原が、リベラルの牧野が喜ぶような路線に転換しようとしているように見えることである。これも彼が池田成彬に近づいたのと同じ理屈だろう。石原にとって時代は変わっていたのである。

しかし七月二十九日の通州の大虐殺や天津での大攻撃、続いて起きた上海の大山海軍中尉殺害事件などにより、膺懲派の勢いが俄然強くなる。放っておけば上海の居留民も危ない。石原作戦部長も派兵にゴーサインを出すよりなかった。そして九月二十七日、求心力を失った彼は関東軍参謀副長に左遷されることになる。東京出発は十月七日、西下する列車の中で石原は、「これで日本は朝鮮も樺太も何もかも失って、本州だけになる」と不気味な予言を朝日新聞記者の田村真作にしたという。彼にとって一番大事なのは、満洲国の健全な育成であった。彼の最終戦争構想は少しずつ狂いが生じ始めていた。

その二日前、ルーズベルト米大統領はシカゴで、いわゆる隔離演説をした。

「世界の九割の人々の平和と自由、そして安全が、すべての国際的な秩序と法を破壊しようとしている残り一割の人々によって脅かされようとしている。法の下に、また数世紀にわたって広く受容されてきた道徳規範を守って平和に生きようとする九割の人々は、自分たちの意志を貫徹する道を見出すことが出来るし、また見出さなければならない。(中略)不幸にも世界に無秩序という疫病が広がっているようである。身体を蝕む疫病が広がりだした場合、共同体は、疫病の流行から共同体の健康を守るために病人を隔離することを認めている」

ドイツ軍のスペインゲルニカの爆撃は半年前の四月二十六日だったが、上海事変が始まって二か月、上海で中国軍と戦い、空爆もする日本軍を特に念頭に、この演説はなされたと言える。

翌六日、日本外務省の情報部長・河合達夫はこれに反駁した。

「日本が大陸に対して平和的発展を行なおうとするのは、日本人の幸福を求めるだけでなく、中国人にも同様に幸福を与えんとするものである。日本は中国人に平和的提携を求めている。然るに中国が武力でこれを拒むゆえに今日の事変が起ったのである。しかし中国の識者は必ず日本の真意を諒解して、世界平和のために共存共栄の道に進むに至ることを信じて疑わない。

世界は人類のために与えられたものである。正直にして勤勉な国民は、この地上いかなる場所においても幸福に生存し、生活を享受する資格があるはずである。然るに一方で怠惰にして過去の蓄積だけで幸福に生活している者があるとすれば、これほどの不公平があるだろうか。日本は狭い島嶼の外に発展を求めようとすれば、アメリカのように移民を拒む。人類の自然法則に反する。世界は現に『持てる国』と『持たざる国』との争いがある。もしこの不公平が是正されないならば、『持てる国』が『持たざる国』に対し、既得権の譲歩を拒んだならば、これを解決する道は戦争しかないではないか。

　アメリカの大統領はこれを理解していない」

　これから一月後の十一月六日、イタリアは前年十一月に結ばれた日独防共協定に参加し、三国協定となった。これに対し、『東洋経済新報』（十一月十二日号）は、これは表面コミンテルンが目標になっているが、実際は「所謂『持てる国』に対する『持たざる国』の聯合と解するに至った。即ち之を一層露骨に言えば、英米殊に英国を中軸とする一団の国々に対する対抗陣営の結成である」。「それは日独伊三国の外交の大成功なると共に、又世界全体の為にも頗る意義ある動きであると云わねばならない」と評価する。植民地放棄論の石橋湛山の主宰する雑誌であることに注目する必要がある。持てる国と持たざる国の間に戦争が起こらないかとの怖れについては、懸念はあるが、両者の利害の衝突は避けようとしても避け得ないものである。記者は持たざる国の強固なる聯合が結成せられて、持てる側と充分拮抗するだけの力を発揮することが、却って問題の解決を早め、不幸な戦争を避ける唯一の手段であると考えると述べる。

記者名は出ていない。持たざる国の聯合結成しか方法はないというところに、キャッスルの期待する公平なる国際機関の無力化が伺えよう。

ルーズベルト大統領の隔離演説から二週間後の十九日、アルフレッド・ランドン元カンザス州知事が、ラジオ放送で大統領を批判した。「大統領が『国際問題において一人政府の責任を引き受ける用意があることは、国内問題に対処する際の同じ傾向よりもはるかに危険である』と語った」「この国はルーズベルト大統領が『本当に悲劇的な、戦争につながるかもしれない過ちを犯すかもしれない』という状況に直面している」「ランドン氏は、大統領が最近発表した国際問題に関する宣言が、論理的な結論まで考え抜かれたものであるかどうか、身近な観察者の間で疑念が高まっていると述べた」（翌日の『ニューヨーク・タイムズ』記事より）

ランドンは前年一九三六年の大統領選挙で、大差で敗北した共和党の候補者である。実はこの選挙のランドンの選挙参謀だったのがキャッスルだった。二人の関係は選挙後も続いており、このランドン演説はキャッスルの手が入っているものと考えられる。ランドンは大統領のニューディール政策も失敗していると断じている。

キャッスル自身は、翌一九三八年七月二十九日放送のラジオ演説で隔離演説を批判しているのだが、それは後述のテーマで扱おう。

✺第10章　在野において旺盛に外交を論ず

キャッスルのモンロー主義論

ジョセフ・グルーは、五・一五事件が起きて間もなく日本大使として赴任してきた。ちょうど、日本が満洲国をいつ承認するかが話題となっていた頃だった。外務省で外国人記者団を相手にしていたのは英語が得意な情報部長の白鳥敏夫だった。記者団から「いつ承認するのか」と聞かれた白鳥は、「運河を作るわけじゃないから急ぐことはない」と言った。パナマ国を作って国家承認し、運河を作り始めたアメリカに対する当てこすりである。これをグルーはかなり不愉快に思ったようである。

もしかしたら、彼はキャッスルに、この問題で何か書いてくれと言ったのではないだろうか。翌一九三三年九月十八日付の『ジャパン・アドヴァタイザー』にキャッスルは、「アメリカはパナマ運河を大動脈として守らねばならない。しかしこの義務を超えて、ラテンアメリカとの関係は、平等で友好的でなければならない」という表題のモンロー主義論を書いたのである。白鳥に読んでもらおうと思ったのかもしれない。しかしこれには「日本」という言葉は一切出てこない。徹頭徹尾ラテンアメリカ論である。以下、カッコ内の引用文中の年号は訳者によるものである。「アンクルサム」はむろんアメリカのことである。

彼は冒頭、モンロー主義を「外交に関するほとんどの宣言がそうであるように、それは私利私欲と情念の合成であった」と述べる。そしてヨーロッパの干渉から南北アメリカへの干渉を拒絶するためにモンロー大統領が宣言したドクトリンの起源を説明し、それから数十年経つとラテンアメリカ諸国は米国を自分たちの保護者でなく干渉者として見なすようになる。米国は家庭教師のつもりになる。それぞれに意向の違いが生じ始める。「アメリカが政治的主権を欲するというような意味で、ここには何の帝国主義もなかった」が、英領ギアナとの国境紛争で大英帝国による軍事的妨害の危険があった時や、ハイチ共和国の外債の強制支払をさせようとするフランスによる軍事的脅威があった時、また「このハイチ占領に加えて、中米共和国の秩序を回復・維持するために海兵隊が使用された様々な事例は、ラテンアメリカ全体に強い反感を与えた。（中略）その力ゆえに、アメリカは威張っている、弱い国では考えもしなかったような特権を自らのものとしたという印象があった」。「特にアメリカの大企業が、その国の国際政治に、秘密裏にではあるが、主導的な役割を果たしていることがあると思われる場合には、アメリカの占領には腹が立っていた。このようなことから、年を追うごとに、北方の異民族である大国に対して、ほとんど狂信的な憎悪を抱くようになっていった」。

「理解はできるけれども、このほとんどは公正を欠いている。アメリカ政府は、その目的の正しさに対する自信においては、必ずしもそうではないが、一般的に言えば利他的であった。国際関係においては、その他の人間関係と同じように、判断ミスや趣味の悪さは、それが稀であっても、紛れもなく親切でフレンドリーな行為が忘れ去られた後もずっと記憶に残るのだ。アメリカのビジネスは、しばしばこれらの国々の活力源となっていた」とキャッスルは主張する。そしてアメリカのビジネス、パナマ運河論となる。

「セオドア・ルーズベルトにとって、運河の建設は大冒険でもあり、彼の国と人類への奉仕の大きな機会だった。もしラテンアメリカが、建設を可能にするために採用した方法を批判したとしても、彼は理想や目的の方がはるかに重要であると考え、その批判に応えることをためらわなかった。パナマ共和国の成立と即時承認を分離させることができれば、それはアメリカのすべての伝統を破壊するものであり、弁護の余地はない。分離させることはできなかった。それは大きな目的の第一歩であり、世界はその目的の実現で良くなるのである」

「運河は世界の大きな海の道になったのではない。世界の最も重要な貿易の道なのだ。我が国の防衛の必須な一部ともなった。東海岸と西海岸を結ぶリンクとして、我が海軍の戦略は運河をめぐって建てられなければならない。それゆえに両海岸の防衛は一艦隊で十分であり、常に運河の通信が自由であることが叶えられた」

「これはモンロー・ドクトリンとは何の関係もない。これは、全世界に向けて新しい貿易ルートを開いておくという我々の義務と、東海岸と西海岸の間の迅速な海軍通信手段を無傷で維持するという我々自身に対する義務から生れたものである」。アメリカは「油断なくパナマ運河を見張っていなければならない。これは明白な義務だ。アメリカは通商の大動脈が周辺諸国の革命によって危険にさらされるのを許容できないのである。海外からの攻撃を甘受する以上に、革命は常に国境を越えて破壊をもたらすのである」

「それ故アメリカはカリブ海の国々により一層の政治的関心を抱き始めた。もし運河がなかったら、これは不必要なものだったろう。この関心は、これらの国の政治問題に直接干渉するというよりも、その国の安定を築くために可能な限りの影響力を静かに行使することに現れていた」

アメリカは元々、「国内的な秩序を維持することを証明できる、国際的な義務を十分に果たす用意のある、いかなる政府も承認するのがアメリカの伝統だった。この先例はウィルソン大統領によって実際に暴力的に破壊された。彼がメキシコのウエルタ政権（一九一三〜一九一四）の承認を拒否し、最終的に倒した時である」。「姉妹国の政治的事件への直接の干渉だったから、ヴェラクルズの侵略（一九一四）を正当化することは難しい。ハイチでの海兵隊の使用（一九一五）を非難する人もいるが、これは明らかに、特に残虐な事件が発生した後の秩序回復と、ヨーロッパの介入の可能性を防ぐ目的で行われたものである。アメリカ人の命を守るために海兵隊が一時的に上陸することを、心ある市民が反対するはずがない。確かに、困っている隣人への援助を一切拒否するほどではないにしても、復興期の秩序維持のために友好国政府の要請で海兵隊を派遣することを『帝国主義的』と決めつけるべきではないだろう。海兵隊が採用されたケースを一括りにして非難するのは、無知であり不誠実である」

「アメリカ政府は、特にニカラグアにおいて、顧問を派遣したり、選挙を監督したり、海兵隊を一時的に派遣して国内の秩序を維持したり（一九二六）、現地の軍隊を訓練して仕事を引き継がせたりして、この進歩を支援してきた。この海兵隊の貸与は、アメリカの対ラテンアメリカ政策の中で最も批判されている局面である」。しかし「大局的に見て、海兵隊が駐留している国にとって非常に有益であったことを否定する人はいないだろう」。ニカラグアは「アメリカの勧告の結果として、世界のその他のほとんどの国よりも金融的に良い状況にある」

「しかし国際関係は事実だけに基づけない。政府は情緒を勘定に入れなければいけない。人の反応の原因となる外見の重要性を認識しなければいけない。たやすく狂信へと発展する偏見の存在を認めなければいけない。そのため、細心の注意を払って行動しなければならず、海兵隊の上陸のようなことはごくまれで、その必要性が誰の目にも明らかな場合に限られる。一般的に外見上の配慮を怠ったために、ラテンアメリカではアメリカに対する不信感が芽生え、場合によっては盲目的な憎悪にまで発展していた」

フーバー大統領のラテンアメリカ諸国歴訪（就任前）は、その信頼回復のための旅であり、非常に有効だった。現在はアメリカの「友好的な利他的な行動に邪悪な計画を読み取る人々は別にして、南米人はアメリカは帝国主義ではない、友好的に一緒にやっていこうとしているだけであり、目的は共同であり、抑圧ではないと考え始めている。ラテンアメリカにおけるアメリカの恐怖は信頼に場所を譲っている」

「モンロー主義の時代から、アメリカの政策はアメリカの国々は政治問題でヨーロッパの干渉を望まないことを主張している。ラテンアメリカもこれに同意しているが、アンクルサムからの政治的干渉も望まないことを付け加えている。けっこうなことである。アンクルサムはおせっかいではないし、自分と関係のない問題に首を突っ込まないとは間違いなく言える」

現在一番問題となっているものは、「経済的ナショナリズムの更なる発展、あるいは少なくとも相互に排他的な国家ブロックの成長である（中略）この危険に対処する最も良い方法は「アメリカ連邦の形成を通しての、アメリカの諸国間にあったそれよりもさらに大きな協同をなすことだろう。これは難しいが、不可能ではない。それはフーバー政権時代にラテンアメリカに生じたアメリカの趣旨や目的への新しい信頼に基づくものとなろう。それはアメリカの抑圧でなく協同という大方針へのアメリカの忠実により維持されるだろう。それはモンロー主義を単にアメリカの政策というより、大陸的にするだろう。それは善意、協働による新しい信頼の時代を始動させるだろう。それはすべてのアメリカの国々の利益として戻ってくる公共の利益のためである」とキャッスルは結論する。

天羽声明について

キャッスルはアメリカの体験や蹉跌を、日本はアジアにおいて生かせと言っているのではないかと思うには私だけだろうか。彼はこの後、日本のモンロー主義を論じているのである。

『ニューヨーク・ヘラルドトリビューン』（一九三四年五月六日付）に、キャッスルは「日本のモンロー主義」という論文を載せている。これは同年四月十七日に、外務省情報部長の天羽(あもう)英二が記者会見で語って、国際的な波紋を巻きおこした、いわゆる「天羽声明」についての彼の分析である。

天羽声明は非公式の談話で、文書もなかった。要約すると、東亜における平和と秩序に日本は大きな責任を負っている。そのためには中国と共にその責任を果たさなければならない。しかし外国を利用して日本を排斥するような場合には、中国における勢力範囲の設定、国際管理、分割の端緒を開くから、やむなくこれを排除しなければならない。また列国が中国と協働するようなことがあれば、名目は財政援助、技術援助であっても、政治的意味を帯びるので、日本は反対せざるを得ない、というものである。

実際に南京政府がドイツやイタリア、アメリカから軍事的援助を受けているという情報をもとに発せられたものであるが、日本は中国を独占するつもりかと国際的に問題とされたのである。

キャッスルは曖昧なやり方が良くないという。「モンロー大統領はその宣言を国会へのメッセージとしてはっきり述べた。「日本政府が新しい中国政策を明らかにするのに、これらの方法を選ばなかった。（中略）この事実は、政策が実際に確定しているのかどうか、小役人によるやや曖昧な発表は、試験的な風船のようなものではないかと思わせる」「この話が公になる時期は、世界の世論への影響を考慮して慎重に選んだものではない」。

モンロー・ドクトリンは多くの誤解を受けているが、「この政策は、いかなる外国もこれらの国々を政治的に支配することを米国は許さないという主張に過ぎず、帝国主義を示唆するものではなく、経済的な支配や貿易の制限を意味するものでもない。ボリビアがドイツの将校を雇って軍隊を訓練しても、どこかの国がフランスの飛行機を買っても、アメリカ政府は何の抗議もしない。もし日本が極東のために真のモンロー・ドクトリンを宣言したとしても、それは日本がヨーロッパやアメリカによる東洋での新たな領土獲得をできる限り阻止するということ以外には何の意味もない。それは、フィリピンにおけるアメリカの優位性、インドシナにおけるフランスの優位性、ジャワにおけるオランダの優位性に対して、わが国のモンロー・ドクトリンがフランスのギアナ所有やイギリスのジャマイカ所有に与える影響以上のものではないだろう。中国は、自分の弱さに目をつぶっているため、日本に政治的整合性を保証されることに腹を立てるかもしれないが、それにもかかわらず、今よりも安全になるだろう」

しかし「日本のテーゼは、すでに非公式に発表されている声明が事実であれば、真のモンロー・ドクトリンではなく、公式に発表されれば、むしろ東洋における覇権の宣言であり、近隣諸国の内政に自由に干渉する権利の宣言である。世界にとって最も悲しいことは、諸条約を冷笑的に無視し、他国の権利を純然と利己的に破壊することである」

日本がもしそういう国であったならば、「日本は、約束された言葉を尊重することが西洋文明の最も重要な基盤の一つであるという重大な事実を把握していなかったと認めざるを得ないだろう。日本の生涯の友人として、私はこれが事実でないことを望む」

しかし「我々は、自分たちに全く責任がないわけではないことを忘れてはならない。九か国条約では、門戸開放政策の継続、中国の完全性など、賢明なことを主張し、これらの賢明なこととともに、中国では更生された人々と取引をしており、彼らは国際的な義務をすべて細心の注意を払って履行するから、全世界は彼らを見守っていた方が良いだろうという理論も承認していた。

それ以来、中国は、義和団賠償金の支払いを除いて、約束したすべての義務を破ったが、我々はそれに対して何もしなかった。日本人は、満洲で軍隊が彼らを圧倒するまで我慢していた。そして日本は悪者になった。日本政府がこう言うのは全く不思議ではない。『誰も中国の整理整頓に手を貸さないから、自分たちでやらなければならない』。このような態度は、擁護できないにしても、十分理解できるものだと思う」

「日本は西太平洋では比類のない強国である。しかし、日本は今日、排外主義の病に苦しんでおり、それゆえ、突然、世界の平和に対する脅威となっている。この脅威は、我々が八十年前に始まった友好関係を堅持し、無限の忍耐によってのみ取り除くことができる。もし他の国に、どんな理由であれ、日本とアメリカが愚かで全く役に立たない戦争を強要されるのを許せば、世界は一世代後退してしまうだろう。日本との友好関係を堅持することは、中国を砂漠化させることではない。むしろ、中国と日本を一つにするために役立つはずだ」

キャッスルは天羽声明を「日本の政策として公式に発表されたものではない」から、「国務省の最初の任務は、この新しい日本の政策が公式に定義されるか、忘れ去られるかのどちらかになるまで、じっとしていることだと私は思う」と述べている。これに答えるかのように、天羽は修正談話を出し、広田外相も弁明の談話を出している。そして騒動は収まったのである。

キャッスルは「真のモンロー主義」であれば問題はないとしている。しかし蔣介石は、将来は満洲を回復することを部下たちに秘かに訓示していた。ドイツ軍顧問団による国土の要塞化はその一環であった。アメリカの航空機産業も中国に飛行機を売却し、パイロットの養成も行なっていた。キャッスルはそのことをどこまで知っていたのだろうか。彼はこれに関して、一月後の六月十日付『ニューヨーク・ヘラルドトリビューン』に補論となるものを書いている（表題は「平和と武器貿易」）。

「もし日中間の紛争で、武器生産国がどちらかの当事者に販売を拒否していたとしたら、爆竹程度の危険しかないものを生産している中国にとっては徹底的に不公平なことだっただろうし、日本は大生産国の一つなので深刻な影響を受けなかっただろう。一方、米国が中国に公平を期すために、中国にのみ販売することを決定したならば、日本は即座に、我々は中立ではない、日本の敵に援助と慰安を与えていると抗議したであろうし、その抗議は完全に正当化されたであろう。我々の目的は実際には中国を助けることであり、その結果、間違いなく我々自身が巻き込まれることになるはずであった」

アメリカの立場は中立を保つことであり、中国への軍事援助は慎まなければならないというのがキャッスルの固い信念だった。

ルーズベルトの移民政策

また、キャッスルの言う「排外主義に苦しむ」日本をルーズベルト政権は放置するのみだった。日本の皇太子誕生を彼が祝った『ニューヨーク・ヘラルドトリビューン』（一九三四年一月十二日付記事）のタイトルは「極東で問題が起きるのか」である。これは米日関係、米中関係、米ソ関係を扱ったエッセイだが、ここでは排日移民法についてのキャッスルの意見に耳を傾けてみよう。埴原大使の使った「重大な結果」という言葉が国務省の提案だったという部分は既述したが、その後の部分である。

排日移民法の成立により、「米国は誤解と反省の欠如によって、日本が常にいわれのない侮辱と考えているものを日本に与えてしまったのである。『排除がなければ、米国は生活水準の低い日本人であふれかえり、そのために日本の商人や農民と不当に競争することになる』という意見を耳にする。この発言は独特である。実際、日本がクォータ quota（割当）制を採用された場合、米国に入国できるのは年間最大で一八〇人程度である。その一八〇人が一億三〇〇〇万人の生活水準を破壊することになるのだろうか」と彼は強烈に皮肉る。

これを恐らく在米の特派員が読んだのだろう。翌月二月二十六日の大阪毎日新聞のインタビューで、キャッスルは以下のように語っている。

「両国民の気持をやわらげる最も好ましい処置は排日移民法の撤廃である、議会への即時上程はよろしくないという人もあるが自分はそう思わない、議会はいつになっても同問題の上程を喜ぶものでない、これを敢行するには政治家の高遠な方策、即ち大統領の指導に待つのほかはない、フーバー大統領は議会に対し同法撤廃を熱烈に勧奨すべく教書を準備していた、しかしながら時あたかも民主党が議会の勢力を壟断（ろうだん）しフーバー氏のすることは片端からケチをつける態度に出たため、同教書の発表が却って反対の結果を招くことが明白となり残念ながらそのままとなった、今やルーズベルト大統領は議会を意のままに操り、かつ徳川公の来訪などもあるから、大統領に決意があれば絶好の機会だ、今後の議会は今のようには大統領の自由にならぬであろうし同問題の蒸返しは困難となるばかりである、徳川公と歓談後のルーズベルト氏の態度は注目に値すると自分は思う」

「徳川公」とは、徳川家達のことで、金子堅太郎辞任後の日米協会会長であり、ちょうどアメリカに来ていたのである。国際赤十字・赤新月社聯盟がこの年東京で開催する国際大会への協力を求めるために、彼は前年から欧米を歴訪していた。二月二十八日、ニューヨーク、ウォルドフ・アストリアホテルで歓迎会が開かれた。キャッスルも出席している。

徳川家達が大統領と会って、排日移民法を問題にしたかどうかは分からないが、ルーズベルトは少しも考慮しなかったことは明らかである。彼はこの年、秋の上院議員選挙において、野党の共和党なのに、拝日派の巨頭であるハイラム・ジョンソンの再選を支持すると述べたのである。

キャッスルの中国論

「極東で問題が起きるのか」には、キャッスルのまとまった中国論が出ている。支那事変（日中戦争）以降の中国を見る目も一貫して変わらないので紹介する価値がある。

アメリカ人は、中国に対して少し感傷的になりがちであり、中国人のアメリカに対する感謝の気持ちを、十分な根拠もなく一般化してしまう。中国に積極的に外国人が入り込んでいた時代に、アメリカは利権として領土を奪ったことはない。門戸開放という政策を宣言し、施行したのはジョン・ヘイで、この政策は、どの国も他国を犠牲にして特別な貿易上の利益を与えられてはならないというもので、中国の主権を実質的に侵害するような特権を中国人から奪うことはできないという意味で、中国にとっては大きな保護手段となった。

一九二二年のワシントン会議で、各国が中国の領土と行政の一体性を尊重することを約束する条約を交渉したのは、チャールズ・E・ヒューズだった。また洪水や飢饉の際には、アメリカはほとんど無制限に援助を行ってきた。これらの結果、平均的なアメリカ人は、すべての中国人がアメリカに感謝しており、他国人に何が起こっても、アメリカ人は中国で安全だと信じている。

これほど間違ったことはない。中国人の中には感謝している人もいるが、大多数の人々はアメリカ人と他の外国人を区別しておらず、我々が中国のために何をしたかということには少しも興味がないのである。政治家は知っており、理解しているが、彼らは過去の好意は将来のさらなる好意の保証だと考え、好意が得られない場合は、ただ軽蔑するだけである。

この態度を中国のせいにするのは完全に間違いである。中国人は西欧諸国の恩着せがましさを嫌っており、自分たちが利益を得るために、それに我慢しようとしているだけである。中国人は、我々の祖先が野蛮人かせいぜい遊牧民だった頃に、壮大な芸術作品を生み出していた古代文明の代表者である。我々の文明とは全く異なり、多くの点でより自己完結的でバランスのとれたこの文明に西洋が与えた影響は、もちろん個々の顕著な例外を除いて、これまでのところ、西洋の政治的な策略を利用することに長けた階級を生み出したに過ぎない。さらに、中国が鉄道や高速道路のネットワークで縦横に貫かれるまでは、統一国家にはなり得ない。共通項がないのだ。北は南を知らず、どちらも中央に従わない。

内戦は統一の可能性を破壊する。異なる軍閥が国の各所を支配しており、南京に注意を払うことはほとんどない。福建省の反乱は国民政府に対するもので、表向きには国民政府が満洲で日本に対して効果的な抵抗をしていないという理由で行われている。これは単なる言い訳であり、他の言い訳でも同じことができる。

この反乱が深刻なのは、支配政党の指導者でもある重要な広東人指導者の一部が含まれているという点と、蔣介石が戦っている多くの破壊的勢力にまた新たに加わったという点だけである。それは一般的な混乱の最新の表れに過ぎない。ワシントン政府は、他の政府と同様に、王政が崩壊して以来、パリと接するように、中国政府と接することができると考えるという誤りを犯し続けている。しかし、中国は、フランスが国家であるような意味での国家ではない。

中国との友好関係を強調しているが、米国は自国の利益を考慮していないわけではない。我々は他の国と同様に治外法権の特権を持っている。中国にいるアメリカ人は、中国の合衆国法廷で裁かれる。一九〇〇年の義和団事件以来、中国に軍隊を駐留させているが、この軍隊の存在が多くのアメリカ人の命を救ってきたと言っても過言ではないだろう。

中国と日本との間のトラブルの前に、中国はすべての治外法権条約を廃止するために積極的に交渉しており、ある日を境に条約を破棄することまでしていた。しかし糾弾された日以降、治外法権に干渉しようとする試みはなく、一般的な国際協定の部分は例外として、米国が治外法権を手放すことは非常に愚かなことである。

治外法権は現代世界では時代錯誤であり、国政に直接干渉するものであり、したがって戦後の平和条約の精神に反するものである、という詰めの甘い議論がよく聞かれる。これは理論的には正しい。モロッコでも、エジプトでも、これらの権利に固執する理由はほとんどないと思われる。日本では何年も前にこの権利を放棄した。しかし、中国の場合は事情が違う。中国が十分に統一された国家となり、すべての近代国家でそうであるように、外国人と国民が法廷で平等に扱われるなど、西欧諸国で理解されているような正義が保証されるような法律制度になった時、その時が来たら、米国は世界の他の国々と一緒に、すべて治外法権を自発的かつ喜んで放棄すべきである。それまでは、そうすることは自国居留民に対して不公平である。それは、中国が寛大さではなく弱さと解釈するジェスチャーとなろう。

治外法権の問題を除けば、米中関係が何らかの形で緊張しなければならない理由はないと思われる。もちろん中国は、アメリカの友情が決して同盟ではないこと、中国が自国を守ることのできる強くて前向きな国になるように支援したいという誠実な気持ちはあるものの、我々自身が中国を守る側に回るつもりはないことを理解しなければならない。同盟を結んではならないというアメリカの伝統は、ヨーロッパと同様に極東にも適用されなければならない。

かなり辛辣な、突き放した中国論といっていいだろう。「福建省の反乱」とは、上海事件で日本軍と交戦した蔡廷楷の軍隊が福建省に移駐され、そこで共産党とも結んで、蔣介石に不満な広東系の政客と共に、南京政府に反対する行動を起こしたものである。キャッスルの記事が載った頃に収まっていた。

中国共産党を支持するトーマス・A・ビッソン

キャッスルの満洲事変論が載った『アメリカ政治社会科学アカデミー紀要』（一九三三年七月）に、「中国と日本の経済的未来のための西欧の責任」という論文を寄稿しているトーマス・A・ビッソンという人物がいる。彼が日本に対する責任として、「日本が経済的必要性の圧力が大幅に軽減されたと感じる程度にまで、欧米が関税や移民の壁を削減することを厭わない段階に達しなければならない」と結論していることは、当時の日本の国際的問題の根源がどこにあるかを理解しているものと思われる。しかしこの論文の三分の二は中国に関してで、彼は実はキャッスルとは対蹠的な中国論を唱える人物であった。

ビッソンは一九〇〇年生れで、宣教師として中国に渡り、一九二八年に帰国後、コロンビア大学で博士号を取り、外交政策協会に所属し、極東関係の評論を、その機関紙『フォーリン・ポリシー・リポーツ』（以下、FPR）に精力的に書き続けていた。日本関連で例をあげれば、「日本と満洲国」（一九三二年六月二十二日号）、「日本におけるファシズムの台頭」（一九三二年十月二十六日号）などがある。『アカデミー紀要』では、日本を理解する姿勢を見せているが、その基調はキャッスルと違い、警戒感が強い。

翌一九三四年三月一日、建国からちょうど二年目の日に、溥儀が満洲国皇帝に即位した。それに合わせるように、ビッソンは「中国の分断」という論文をFPR（一九三四年四月二十五日号）に書いている。モンゴルをソ連が、雲南省をフランスが、チベットをイギリスが勢力圏とし、また新たに満洲国ができて、中国が分断の憂き目に遭っていることをレポートしたものである。

彼は日本に関連して、「満洲作戦で得た勢いによって、この力の交錯の中で最も強いイニシアティブを握っているのは、現在のところ日本である。日本の戦略的拠点である察哈爾（チャハル）省東部から、内モンゴルへのさらなる侵入を視野に入れ、次の一手を打つことができる。溥儀の即位は、この可能性をさらに高め、日本の大陸政策に新しい展望を開くことになる。島国である日本は、強力で統一された中国の発展を許すわけにはいかない。アジア大陸における日本の将来は、日本が覇権を行使できる一連の小国家の設立によって確保されるのが最善であろう。この方向への第一歩は、満洲国の設立によって踏み出された」と述べている。

溥儀は元々北京に住んでいた。その沈黙の威光は満洲国の国境を越えた北支への発展進出に寄与すると言っているのだが、それは中国分断策だとビッソンは警戒しているのである。

さらに重要なことは、彼が中国共産党を高く評価していることである。FPR（一九三三年四月二十六日号）に、「中国の共産主義運動」という論文を載せているが、頗る好意的である。この頃、共産党は江西省瑞金に臨時政府を作り、レーニンやマルクスの肖像画の入った紙幣を発行している時代だった。彼の論文からいくつかを引用する。

「中国共産党は、中国南部と中部の内陸部を中心に、独自の軍事力、政治制度、経済・社会的目標をもった土着の農民革命として再登場したのである」

「国民党の組織的な攻撃に耐えることができたのは、いくつかの要因がある。最も重要なことは、ソビエト地区の農民大衆の絶え間ない支持であった。農民は、赤軍の隊伍を構成するだけでなく、情報宣伝部隊を構成していた。地元住民の報告によって、共産党軍参謀本部は、政府軍の動きに関する迅速で正確な情報を確保することができた」

「軍国主義者が課した重税は、しばしば何年も先まで徴収され、狙いは地主から農民に移された。小作人、小さな手工業者、奉公人も同様に搾取された。地方ソビエトが設立されたところでは、このような搾取のシステムはほとんど一掃された」

「ソビエト政権は、阿片取引で巨額の利益を得ていた軍国主義者が農民に押し付けていたケシの栽培を禁止した」

「一九二七年に都市部と農村部で行われた大規模な虐殺に、過去五年間に南京政府が行った共産主義者と共産主義者の容疑者の連続殺戮を加えれば、数十万人に上ることは間違いないだろう。このような壮絶な事件は、世界的に知られ、国際的な抗議を受けている」

引用した部分だけからでも、彼が中国共産党に大きな期待をかけていることがありありと伺える。一九二七年の虐殺は、南京事件を共産主義者が起こしたという疑惑から起きたものだが、ビッソンはその原因に目を向けず、その後の弾圧を問題としている。

むろん当時の中国共産党はコミンテルンの支配下にある。それは米国共産党も同じである。一九三二年三月、翌年一月と、シカゴの日本領事館が米国共産党の激しい抗議デモを受けていることを紹介しておこう。満洲事変非難のそのビラには、「中国及びソ連邦への帝国主義戦争を排撃せよ」等とあった。デモを阻止する警官隊に多数の負傷者が出、また多数の逮捕者があったという（武藤義雄領事報告）。

つまりビッソンはこのような団体を支持していたことになる。そして彼は実際に毛沢東、周恩来、朱徳といった共産党指導者に会いに行くのである。それは共産党が瑞金を追われ、長征を経て陝西省延安に本拠地を構えた後の一九三七年のことである。

同じこの年に発刊され始めた『アメラシア』という雑誌がある。その三月号にビッソンは満洲国の集団部落工作を批判している。「集団部落は匪民分離のために日本当局者が強制的に実施する工作で、このため全人口の十分の一に当たる五百万の農民は強制的にその家屋を焼き払われて、指定された集団部落に新家屋を建てるが、それには何の補償もなく、その上、労働奉仕、建築費の負担、重税の負担、国防献金など、あらゆる強制的義務を背負わされている」と書いた。

満洲国の治安部はこれに抗議して、満鉄の英文紙に詳細に反論を書いた。要旨は、集団部落は民心の安定助長のために満洲国当局が立案したもので、住民の自発的協力によるものである。経費についても土塀、砲台などの建築費、一部落につき千円程度、家屋建築についても一戸、二〇円～五〇円の助成を行っている。農閑期の剰余労力をもって勤労奉仕を頼んでいるが、当然の賃金支弁は行なっていると。

満洲国ができて五年経っている。通常の匪賊はほぼなくなったが、思想匪＝共産ゲリラは鎮圧されていなかった。そのための方策として武装機能を持つ集団部落が作られ、農民の自衛能力が格段に良くなったとされている。困ったのは共産党である。ビッソンは中国共産党系のプロパガンダ資料を使って、この論文を書いたのだろう。

『アメラシア』の発行人はフィリップ・ジャフェで、アメリカ共産党書記長、アール・ブラウダーの友人だった。ビッソンとジャフェ夫妻はオーエン・ラティモアの誘いに乗って、一九三七年六月に北京から延安への旅を試みるのである。延安にはエドガー・スノーの最初の妻、ニム・ウェルズがおり、スノー自身は北京で、『中国の赤い星』の最終稿の執筆中だった。ラティモアは元々モンゴル学者で、共産主義思想の持主であるアグネス・スメドレーの『中国の運命』（一九三三年）の書評を『ニューヨーク・タイムズ』（十二月十日付）に好意的に書いている。彼もやはり左傾していた。ビッソンと同年生れである。

毛沢東や周恩来の時局談はここでは必要ない。毛沢東がビッソンにこう語ったことだけを引用しておこう。

「我々は、米国が中国における日本の侵略に対して積極的な立場をとるように努力するという、あなたの方策に全面的に同意する」

ビッソンが何をしようとしているかが分かるが、これはビッソンの「アメリカの孤立主義は共同行動の障碍（しょうがい）になるか？」という問いに対する毛の回答である。彼にとって、キャッスル的存在はまさに孤立主義者そのものだった。その意味でもキャッスルにとって、ビッソンは年下の宿敵となった。年上の宿敵はむろんスティムソンである。

ビッソンやラティモアが北京に戻ると、その五日後に盧溝橋で戦闘が始まった。

✺ 第11章 アメリカは戦争に関わらず中立を維持すべきである

米ソの国交樹立問題

一九三三年三月から始まったルーズベルト政権は、十一月十六日にソ連と国交を結んだ。ソ連成立後、十六年目である。既に英仏伊などは一九二四年、その翌年には日本も国交を結んでいる。アメリカが承認を拒んだのは、ロシア革命以前のアメリカが持つ債権を革命政権が破棄し、国内の米人資産を没収したことや、資本主義を否定するその政治体制故の警戒であり、一九二〇年に当時のコルビー国務長官が言明した宣言を歴代の政権が踏襲していたのである。

しかし政治と経済は別で両国間の貿易関係は持続していた。その貿易が前年比較で、輸出入とも一九三二年にほとんど十分の一に激減した。これには貿易を国家独占するソ連の嫌がらせもあった。米国内の反ソ運動を牽制し、国家承認を得ようというソ連の策謀である。大不況で苦しむアメリカは国家承認をすることで、経済問題を解決しようとしたのだ。

しかもアメリカには別の意味で承認を求める声があった。上海事件最中の一九三二年四月二十三日、あの排日議員のハイラム・ジョンソンが「アメリカはソ連を承認して、極東から危険を取り除け」と声明書を発表した。「極東の危険」とは満洲事変や上海事件のことで、極東の勢力均衡を破り、急激に力をつけている日本への対抗措置としてソ連を承認せよということだ。これは広がりを見せた。翌年一月、全米二六八の大学人が、ソ連承認の誓願書を次期大統領（ルーズベルト）に出しているが、イニシアティブをとったのは著名な評論家のルイス・フィッシャーや神学者のラインホルド・ニーバーで、その論理はジョンソンとほぼ同じである。

ソ連はこうした運動を利用するかのように、十月九日、「日本による東支鉄道占領計画の秘密文書」なるものを公開した。日本の駐満大使・菱刈大将とハルビン総領事の森島守人が日本政府宛に書いたとされるセンセーショナルな外交文書である。驚くべきはその翌日、ルーズベルトはソ連の最高会議幹部会議長のカリーニン宛に、特使をワシントンに派遣して承認問題を話し合おうと書簡で提案したことである。

キャッスルは、公開された文書が偽物なら、戦争を煽るようなもので、ルーズベルトの手紙はアメリカが戦争になればソ連に付くと日本が考えてもおかしくないと思ったという（前掲「極東で問題が起きるのか?」）。キャッスルは離任間近の出渕大使と連絡を付けた。出渕は既にアメリカのソ連承認が間近に迫っていることを自国政府に警告していた。ルーズベルト書簡の日付がそうなったのは偶然だった。文書はむろん偽物で、日本政府は冷静に対応した。一応厳重抗議をして、駐露大使に調査させて、その結果を協議して非公式声明を出して終わりにした。

元々この騒ぎはソ連が日本に東支鉄道を売却したいと申し出たことから始まっている。満洲建国以前は、同鉄道は張学良政権とソ連との合弁事業であったので、建国後はソ満の合同経営となっていた。日本は満洲国に売却したらどうかと斡旋し、ソ満交渉が始まった。その交渉過程で満洲国の会計監査局の調査によりソ連側に不正が見つかり、関係者を召喚すると、ソ連側が激昂した。そうして起きた怪文書事件である。米ソの国交とは無関係の事件である。しかし日ソ関係が非常に良くないことは誰にでも理解できた。キャッスルは「日本とロシアの関係が非常に緊迫していることは疑いの余地がない。悲観論者は戦争を予測しているが、もし戦争が起こった場合、米国の役割は厳格な中立性を保つことだけである」と前掲論文で述べている。

問題はこれで終わりではなかった。十一月六日の革命記念日前日の式典で、人民委員会議長のモロトフが演説し、アメリカを称賛し、日本に対しては厳しい批判を繰り広げたのだ。一部を引用する。

「著名な日本政治家が語るシベリア奪取、沿海州奪取に関する笑止な計画を読む時、そうしてこれらの計画が徐々に露骨になってくる時、傍若無人になってくる時、我々は警戒せざるを得ない。日本は満洲国の真の主人であり、これらの問題の責任が全部日本にあることは周知の事実である。ある日本人の如き、軍事行動を開始するに先立ち、宣戦布告を為す必要があると信ずる欧州人の迂闊を笑っているが、これらの紳士諸君は迅速かつ唐突にロシアを攻撃すべきことを主張しているのだ。我々はかかる言明を無視することはできない。これに対し、我々は常に完全な用意を整えておくのやむなきに至るのである」

十一月十五日付『ニューヨーク・タイムズ』は、革命記念日のコミンテルン宣言を紹介している。「今年のコミンテルン宣言の重点は、中国の共産党を日本軍に対抗するために強化し、ドイツの共産党をヒトラー主義に対抗するために強化することである」と。

こうしてソ連は満洲国国境に重点的に軍備の増強を策し、参謀本部に勤務し始めた石原莞爾を驚かすのである。

米ソの国交樹立には基本原則が幾つか決められたが、その最も大事な事項として、内政相互不干渉とアメリカにおける共産主義宣伝の禁止が交換公文で決められた。当然のことではあるのだが、一〇〇〇万もの失業者を抱えるアメリカには、ソ連に憧れる勢力があった。当時渡米していた元労農党代議士の大山郁夫はニューディールを「部分的にもせよ国家資本主義への移行の過程にある」と観察している（『中央公論』昭和九年一月号)。

キャッスルは、「アメリカでは、若者は自分の好きなことを学び、自分で選択することができる。私たちは、この知性の自由を大切にしている。アメリカ政府の中には、ロシアのように完全に規制された産業社会を夢見る人たちがいるそうだが、彼らの夢は決して実現しない。アメリカ国民は、何世代にもわたって自分たちのものとなっている秩序ある自由を決して手放すことはないだろう」(傍点引用者)と『アメリカ政治社会科学アカデミー紀要』(一九三四年七月)所載論文で述べている。キャッスルの危惧はルーズベルト政権に大挙入っていったニューディーラーたちへの懸念であり、国家資本主義という形での統制経済への懸念であった。

リトヴィノフ特使はルーズベルトとの国交交渉で、不侵略協定に重心を置こうとした。共産主義宣伝禁止も約束せずに、そのような協定は結ぶべきでないとして、名うての反共主義者のハミルトン・フィッシュ下院議員、そしてキャッスルらは署名運動を起した。そうして不侵略協定は交換公文から葬りさられたのだが、大不況の最中、社会主義的経済に魅力を感ずる官僚たちは少なくなかったのである。

ワシントン体制の終了へ

まもなくワシントン条約で決められた軍縮協定の改定年度である一九三五年が迫ってきていた。しかしアメリカでは、一九三四年三月二十七日、補助艦一〇二隻建造のカール・ヴィンソン案が上院を通過した。『東京日日新聞』(一九三四年六月十四日付)でその内容を見ると、「本年以降五か年間に五億乃至七億五千万ドル即ち日本金の十五億乃至二十二億五千万円の巨費を投じてかれ等が夢想する所謂世界無敵艦隊を作ろうというのであるが、この案の内要を検討すると只目を見張るのみである。重巡洋艦一隻、軽巡洋艦五隻、航空母艦二隻、駆逐艦六十五隻、潜水艦三十隻、合計百二隻、総トン数十一万七千トンで、更にこれに備うる飛行機千百十八台を建造せんとするもので、復興金融会社から資金を仰いで建造準備にかかった」というものである。

またそれとは別に、「産業復興費から二億三千八百万ドルを支出して、航空母艦二隻、航空巡洋艦一隻、乙巡洋艦二隻、嚮導駆逐艦四隻、駆逐艦十六隻、潜水艦四隻、砲艦二隻、計三十二隻の建造が計画されている」。「この両計画が完成すると一九三九年には米艦隊は百三十四隻、三十一万八千トンの新鋭を加えることとなり、いわゆる米国の条約量大艦隊の陣容は文字通り整備される」。

「海軍拡張と共に留意すべきは陸空軍の大拡張計画である。最近陸軍兵備改善並に陸軍機建造にあてられた一億ドルの資金中総額三千万ドルをもって向う三ヶ年間に陸軍機一千台を購入することとなり、その第一著手として本年度爆撃機八十台、戦闘機三十台の陸軍機を購入することに決まった。また来年度割当は三百台である」。

同紙は「米国人は今でも米国こそ世界平和の守護者であるかの如き自惚(うぬぼれ)を持っている、しかしそれも今やかの陸海軍大拡張によって早くも夢と化しつつある」「ルーズベルトは自他共に許す海軍通であるからこの計画は世にいう紙上作戦でなく、かれの息がかかれば融資も容易である。この辺日本の真似の出来ないところだ」と皮肉っている。

不況対策のための公共事業というのだろうが、何のための軍拡かと日本海軍が危機感を持ったのは当然である。同年の昭和九年度第六十五帝国議会で通過した軍事予算が総額、九億五〇〇〇万円弱で、総予算の四割以上を占める。しかし対米バランスを取るためには、ワシントン条約を守っていては国防が危うくなるとの判断の下に、この年十二月三十日、日本はワシントン軍縮条約廃棄通告を為すのである。

キャッスルは『ニューヨーク・ヘラルドトリビューン』(一九三五年一月二十日付)に「武器制限条約と平和」を寄稿して、海軍委員会委員長のカール・ヴィンソン下院議員を批判している。

「私たちは、外交関係を国務長官が担うよう主張することができる。最近、下院の海軍委員会議長であるヴィンソン氏が、この任務を簒奪したように思われる。日本が三隻建造するごとにアメリカは五隻建造し、何としてもこの比率を維持するという、彼の強硬な警告は、海軍競争への誘いであり、自慢げで苛立たしいものだった」「アラスカやアリューシャン列島沖で演習を行うという海軍の決定も、日本にとっては不必要に刺激的な決定であったと私は思っている」

彼は結論として、もう比率や細かい武器の規定に基づく軍縮会議は限界に来ているので止めた方がいいと述べる。「例えば5・5・3という数字は、日本をどこか劣った国として評価しているようで、日本を苛立たせる」。国家の「偉大さを測る尺度を間違えている」。「自国の評価が最高でない限り、誰も、どの国も、公に宣言された相対的な地位に満足することはない」。面子のために限界まで建艦を続ける。軍縮会議はやめて「今こそ、国際平和の根本的な必要条件である国際理解に立ち戻る時である」。

そしてここでも排日移民法が立ちはだかる。「海軍力の比較は、しばしば道徳的な比較や人種的な比較を示唆することがある。日本の場合、私たちは弁解の余地のない日本人排除法を通じて、この考えを強調した。日本人は、この法律を、私たちが自分たちを劣った人種だと考えていることを意味するものと受け止めており、彼らの多くは、軍艦の五対三の比率は、私たちの軽蔑を表現するもう一つの手段に過ぎないと感じている」

「もし我々が今、きちんとしたことを行い、日本を移民定数（quota）に加えるならば、我々の公平な感覚を示すことになり、太平洋に友好的な雰囲気を作り出すことができるはずなのだ。もし大統領がこの問題を議会で争うつもりなら、その結果は間違いないだろう」と。

日本にも好戦主義者はいる。これは「東洋人の面目躍如たるものであり、現代の病理学者が劣等感と呼ぶものと密接に結びついている。これは、自分の士気を高めるために見せびらかすことである。私たちは、このようなことを真似しないようにすればいいのである。日本の真の指導者たち、日本国民の大多数は、わが国の思想的指導者たち、そしてアメリカ国民の大多数と同じように、日米両国は緊密な友人であるべきだと理解しているのである。狂信者やトラブルメーカーが吠えれば吠えるほど、両国の冷静な多数派が現実をしっかり把握する理由が増えるのである」

真の海軍指導者として、彼の念頭にあるのは、プラット提督や齋藤実、野村吉三郎といった人物のことだろう。

プラットは既に退役していたが、日本の条約破棄宣言をはさんで、『フォーリン・アフェアーズ』の一九三四年七月号と、一九三五年三月号に、軍縮問題について論じている。非常に知的で冷静な論文で、軍事の専門家として、日本の考え方を技術的な部分で批判はしているが難じてはいない。問題はやはり政治的なものであるとして、次のように述べている。

「平和を維持するためには、国際関係はフェアプレー、平等、正義の精神に基づかなければならない。日本とこの国の間に友好関係が維持されない理由はあるのだろうか。それぞれの国が相手の権利を尊重し、条約を守り、貿易戦争をせず、優越感を抱かず、戦争プロパガンダをせず、自国のビジネスに専念し、相手との取引において公正であり、真に平和を望む限り、何ら心配することはないはずである」

そして今の穏やかな太平洋を維持していくことが大切だという考えはキャッスルと一致するだろう。

日本の主張は、加藤寛治の論説（昭和十一年元旦〜三日・東京日日新聞）に代表される。比率は結果的に負担を増加させるので、兵力量の総量に制限を定めるに留め、その範囲内で各国の必要な海軍力を整備すべきだというものである。実は、この主張と同じことを齋藤大使が前年一九三五年一月五日のニューヨークでの軍縮討論会（外交政策協会主催）で発言している。アメリカ側からはプラット提督も出ている。キヤッスルは聴衆の中にいた。ヘラルド・トリビューンの彼の論説は、これに感化されていると思われる。つまりキャッスルは加藤に近づいたのである。

一九三五年末にワシントンで一応軍縮会議は開かれたが、形式上のもので、一九三六年末を以てワシントン条約体制は終了することになった。

これに関し、上院外交委員長キー・ピットマンが一九三六年二月十日の上院外交委員会において、極めて露骨に日本の外交政策を非難したことを記しておくべきだろう。

「日本政府は米国民に対し、中国の門戸を閉鎖する目的のためには一戦をも辞せぬ方針である。米国政府はこの実情に鑑み、海軍並に空軍を整備し、自国の権益を擁護せねばならない。特に日本政府の威嚇、宣伝乃至傲慢な態度を十分認識し、中国に対する日本政府の対策と、日本政府がその政策により如何なる打撃を米国に与えようとしているかを十分考慮に容れなければなるまい」

日本は確かに日満経済圏を作り、自給体制を作ろうとしていたが、対米貿易の重要性を顧みなくなった訳ではない。スムート・ホーリー法は一九三四年に関税が下がり、アメリカは日本にとって相変わらずの最重要な貿易相手国であり、アメリカにとっても日本は極東貿易の四〇％以上を占める最上顧客だった。日本を経由して、そのまま中国に向かう物資（名目上は対日輸出品）もすくなくなかった。

軍縮問題で日本の立場を弁じたてた『軍縮会議と軍部強硬の真相』（原田為五郎著　昭和九年）でさえ、「日米間には太平洋という平和的保証がある。日本の輸出貿易の大半を占むる生糸は米国が最大の顧客であり、米国綿花については日本が最大の輸入国である。日米貿易関係ほど有無相通ずる経済的原則に適する国は類例に乏しいであろう。日米両国民は先天的に交渉を保ち、切実なる経済的利益の一致こそ将来に向って永くその友好関係を保証する所以でなければならぬ」と述べている。キャッスルやプラットの認識とどれだけ隔たっているのだろうか。

武器禁輸と中立法

アメリカのモンロー主義は、基本的に南北アメリカを平和に維持すること、そのために欧州の紛争には関わらないことにある。だからアメリカでは紛争国に対する武器を禁輸する法案までも作られる。実際にルーズベルト政権発足と同時にこれが下院を通過した。一九三三年四月十七日のことだったが、ハミルトン・フィッシュ議員らが反対した。その論拠は、この法案はアメリカを裏口から国際聯盟に加入せしめるもので、なおかつ日本を目標とするものだから、対米感情が悪化するというものだ。

ルーズベルトが特に求めたのは、「大統領が侵略国を決定し、それに従って行動することができる」という但し書きだった。つまり、国際聯盟が決してできなかったことを、大統領が自らの意思で行うということである。どの国が侵略者であるかを決定し、その国にのみ戦争物資の出荷を禁じるということである。当時はまだ熱河事変の最中だった。どの国を念頭にしていたかが分かる。国際聯盟がやれなかったことをアメリカがやれば、事実上の聯盟加入である。孤立主義者たるフィッシュの面目躍如というべき場面である。結果的にはこの大統領の裁量権問題で、法案は上院を通過せず、廃案に終わった。

しかしエチオピア方面がきな臭くなっていた。交戦国の船で米国民が旅行することや、交戦国の船が米国に寄港することを禁止するという法律が一九三四年七月頃より検討される。翌年一月四日付『ニューヨーク・ヘラルドトリビューン』（表題 アメリカは中立を維持できるか）でキャッスルは、「あらかじめ権利を主張しないことを表明したり、アメリカの市民や船舶は自己責任でのみ危険地帯に入ることを表明したりすることは、アメリカの国益にとって致命的である。我々は何も交渉することができない。それはまた、臆病者の告白のようにも見えるだろう」と皮肉っぽく記している。彼は公海は誰にでも開かれているとする「公海の自由」論者であるのだが、自国を平和に維持するために、細かい規定を侃々諤々（かんかんがくがく）と議論しなければならないのが当時のアメリカだったということを念頭に置こう。

この年三月、ドイツは再軍備を宣言した。エチオピア問題を巡って、イギリスとイタリアの対立が激化していた。八月三十一日、アメリカで半年の時限立法で、交戦国を同じように扱う中立法が成立した。十月三日、イタリアがエチオピア侵攻を開始し、大統領は五日、エチオピア、イタリーに向け武器、軍需品その他軍用機材一切の輸出を禁止する旨を宣言した。翌年一月、中立法が再審議され、翌一九三七年五月までの期限で成立した。軍需品の輸出禁止はもちろんだが、石油や綿花など軍需原料の輸出制限は議会に諮らず、大統領の裁量で自由にできることになった。一九三六年七月にはスペイン内乱が勃発し、中立法が適用されたが、米政府が心理的に支援する人民戦線側には援助できず、フランコ軍側には独伊が支援する形となり、不満が募った。

エチオピア侵攻は翌年五月、イタリアの勝利で終わり、移民も開始された。イタリアは国際聯盟を脱退した。五月一日に改定されたアメリカの中立法の特徴は、二年間の期限法、交戦国は、武器以外の物品は自国船でアメリカと貿易し、現金で支払いをするという「キャッシュアンドキャリー」条項が導入されたことである。

キャッスルは「特定地域中立法案の危険」という論文を『アメリカ政治社会科学アカデミー紀要』(一九三七年七月)に書いている。内容から法案成立前に原稿は書きあがっていたようであるが、この一九三七年法案について、全く否定的である。「法案はすべて誤った前提に基づいているため、間違っているのではないだろうか?」とはっきり書いている。例として、ヨーロッパで戦争が起きたら、キャッシュアンドキャリー条項により、「綿や石油や食料品などの商品は、イギリスにのみ行くことが許されるということになる」。イギリスが制海権を持っているからだ。これは中立ではない。また交戦国の船で旅行することを禁止することは、伊・エチオピア戦争の場合、著しくイタリアに不公平だった。何しろエチオピアには、タナ湖を航行する小舟しかないのだと。

キャッスルが気にかけているのは、大統領の姿勢である。一九三五年、「政府は再び国務省を通じて、大統領が侵略者を指名することを許可する権利を主張した。これは主に委員会での公聴会で行われ、結果的にこの問題について広く一般に議論されることはなかった。議会は毅然とした態度で臨み、誰もが知っている中立法を可決した。これは、大統領が公布によって戦争状態の存在を確認した時点で、交戦国への武器、弾薬、戦争道具の出荷を禁じるというものである」と述べている。ルーズベルトはこの第一次中立法に賛成でなく、譲歩した形で成立したのだ。

キャッスルは大統領が独裁的な権力を求めているとの懸念を捨てきれないでいた。フーバーとルーズベルトはそこが違っていたという。同じような武器輸出禁止法案が議会に出された時、フーバーは「賢明にも自分の権限を制限するよう求めた」というのである。しかしこの提案は「フーバー大統領のどんな提案にも応じようとしなかった議会によって拒否された」のだ。

彼はこの問題を、「民主主義と他の世界勢力」(『政治科学アカデミー紀要』一九三七年五月)ではもう少しはっきり主張している。

キャッスルは民主政治と独裁政治について民主政治の優位性を論じ、ヒトラー、ムッソリーニ、スターリンらを批判している。彼らの名前は出てくるがルーズベルトという名前は一切出ない。しかし「ヨーロッパやアメリカなど、古くから代議制を採用してきた国で民主主義が失われつつある」と述べる。「真の自由主義は、すべての理性ある個人が考え、発言する自由があるところにのみ存在することができ、また存在することが確実である。しかし、この自由の中にこそ、崩壊の種がある」「初期のリベラリズムは、人間の権利を懸命に一貫した思考によって推論し、人間を人間として深く信じ、譲れない権利と進歩する機会を平等に持っていた。正しいと信じるもののためには、常に戦いを厭わなかった。そして、次第に知的ではなく感情的になっていった。感傷的になったのである」。

そしてルーズベルト批判となる。

「無力化されたリベラリズムは、無意識のうちに数多くの形態のうちの一つである独裁主義に傾いている。全体主義国家の信奉者と自由民主主義の信奉者は、突然一致してしまうのである。このことは、最近の大統領による最高裁判事六名の増員提案に対する外国の報道機関の反応を見ていると、面白いほどよくわかる。マンチェスター・ガーディアン紙を筆頭とする英国のリベラル紙は、この提案が大統領の深遠なリベラル政策の遂行を可能にするものであると評価した。しかし、ドイツやイタリアの新聞は、『大統領が全権を掌握するためには裁判所をなくさなければならないと、ついに悟った証拠だ』と歓迎した。どちらの新聞も間違っていたかもしれないが、もともと対立していた二つの哲学が一致したことは有益であった」

この辺りはキャッスル一流のシニシズムであろうか。「あらゆる手段を緊急措置と呼ぶことは、独裁への第一歩である」とも言って、アメリカ民主主義の危機を訴えている。

戦争に巻き込まれるな

日米関係は概して良くはなかったが、日本は手を拱いてはいなかった。日本商工会議所会頭の門野重九郎を団長とする欧米経済使節団が横浜を出発し、サンフランシスコに上陸したのは一九三七年五月十二日だった。それからほぼひと月かけて、米大陸を歴訪して、有力政治家や経済人と膝を交えて語り合い、親善関係を深めて、ワシントンに着いたのが六月九日の夜で、翌日には門野たちは齋藤博大使を同道して商務省長官やハル国務長官を訪問した。会見した総数は千名近い。門野は手応えを感じたと新聞特派員に述べている。

十五日は、ウォルドルフ・アストリアホテルで、翌日の船で欧州に渡る経済使節団の「サヨナラ」ディナーが開催された。ここでは、外交官、弁護士、産業界のリーダーなど約一〇〇人が参加した。齋藤大使も出席し、キャッスルも出ていて、彼は日米親善と、経済関係の進展を願う挨拶をしている。

それから三週間後に盧溝橋事件が起きた。これは北支の一事件に留まらずして、上海にも飛び火したのは先述の通りである。

ルーズベルトの隔離演説の後、東京の日米協会は、日本の立場を主張し、訴えたパンフレット類をアメリカの関係者に配布した。キャッスルの返事は以下のようなものだった。

「米国ができることは、どちらか一方が全面的に正しく、相手が全面的に悪いというのでなく、絶対中立を守ることである。希望するのは日中代表が問題解決に向けて交渉ができるよう、『明らかに勝者としての日本』に中国への敵意を持つのを止めさせるような国が現れることである」

そう、あくまでも中立を維持すること、それが彼の考えるアメリカの立場であった。前述の『紀要』は「アメリカの外交政策」という副題の特集で、ピットマンも出席した討論会の記録もある。キャッスルも出席し、「中立政策に関する限り、私は反逆者（rebel）であり、特定地域の中立性に関する法案に不信感を抱いています」「我々は覚えておかねばなりません。我々が戦争に巻き込まれない唯一の道はいかなる戦争もしないことです」と述べている。

✺ 第12章 逆風に抗して—日中戦争の時代

スティムソンの大論説

ルーズベルトの隔離演説の二日後、「極東の危機に関するスティムソン前国務長官の手紙」という論説が、『ニューヨーク・タイムズ』紙の一面のほとんどを使って載った。

スティムソンはまず中国と日本の近代史上の歩みを概説しながら、アメリカの門戸開放政策や九か国条約、そして満洲事変、そしてまた上海攻撃に進んできた日本を描写する。その一方でアメリカは「ダチョウのような孤立主義の波が押し寄せ、その誤った推論に弁解の余地はないし、間違った形の中立法によって、現在回避しようとしている戦争の危険そのものを将来的にもたらす恐れがある」と述べる。中立法を変えたいという彼の願望があることに注意しよう。

「中国の海岸は封鎖され、船は押収され、無防備な大都市に密集し、軍事的な動きや目的から離れた中国の民間人を広範囲に爆撃する作戦が実行に移された。これらの措置は、日本が中国政府に降伏を強いるために、民間人に実施した全般的なテロ作戦によって、意図的かつ組織的に試みたものであることを明確にしている」「わがアメリカの国民は、日本人の無慈悲な残虐行為に興奮し、怒っている」と日本の攻撃を非難している。

日本の広報もまずいのだろうが、通州事件の大規模な日本人虐殺も彼は知らないようだ。学校や教会といった公共施設を利用して、中国軍が日本軍を攻撃する戦術も、日本軍を困らせた。彼らは国際法で禁止されているダムダム弾も使っていた。スティムソンがこれらを無視した可能性もある。

しかし中国軍の欧米人も巻き込む理不尽な攻撃のやり方を彼は新聞で読んでいるはずだ。八月十四日には、日本の軍艦『出雲』を攻撃しようとした中国軍機が上海バンドの南京路に爆弾を落とし、何百人もの市民が死んだ。これには戦後のライシャワー日本大使の兄であるロバートも含まれている。十五分後の仏租界爆撃の死者を入れると二〇〇〇名を越えた。八月二十三日には、中国軍機はデパート「ウイングオン」の上に爆弾を落とした。あろうことか、日本軍機に追われた中国軍機が機体を軽くして逃げようと、場所も考えずに爆弾を放り棄てたのだ。ウイングオンには、ニューヨーク・タイムズのハレット・アベンドが買い物に来ており、彼の助手のブリンガムが瀕死の重傷を負った。アベンドも危なかった。死傷者は一〇〇〇名を超える。盲爆する中国軍こそ、一般市民の命を少しも考えていない。現地欧米人たちは、欧米列強を戦争に巻き込もうという蔣介石の策略だと疑っていた。

それなのにスティムソンは「今日、何十万人もの勇敢なチャイナメンが、絶望的で心細い戦いをしている。報道は、彼らの絶望的な勇気と英雄的な自己犠牲の証拠で満ちあふれている」と記す。

ブロードウェイマンション十六階に住むアベンドは以下のように観察していた。「日本軍は閘北を占領した後、毎日毎日、四マイルの広さの国際租界とフランス租界を越えて、南市（上海南部にある中国人区域）に砲弾を撃ち込んだ。上海の家やアパートの上を大きな弧を描いて横切る、これらの砲弾の切れ目のない金切り声を聞くのは恐ろしい体験だった。しかし彼らの狙いは非常に正確で、砲弾はフランス租界の南の境界を越えて、五〇〜七〇ヤードの寸分違わない線内に落ちた」。

正確に照準を定める日本の攻撃は、軍事目標とそれ以外とを冷静に区別していたと私は思う。むろん誤爆はあり得る。

イギリスのセシル・ブートフラワー司教は日本を弁護したわけではないが、「大砲もそうでないように、爆撃機はもっと識別不能である。まして、高所に狙いを定める効果的な対空砲があるにおいておや」と『タイムズ』(一九三七年十月十一日付)に投稿している。

続けてスティムソンは、我々アメリカ国民がなすべきことは何かと問いかける。「アジアで起こっている争いにアメリカが軍隊を派遣して参加するようなことは考えてはいけない」。益より害が多い。重要なことは「日本の侵略は、わが国と、世界のもう一つの偉大な民主主義国家であるイギリス連邦の人々の努力によって、積極的に援助されている」。日本は「あらゆる種類の兵器を製造する十分な設備がある一方で、その製造を行うための原材料が極めて不足しているのである。この点で、日本は極めて脆弱である。日本はその名に値する石油の供給を持っていない。ゴムの供給は皆無に等しい。鉄鉱石はほとんどなく、平時でも使用量の七分の一程度であり、綿花はほとんどない」「これらの極めて重要な商品の供給を、ごく少数の国から購入していることで、圧倒的に主要な売り手はイギリスと我々である」「日本の主要輸出品のひとつに生糸がある。これは日本帝国の最も一般的に分布している作物の一つで、生糸の生産は事実上すべての農民の家庭や農場で行われている。そのうち一九三五年には米国が八五%、一九三六年の最初の六か月間は八一%を購入し、残りはほぼすべて英国が購入している。こうして得た外貨で、日本は、先に述べたように、銃の原材料を我々から購入している」。我々は中国の虐殺に参加している。これを「阻止するための簡単な国際協力の手段を考案することができないのだろうか。私はそうは思わない。それは、私たちに深刻な危険をもたらすことなく、効果的に行うことができると信じている」とスティムソンは述べるのである。つまり日本に対する禁輸である。

彼はこの「手紙を書いた後、大統領のシカゴ演説があった。私は、大統領のこの指導的行為が、この危機に直面し、その責任を遂行する上で、米国の勇気の新たな誕生につながることを期待するものである」と締めくくる。十月六日の日付があり、現大統領との連携ではないとしているが、果たして本当はどうだったのだろうか。

ルーズベルトはシカゴ演説の反響次第では、日本を侵略者であることを決定し、戦争物資を含めた禁輸をやろうとしたのではないか。しかし演説への批判が意外に多かった。例のハミルトン・フィッシュも厳しく批判した。宣戦布告もなく、中立法は適用されなかった。民主党の有力上院議員エルバート・トーマスは、中立法の下では交戦国はどちらも平等に扱われなければならないが、公平な中立は物理的に不可能と論断した（『ワールド・アフェアーズ』一九三七年年十二月号）。パネー号事件から一か月後のギャラップ調査でも、中国から米人は撤退すべきとの論調が七〇％を占めた。

「日本の中国侵略に加担しないアメリカ委員会」

しかしスティムソンの提案は、親中派のアメリカ人宣教師や知識人を中心にして、その後大きな運動として展開していく。その背景には、首都南京の陥落、漢口移転、さらに奥地重慶への遷都に伴う支那事変の長期化という問題がある。海岸部から奥地に撤退する中国軍を追う日本軍はどうしても侵略軍にしか見えない。優勢な軍事力を生かして一方的に叩いているように見える。武藤章らの膺懲派の作戦は功を奏せず、彼らをして支那事変「拡大派」にしてしまった。長期化すれば、問題は軍事ではなく、政治問題と化す。

そんな情勢の一九三八年八月、「日本の中国侵略に加担しないアメリカ委員会」が活動を開始した。本部はニューヨークである。名誉会長はヘンリー・スティムソン、有力な会員に『アメラシア』編集長のフィリップ・ジャフェ、トーマス・ビッソン、ジョージ・フィッチなどという人物がいることに注目したい。

フィッチは長老派宣教師の息子で、一八八三年に中国の蘇州で生れた。素地として親中国的で、父親が朝鮮独立運動に関わっていたこともあり、彼は満洲事変の際の李奉昌（りほうしょう）の昭和天皇への爆弾投擲事件、上海虹口公園での爆弾テロに関係していたのである。事件後は南京に行き、そこでＹＭＣＡの事務局長をしていた。折も折、彼は日本軍の南京攻略戦に遭遇することになる。いわゆる南京安全地帯を作った欧米人の一人である。その後彼はアメリカに帰国して、日本軍の南京での残虐行為を撮影したというフィルムを持って全米各地を講演して回り、連邦議会の公聴会でも証言した。これによりワシントンの対日空気が相当悪化したと、一九三七年から米国大使館勤務の参事官となっていた須磨彌吉郎は述べている（『米国及米国人』）。

つまりこの委員会で、保守派（スティムソン）、左翼（ジャフェ、ビッソン）、反日活動家（フィッチ）が合体した形の反日運動体が結成せられたのである。早速、『日本の戦争責任におけるアメリカの役割』という八〇頁の小冊子が七万五〇〇〇部発行された。戦後の極東国際軍事裁判で使用されることになる「戦争責任（War Guilt）」がタイトルの一部となっていることに注意したい。極東裁判とはこの委員会の運動が勝利、結実したものと言えるだろう。

この冊子は序文に引き続き、スティムソンの『ニューヨーク・タイムズ』論説の一部を載せている。以下ビッソンも含めた様々な人物が持論を繰り広げているが、皆述べているところはスティムソンと趣旨は同じである。アメリカが日本に輸出し、日本から輸入している経済活動が日本の中国侵略を助けている。それを止めようではないかという提言である。講演会などの活動は、純粋にこの一点に絞っ

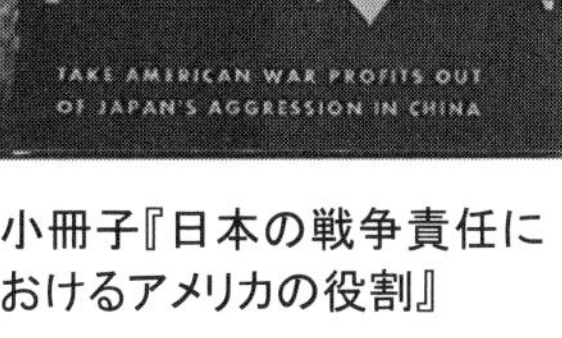

小冊子『日本の戦争責任におけるアメリカの役割』

て展開されている。日本軍の爆撃などにより、中国人や在中アメリカ人の財産や生命が脅かされているというのだが、一九三八年六月九日、河南省で中国軍が黄河を意図的に決壊させて、十万人もの自国民の犠牲者を出した大惨事などは全く出てこない。日本軍は作戦を中止して、被災民の救出に尽力していた。引用されているのは、広東爆撃を念頭にしたピットマン議員提案の、「民間人に対する非人道的な爆撃を無条件に非難することを記録する」（六月十六日）という上院決議である。日本の悪だけが強調されている。

七月一日、米政府は飛行機及びその部品の対日「道義的禁輸（moral embargo）」を適用してきた。超法規的措置（ニューヨーク・タイムズ）で、輸出業者に強制力があった。

この冊子に経済評論家のエリオット・ジェインウェイが「米国に依存する日本」という注目すべき論文を載せている。これに彼は満洲重工業総裁の鮎川義介がアメリカにやってくると述べている。「鮎川は、満洲の自動車工場と航空機工場に近代的で高速の標準化された設備を導入するには二年かかると述べている」「自動車生産のための機械はアメリカにしかない」「満洲国の開発で儲かるというセールストークで、アメリカの実業家が鮎川氏のために三億ドルを出してくれるなら、満洲開発計画の総費用のほぼ三分の一にあたる三億ドルをアメリカの機械で使おうと、間もなく鮎川氏はアメリカに来る」。

満洲を大工業国にする意欲で渡満した鮎川だったが、調査しても彼が期待した鉄鉱石や粘結炭は産業化できる規模ではなかった。しかし産業化は必要だ。そのための機械や設備はアメリカから調達しようと彼は考えたのだ。しかし渡米は外務当局の反対に遭って中止せざるを得なかった（「私の履歴書」）。

ここでも石原莞爾の理想とする満洲発展の構想は頓挫せざるを得なかったと言える。最終戦争の相手はアメリカである。そのアメリカの協力を得て日満を産業化し、最終的にアメリカと戦うなどは矛盾していないか。あるいは自給自足経済は可能だったのだろうか。「持てる国」になれたのだろうか。世界に幾つかあるブロック経済の勝者が彼の言う最終戦争の決勝戦に名乗りを上げるのだ。鮎川は農産物の豊富な満洲を大機械農法で開発することも考えた。しかし石原は日本農民の移民のことを考えてこれに反対したという。

キャッスルのルーズベルト批判

この時期、キャッスルは共和党全国委員会議長の補佐役という職にあったが、一九三八年七月二十九日にMBSラジオで演説をしている。ここでも彼は中立法の問題点を指摘しているが、大統領批判に重きを置いている。

この法律で「大統領は、政府の緊急な要請により、戦争が戦争であるか否かを決定する権限を与えられた。この権限は、それ自体が十分に危険なものであり、どちらかの側に有利になるように使われることがほとんどである。戦争中に必要と思われる物品を禁輸する権限も与えられた」。伊・エチオピア戦争では実質的にエチオピアに味方している。「米国政府のメンバーが公然と他国を攻撃すると、状況は危険になる」「大統領が日本を隔離するという脅しをかけると、日本政府は気分を害し、国民の排外主義的勢力は苛立つ」「これではただでさえ危険な国際情勢がさらに悪化してしまう」「最も深刻なのは、民主主義国家と独裁国家の間で最後の対決が行われるに違いないという、米国政府高官の繰り返しの発言だろう。このような発言は、世界的な戦争心理を助長し、やがては実際に戦争の勃発につながる可能性がある」と彼は警鐘を鳴らしている。

一九三八年三月にオーストリアを併合したドイツは、その余勢を駆るかのようにチェコ・ドイツ国境のドイツ系住民の多いズデーテン地方に目を向けた。そして英国チェンバレンの調停によるミュンヘン協定が九月二十九日に結ばれて、ズデーテンの割譲が決まった。ヒトラーはこの時、ウィルソン大統領が第一次大戦の講和会議に際して唱えた「民族自決」を逆手に取り、「これが民族自決だ」と高唱したのだった。

吉田茂はこの年の秋に駐英大使を辞めた。帰国にはアメリカ経由で四十日もかけている。悪化する一方の日米関係を憂いて、キャッスルとも会談しているに違いない。十月六日、米政府は、中国における門戸開放が日本によって妨げられていると日本に抗議した。日本は、揚子江流域における第三国商船の通行を故意に阻害する意思はないが、軍事上の作戦の妨げとなることや、中国軍が上流より盛んに流す浮流機雷の危険もあるため、通行を制限せざるを得ないと回答している。近衛首相が十一月三日、「東亜新秩序建設」の声明を為すと、十二月十五日、アメリカは当てつけるように、国民政府に二五〇〇万ドルの借款供与を発表した。

一九三九年年頭のルーズベルト大統領の教書の一節である。

「戦争を防ぐにはいろいろな方法があるが、わが国の国民の総意を侵略国の諸政府に分からせるためには単なる言葉ではないもっと強力で効果的な方法がある。我々が慎重に考えて中立法を制定した時には，中立法が公平に機能しない―侵略者を助けその犠牲者に援助を差し伸べない―かもしれないということを知っていた。我々は自己保存の本能に従って今後そのようなことを許してはならない」

一月二十三日、キャッスルは全米共和党女性クラブでの講演でこの教書を取り上げ、大統領は中立法を改正するつもりだろうと、以下のような意見を述べた。翌日のニューヨーク・タイムズに出た。

全く新しい法律の方がよりうまく描けるからと、彼（キャッスル）は改正ではなく廃止を提案した。「新しい法律では、いつでも、どんな状況でも、政府に明確な行動をとらせるような多くの規則や規制を設けるべきではありません。さらに、私たちが何をしようとしているのか分からなければ、各国は戦争に踏み切ることに慎重になるだろうというのも事実だ」「だから、我々の計画がどのようなものであるか、各国が知らないままの方が良いのです。現行の中立法の一部の規定や罰則は残してもよいが、すべての規定は国境を越えるなどの具体的な行為があった場合に有効とすべきである。これらの規則の運用を、気まぐれ、あるいは偏見、あるいは大統領の深い崇高な信念にまかせるべきではありません」と皮肉っている。

この年三月、ヒトラーはミュンヘン協定に違反してチェコ全土を併合した。しかし生存権（レーベンスラウム）のための自給自足経済（アウタルキー）を目指すなら、規模の拡大は必然だった。独仏国境にある石炭、鉄鉱石の産地であるアルザス・ロレーヌは当時、フランス領だった。石炭液化プラントは出来ていたが、油田はルーマニアにあった。

日米通商条約の破棄

ルーズベルトもハル長官も本音は中立法の完全廃止か、それでなければ侵略国に対してのみ武器禁輸を適用できる裁量権を望んでいた。五月二十七日、新中立法案の特徴はそれで、下院に提出されたが、孤立主義派の力も強く、通過しなかった。五月二十七日、再提出された修正法案は政権には不自由さは残ったが、キャッシュアンドキャリー条項に、武器以外の物品だけでなく、武器自体も含むことにしたことだった。交戦国双方への平等な武器輸出が可能になる。これは通過した。しかし七月十一日、上院では一票の差で審議延期となった。

するとピットマン上院外交委員長はすぐさま、外交委員会に「九か国条約違反国に対する貿易制限決議案」を提出すると宣言した。日本が対象である。三月二十日、政権の意をくむピットマンによって上院へ提出しようとした改正中立法案には、支那事変のような宣戦布告のない戦いにも、「戦争勃発より三十日以内に大統領は交戦当事国を指名せる布告を発する義務を有す」とあった。つまり彼らは最初から日本狙いで、中立法を改正しようとしていたのだ。

七月十四日、上院外交委員会で審議が始まったが、これは日米通商条約に違反するのではないかと疑義が出て、討論の末、国務省の研究に任すことになった。二十一日、ハル長官は次期議会に審議の延期を提案して了承された。しかし二十六日、いきなり日米通商航海条約の破棄通告がなされた。ルーズベルトの独断で、ハル長官に相談せず、上下両院外交委員会にも諮らなかった。キャッスルの危惧する大統領独裁の危険が表面化したのである。通告は半年後に効力を有することになる。つまりピットマンの提案は半年後に議会で審議される可能性があった。八月六日、ピットマンは日本の東亜新秩序建設は承認できないと声明した。大統領の宣言は好意的に受け止められ、この頃行なわれたギャラップ社が行った世論調査では、八二％の人が、日本にこれ以上の戦争物資を売らないことに賛成するとした。「日本の中国侵略に加担しないアメリカ委員会」の活動も功を奏していた。中国政府による対米宣伝費用も莫大なものであった。

当地で結核で亡くなることになる齋藤博の代わりに赴任していた堀内謙介大使は夏季休暇中でワシントンにおらず、条約の破棄通告を手交されたのは須磨参事官である。彼の残した記録を見ると、キャッスルの親日言論に安堵するものを感じていた様子が伺える。

この年八月、十数年フランスで暮らして帰国した楢橋渡弁護士は、外交官・澤田廉三の紹介で幣原喜重郎を訪ねた。満洲事変の最中に、政変と共に外務大臣職を辞した幣原喜重郎は、その後長らく公職から遠ざかっていた。幣原は楢橋に、日本をアフリカのダチョウに喩えて、以下のような話をした。（『ダイヤモンド臨時増刊　日本の内幕』昭和二十七年三月発行）

「アフリカではダチョウを捕まえるのに、ただドンドン追いかけていく。かなわないと思ったダチョウは砂の中に首を突っ込んで捕まってしまう。首を突っ込めば安心と思うところに愚かさがある」

「火のような熱情を込めて語られた」と楢橋は回想する。

第二次大戦の勃発

九月一日、ドイツはポーランドに侵攻し、これに対して英仏は対独宣戦を布告し、第二次大戦が始まることとなる。孤立派には不利な情況となる中で、九月二十五日、修正中立法案が上院に提出された。

キャッスルの見解は十月八日、ニューヨーク州ロチェスター・エピスコーパル教区の有力信徒や主教たちを前にした講演（翌日のニューヨーク・タイムズ記事）で知ることができる。

「キャッスル氏は今夜、もしアメリカがヨーロッパの紛争に『引きずり込まれたら』、戦争が終わった後には『ただの独裁国家になってしまう』と主張した」「戦争は『我々の問題ではない』と断言した。キャッスル氏は武器禁輸問題を『重要ではない』とし、ドイツ軍は武器や軍需品だけでなく、食料品や綿花の貨物にも魚雷攻撃をする可能性があると宣言した。

「我々が禁輸措置を取るにせよ、維持するにせよ、交戦国に商品を売るにせよ、通常の商業的信用を与えることを拒否するにせよ、アメリカの船を公海上で好きなように走らせるにせよ、安全な港に縛り付けるにせよ、もし我々がこの戦争やその他の戦争に巻き込まれるとしたら、それは国民が望んだからである」と続けた。

これは改訂中立法が成立すると見越しての、彼の精一杯の抗議であった。なお、後に彼と「アメリカ第一委員会」で一緒に活動するチャールズ・リンドバーグが十月十四日のラジオ演説で、「もし英仏がもがき苦しむドイツに手を差し伸べていたら、今度のような戦争は起こらなかっただろう」と発言していることに注目しておこう。十月二十九日に上院を通過し、制海権を持つ英国に有利なキャッシュアンドキャリー条項が付加された新中立法は十一月四日に成立した。西太平洋に制海権を持つ日本には、通商条約破棄で圧力をかける。

キャッスルの不気味な予言

十二月十四日、キャッスルは、ニューヨークのタウンホールからの中継・ＮＢＣ放送『「アメリカと日本』――禁輸かそれとも新たな条約か』という討論会に出席した。他の出席者は、ハリー・ヤーネル退役提督、ウォルター・ジャッドというメンバーである。ヤーネルは「日本の中国侵略に加担しないアメリカ委員会」の会員であり、ジャッドは医学博士で、医療宣教師として長く中国に滞在し、最近帰国したばかりだった。この日は十一月三十日にフィンランドに侵攻したソ連が国際聯盟から除名された日である。

当時の日中戦争の状況はヤーネルの発言を引用すると、「日本はあらゆる海岸と港、揚子江、上海から六百マイル上流の漢口の少し上までを占領し、支配下においています。また幾つかの鉄道を支配し、一つは上海から南京、一つは南京から天津、そして北支の鉄道です。北京とモンゴルに向う鉄道を支配下においていています。彼らの支配は占領した大都市から数マイル以上には広がっていません。その外側になると中国のゲリラの支配下になります。日本人は長城の南に約七〇万人おります。現在の死傷者は約一〇万人です。お金に換算すれば、約百二十億円以上かかっています」となる。ほぼ間違いないだろう。

ヤーネルも日本軍の残虐さと中国側の被害を遠慮なく主張しているが、ここではウォルター・ジャッドの対日批判に代表させておく。

彼も日本の軍事行動にかなり厳しく、「日本の中国侵略に加担しないアメリカ委員会」の論理に沿った批判を展開している。「我々の莫大な日本への援助に結果する中国の悲惨な結果は、我々にどういう意味があるのでしょうか」「ヨーロッパでの英仏の成功、ひいては大西洋におけるわが国の安全保障に、私たちができる唯一最大の貢献は、太平洋における日本への不可欠な支援を撤回することだろうと私は感じています」

「日本が新たな協定を守る意思があることが事前に保証されない限り、私たちは日本と新たな条約を締結することはできません」「民主主義国家の市民として私たちは、日本が条約に違反して中国への侵略を撤回しない場合、日本への戦争物資の販売と出荷を停止できるような法律を制定し、施行するよう、政府に一致協力して求めることができる」「日本の全計画に不可欠な戦争貿易を禁輸することは、確かにリスクがある。しかし、無敵の軍事・海軍・経済帝国を築こうとする日本の試みを支援し続けることは、はるかに重大なリスクがある」

こうした厳しい対日批判に対するキャッスルの主張を聞こう。話にあるグルー大使は夏季休暇をアメリカで過ごしており、当然キャッスルと懇談している。

「アメリカ国民は、日本の中国侵略を非難している。彼らの非難の多くは、政府が締結した条約の条件を守り、紛争の平和的調整が征服に取って代わるような世界を切望してのものです。もう一つの非難は、おそらく無知であることだ。私たちは、戦争を引き起こしたかもしれない挑発行為についてほとんど知らないのです。しかし、何よりも私たちが日本を非難するのは、私たちが感傷主義者で、中国を負け犬だと考えているからです。皆さんの中には、日露戦争の時、この国が激しく親日的であったことを忘れていない人もいることでしょう。なぜなら日本が負け犬だと思っていたからです。その時は、自国の利益が直接的に絡んでいなかったので、感傷的になる余裕もあった。今もそうです。今、私たちはアメリカ人として、どちらの側でもなく、現在と長い将来を考えなければなりません」

「米国が日本に物を売ることで、日本が戦争を続けることができたと言う人は、私にはナンセンスに思えることを言っています。武器売却の禁輸措置が廃止されて以来、日本と中国は、わが国の船を使わない限り、米国で欲しいものを買うことができます」「しかし、この七月、米国が日本との通商条約を破棄した時、十人中九人のアメリカ人が、これは日本が中国でやっていることを罰するためのものだと思った」

「条約が廃止通告され、その後グルー大使が東京に戻った際に、アメリカの現実を立派に、かつ抑制された形で説明したことで、日本人は事態の深刻さを認識することになりました。少なくとも、（中国での）アメリカの貿易や財産に対する妨害ははるかに少なくなっています。そして、日本が世界で一番望まないのは、伝統的な友人である米国との戦争であることを忘れないでください。私たちの日本に対する友情と、日本の私たちに対する友情は、多くの緊張に耐え、中国との友情と同じくらい堅固な伝統であることも覚えておいてください」

「中国を助けるという漠然とした理想を達成するために、この困難な時期に自分たちに眉をひそめるようなこと（条約破棄）をするほど、我々の考えは浅はかなのだろうか」「私たちは今、一つの条約から新しい条約への架け橋を築き、関係が激しく中断されることのないようにすべきです」

「禁輸措置は戦争的な措置であり、ほとんど三段論法に還元できる。大統領は『禁輸措置は効果がなければ意味がなく、効果があれば戦争を意味する』と言ったが、歴史的にはそのとおりである」「日本に対して禁輸措置をとったら、どうなるでしょうか」「絶望した日本は必ずどこかに助けを求め、ドイツに、そしてソビエトに向かうだろう」

そしてキャッスルは不気味な予言を述べる。

「貿易を禁じれば、戦争になる可能性が高いことを忘れないでください。資源が豊富なので、最終的には我々が勝つはずです。長い戦争になるでしょう。長い海戦で、何年もかかるでしょう。消耗戦になるでしょう。その目的は、ある民族全体を飢えさせることでしょう。それが終わったら、何になるのでしょう？　中国を助けるべきではありませんでした。なぜなら、そのような戦争は、中国の太平洋側の港を閉鎖し、西と北のソ連に国を明け渡すことを意味するからです。世界の価値観と標準の破壊を完成させるために、もう一つの戦争を起こすだけです」

この後、出演者と司会、観客の間に質疑応答の記録もあるのだが、それは略す。

ヤーネルの言う通り、日本軍は大都市と鉄道沿線を支配しているだけで、その他の地域はゲリラの跳梁に任せていた。北支のゲリラの中心は共産党である。討伐に行けば、逃げられ、撤退すると農村にソビエト区が作られる。中国は広く、治安維持は並大抵ではない。支那事変の長期化で日本軍は手を拱いていた訳ではない。膨大な軍事費は国家財政を圧迫し、インフレを始め、様々な弊害が出ていた。戦闘行動は収めるべきだったが、撤兵できたのか。長い期間の抗日運動の結果、通州事件など、在留日本人の犠牲者が少なくなかった。日本は中国側による治安維持を信用できなかった。支那事変停戦交渉は隠密裏に行われたが、その撤兵問題がネックになった。重慶に引っ込んだ国民政府を動かそうと様々な工作をしていたが、元々親日派である汪兆銘を引き出すことくらいしかできなかった。

しかしこれもキャッスルの言う「あの不幸な国の管理」の一環ではなかったか。

アメリカは十二月二十日、高純度航空ガソリン製造のためのプラントや特許権の輸出を制限した。アメリカのために弁じると、この措置はフィンランドに侵攻したソ連に対しても導入された。

一九四〇年一月二十六日、日米通商航海条約は失効した。二月のギャラップ社の世論調査では、日中戦争の日本の勝利を望む人は二％で、七七％は中国を支持し、未定は二一％だった。キャッスルは二月二十日、ボルチモアのジュニアリーグ（注　女性団体）の地元支部で講演して述べた。

「禁輸措置は、日本の中国での活動を妨げるものではなく、基本的に友好的な国を侮辱する結果になる。日本は破棄によって生じる問題に対応する準備ができていることを指摘した上で、禁輸措置がもたらす可能性のある結果について（キャッスルは）警告した。

一、日本が中国に対して正式に宣戦布告し、それによって中国の封鎖が合法化されること

二、日独ソの同盟

三、日独同盟による日本の東洋での英国に対する海軍の行動

四、日本政府による中国国内のアメリカ人の生命と財産に対する報復措置
五、アメリカによる年間二億四千万円以上のアメリカ製品を購入する顧客の損失」(『ジャパン・タイムズ』二月二十二日付)

アメリカが日本をして、ドイツやソ連側に押しやっているとするキャッスルの確信は揺るがなかった。

「日中戦争における中立性について」

続けて、キャッスルは『アメリカ政治社会科学アカデミー紀要』(一九四〇年七月)に「日中戦争における中立性について」という論文を寄稿している。この時期の彼の基本的な考えがまとまっているので、小見出しを含め、全文を紹介する。

国際的な紛争において政府が具体的な行動を起こす前に、少なくとも二つの具体的な問題に対する正しい答えを持っていることを確認する必要がある。それは次のようなものである。行動を起こす必要があると思われる状況を十分に理解しているか？　行動を起こした場合、意図した目的を達成できるか？

現在、極東の状況を示す明白な事実は次の通りである。日本は約三年前、北京の近くで起きた日本軍への些細な攻撃の報復として、中国との戦いを始めた。このように、局地的な戦いであったはずのものが、宣言されていない巨大な戦争になったのである。しかも、この戦争は、人道上の原則を無視して行われた。その結果、何百万人もの中国人と、何十万人もの日本人が亡くなった。終わりはまだ確実には見えない。この国の多くの人々は、中国の犠牲者に対して米国が罪を犯していると考えている。その理由は、彼らが言うように、米国は日本の飛行機を飛ばすための石油の大部分を日本に売っ

たからであり、爆弾にして空から落とした鉄屑の大部分を日本に売ったからであり、中国の兵士だけでなく一般の中国人も虐殺したからである。

◎一貫した見解

以上が状況である。事実に異論はないだろう。しかし、これらの事実の解釈に目を向け、それらを説明する遠因を得ようとする時、私たちはもう簡単なことではない。私たちは自分の計画を立てなければならず、それは理性を働かせることによってのみ、ある程度の成功を期待して行うことができることがわかる。自分に正直になれば、ほとんどの人が、これまでは情緒を使ってそれをやろうとしていたことを認めるだろう。それ自体は全く称賛に値するものだが、これらの情緒は日本が中国を侵略し、進撃してきた日本軍が非難されるべき行動をとったので、中国を守り、日本を懲らしめるのは我々の義務だと我々に教えている。

もしこの議論が有効であるならば、我々はフィンランドを守り、ロシア人を罰するべきだったし、ポーランドを守り、ドイツ人とロシア人の両方を罰するべきだったし、チェコスロバキアのために棍棒を持ち、ドイツ人、ポーランド人、ハンガリー人を罰するべきだった。つまり、一貫性を保とうとすれば、世界のどの地域で起きた紛争にも自分たちが巻き込まれることになり、特に小国や弱小国が虐げられている場合には、そのような状況になってしまうのである。今日の友人が明日の敵になるかもしれない。私は、世界の警察官というのは悲しいものだと思う。四方八方に干渉すれば、すぐに世界を敵に回すことになるだろう。

我々は日本人が中国に進出（moved into）したことは知っているが、我々は自分が思いたいように自分をだますので、その理由が単なる征服欲であるかは分からないのだ。日本の広報担当者が、「支那事変」は「東亜新秩序」を実現するために不可欠なステップだから起きたのだと言うと、私たちは嘲笑する。しかし、日本国民の大多数が真剣に、そして厳粛に信じていることを、理解できないものとして嘲笑する権利があるだろうか。

百年前、アメリカ軍がメキシコに進駐し、戦争の結果、ニューメキシコ、アリゾナ、カリフォルニアを占領した時、アメリカ国民の大多数は、我々が有益な仕事をしていると信じていた。しかし、そのやり方は、当時のアメリカ人から見ても、かなり冷酷で残酷なものだったようで、歴史の観点から見ると、何の輝きもない。しかし外国人には、大勢のアメリカ人の理想主義的な熱意を非難する権利はなく、現代の私たちには、大勢の日本人の同様に理想主義的な熱意を非難する権利はない。我々は、日本の「帝国主義」を非難するが、我々の友人や我々自身が同じようなことをしても、それを容認している。少なくとも私たちは、ある状況下での行為者の視点から、その状況を見ようとするべきである。我々がフィリピンを占領した時、日本はおそらく我々の美徳という主張を軽視したのだろう、しかし罰として貿易関係を断絶すると脅したわけではない。

◎我々の党派性の根拠

この国の人々は、その特色がどうであろうと、弱者にも味方したいという気持ちを持っている。日露戦争の際には、戦争の勃発には日本に責任があると考えながらも、声高に日本の味方をしたのも、そのような心情からであった。中国の数百万人はロシアの数百万人をはるかに上回るが、今日、中国は負け犬である。彼らは組織化されておらず、地方的な愛国心以上のものがないので、強烈な愛国心と見事な組織を持つ小さな日本が圧倒的に有利なのである。

我々が感情的に党派的になるもう一つの理由は、日本軍が無慈悲に進撃し、空から爆撃されて廃墟となった都市や、農民が家を追われたほとんど砂漠のような地域、南京を占領した時のように、日本軍が手に負えなくなって起きた残虐行為などの痕跡を残していることである。空からの爆撃ほど恐ろしいものはない。しかし、日本の中国での爆撃は、ドイツのポーランドでの爆撃よりも悪くなく、ロシアのフィンランドでの爆撃よりもはるかに少ないことを忘れてはならない。また、軍備削減を検討するためにジュネーブに毎年集まっていた国々が、この問題について合意に達することができなかったことも忘れてはならない。キリスト教を信仰する善良な国でさえ、人類のために自国の優位性を放棄する準備ができていないようである。

日本軍の規律の欠如については、長い目で見れば、中国よりも日本にとってはるかに深刻な問題であると思われる。日本兵の優れた資質の一つは、常に従順さ、秩序、祖国の大義への献身に自己を没頭させることであった。これは中国での戦いで失われてしまったようである。恐ろしいことに、兵士は自分の将校から規律を無視することを学んだのだ。このような士気の低下が続けば、日本は戦後、革命に直面することになり、自らの魂を失うことになるかもしれない。

最後に、日本が中国の領土と行政の保全を謳った九か国条約を破った以上、米国は条約の条件を維持するために、必要ならば戦わなければならないと言われている。国際的な取り決めが尊重されなければ、社会の構造が崩れてしまうことは厳かに指摘されている。しかし、この独特の条約では、条項の強制を保証するために署名国の中から一国も選ばれていないこと、条約の実態が原則の表明に過ぎず、強制の方法が示されていないことは指摘されていない。

◎統一行動は不可能

確かに、条約の原則を強制するために米国だけが選ばれる理由はない。この原則が強制されるとすれば、統一的な行動によってのみ可能であるが、今日の世界の状況では明らかに不可能である。この条約が破壊されたのは、日本が満洲を中国から奪い、おおよそ独立した国家にした時である。ヨーロッパで戦争が起こり、より重要な加盟国が実際に参戦しており、他の加盟国の海岸にも猛威を振るっている今、九か国条約の加盟国が行動を起こす可能性ははるかに低い。

共通の行動をとることができないという点については、アメリカの対日貿易禁止を最も熱心に主張している人の前で明らかにされた。彼は即座に反応し、少なくとも彼自身には肯定的に答えた。「他の国が何もできないのなら、アメリカがしなければならないことを君は理解していないのか?」このような質問に対して口先だけで答えるほど、悲惨なものはない。アメリカだけでなく、中国や日本も、私たちの直接行動によって大きな影響を受ける可能性がある。それは、ヨーロッパにおける戦争の全体的な流れを変えるかもしれない。したがって、大統領の言う「戦争にならない程度の行動」(訳注・六月八日発言)に限っても、否定的な回答をすべきだというのが大方の考えであろう。「中国人を助けたくないのか」という声がすぐに聞こえてくるが、これはまったく不当な声であることをこれから明らかにしていく。実際、日本との貿易を禁止する提案者は、日本を傷つけようとするあまり、むしろ中国を見失っているように見えることが多い。

◎禁輸措置の非有効性

日本との貿易を禁止しても米国を危険にさらさないのであれば、自然の友である英仏の戦争成功の可能性を損なわないのであれば、そのような禁輸措置が日中戦争を停止させるのであれば、日本の攻撃的な軍国主義の精神に終止符を打つのであれば、中国に完全に独立した民主的な国家として前進する機会を与えるのであれば、このような状況の下では、米国人の大多数が禁輸措置に賛成することは間違いない。残念ながら、禁輸措置がこれらのプラスの効果をもたらすと信じるに足る根拠はなく、また、アメリカやその同盟国に危険であると信ずるあらゆる理由がある。

ここでは、事実から理論や推測の領域に移っていることを忘れずに、まず肯定的な点から考えてみよう。軍需物資の販売を禁止しても、中国との戦争を止めることはできない。これは議論するにはあまりにも馬鹿げている。禁輸の危険があると思われてから、日本は怠けていたわけではない。メキシコやオランダ領東インドから必要な石油をすべて調達するための準備をしていることは間違いないだろう。私は、この話をしたある日本人に、メキシコの石油は盗まれた石油にならないかと念を押した。しかし、彼は、私たちが何もしていないのだから、日本が心配する必要はないだろうと言った。日本の鉄屑の在庫は、戦争をしばらく続けるのに十分だと言われているが、日本は戦争がいつまでも続くとは思っていないことを忘れてはならない。今のところ、我々は完成した軍需品も飛行機も売っていない。禁輸措置は間違いなく日本に不都合をもたらすだろう。しかし、それだけである。一方で、それはすべての日米貿易が何年にもわたって終了することを意味する。ほとんどの人は、私たちにとってこの貿易が英国とカナダとの貿易を上回るものであることを忘れている。それは常に中国との貿易の何倍もの規模である。貿易が停止されれば、日本で生糸を栽培している人たちは大変な苦しみを味わうことになるだろうが、それは綿花を栽培している私たちの国民にとっても同じことである。

つまり、日本に対する禁輸措置は、戦争にはほとんど影響しないが、あらゆる正常な関係を崩壊させるので、両国を疎遠にすることになる。それは日本を深く傷つけることになる。それは、日本の攻撃的な軍国主義の精神を破壊するものではない。それどころか、衰えつつある陸軍の力と威信を高めるのに役立つ。これらの主張が数学的に証明できないことは認めるが、人間の本性はよく知られているように、外部からの干渉に対する憤りを示すために、これまで以上に頑固になり、外部の人間を困らせるようなことを熱心に支持することがよくあるものである。

◎アメリカ人の考えの源流

禁輸措置をとれば、日本の軍国主義が弱まり、あるいは終焉を迎えると主張する人々は、概して中国に住んでいるか、中国に住んだことのあるアメリカ人であり、我々同様に日本の状況を見ることができないのである。しかし、中国在住のアメリカ人ビジネスマンの多くは、日本を刺激することは自分にとっても中国にとっても危険であると考えている。一方、日本に住むアメリカ人は、この図式の逆を見ている。彼らは、国民が軍隊に同情しなくなるにつれて、政府内の賞賛すべき文民派の力が徐々に大きくなっていると書き送り、アメリカが、様々な方法で静かに達成されている善意を破壊する国にならないようにと祈っている。

個人的には、中国人に何が起こるかについて中国に住んでいる観察者の意見に頼るべきであるのと同じように、私はこの措置やあの措置が日本人にどのような影響を与えるかについて、日本にいる観察者のほぼ全員一致の意見に頼りたいと思う。あなた方が思っている以上に多くのアメリカ人が、東洋で起こっていることについての考えを、すべて宣教師の情報源から得ている。私は、この立派な伝道者の集団に反対することはできないが、彼らが政治問題のアドバイザーになる場合は別である。日本にいるほとんどのアメリカ人宣教師の親日的な態度は、中国にいる宣教師の親中的な態度と同様に非現実的である。また、中国には日本の数倍の数の宣教師を派遣しており、アメリカ人の考えに対する彼らの影響は結果的にはるかに広範囲に及んでいることを忘れてはならない。

もし私の言ったことが真実であれば、私たちが日本に対して思い切った行動をとっても、中国が自由で民主的な国家として発展する可能性が高まるわけではないことがおわかりいただけると思う。蔣介石はボルシェビキではない。なぜなら彼は私有財産権を非常に強く信じているからである。蔣介石自身も金持ちで、妻も金持ちだが、現在はソ連に拘束されている。ソ連は彼に軍事物資を供給し、西安事件後は、モスクワと事実上の同盟を結ばせたに違いない。中国人は契約をあまり尊重しないので、自分の目的が達成されたならば、確実にその同盟を破棄するだろう。国務省にいた頃を振り返ってみると、我々のトラブルの多くは中国人からのものだった。しかし蔣介石は、中国を進歩させるだけでも、ソ連との同盟を破棄することはないだろう。あなた方の多くはこれを信じている。なぜならあなたたちは、合衆国に何年にも亙って押し寄せる、最も強力で最も効果的なプロパガンダにさらされてきているからだ。

◎日本人の美徳

日本人について、いくつかの事実を紹介しておこう。日本人は、外国人に対して控えめで、時には疑い深く、中国人と会う時ほど魅力的ではないが、外国のやり方に大きな関心を持ち、それを見習おうとしている。すでに多くの西洋の都市を建設し、西洋の方法を採用し、残念ながら西洋の服も着ている（彼らがあまりにも素直な生徒であったことが、世界から反感を買った主な理由の一つである）。彼らは、公衆衛生、保健衛生に関して最も進歩的な人々である。中国を周期的に衰退させてきた伝染病と戦うために、何百人もの医師、看護師、公衆衛生局員を育成している。日本の子供たちは、アメリカの子供たちと同様に、素晴らしく世話をされ、家族から愛されている。日本は何年も前に、外国人が日本人と同じように公平に扱われることを期待できるような優れた司法制度を発展させることによって、私たちや他の国々に治外法権を放棄させたが、中国では治外法権を維持することを余儀なくされている。それに反して、日本にいるアメリカ人ビジネスマンからそのような話を聞くことはないが、日本人は金融面では非常に誠実な国民である。もちろん、例外もある。日本にも不誠実な人間はいるのだ。

そして、もう一つ重要な事実がある。日本は中国の支配下にあった満洲を奪い取った。満洲は匪賊（bandit）に蹂躙された広大な土地で、膨大な資源がほとんど開発されておらず、人々は食うや食わずで、匪賊やその地域の軍閥であるスーパーバンディットの強欲さによってわずかな財産を失うことを常に恐れていた。日本の保護の下で準独立（quasi-independence）を果たした数年間で、満洲は繁栄と安全への道を大きく前進した。匪賊はほとんど壊滅したか、一掃された。人口は、中国からこの比較的安全な土地に国境を越えてきた何十万人もの中国人によって増加した。都市はきれいになった。世界でも有数の規模を誇る新しい医学部が建設され、朝鮮人や満洲人が病気と戦い、人々に生きる術を教えるための訓練を受けている。新国家を認めていない米国との間でも、中国とのつながりが切れたことで貿易額は三倍以上になっている。満洲国の住民の中で、現在の状況を過去の状況と交換したいと思う人がどれだけいるだろうか。これらは事実であり、プロパガンダよりも大切なことだと思うのである。少なくとも、心躍らないからといって、我々はそれらを撥ねつけるのではなく、考えるべきではないだろうか。

◎禁輸は戦争につながるかもしれない

ここで、「禁輸の危険性」について一言。もちろん、禁輸になったからといって、すぐに日本がアメリカに宣戦布告するわけではない。禁輸措置は事実上の戦争手段ではあるが、日本には我々と戦争をする余裕はないし、何よりも我々と戦争をしたくない。日本は私たちを友人として望んでいる。しかし、だからといって、我々が日本との戦争を必ずしも控えるべきであることを意味しない。もし許しがたい侮辱を受けたことに関連して、日本陸軍の内外を問わず、荒っぽい連中がアメリカの船舶を破壊し、それによってアメリカ人の生命、あるいは日本や故意に中国にいるアメリカ人の生命と財産を破壊するようなことがあれば、日本の宣言を待たずに戦争に突入する深刻な危険性はある。表向きは中国救済のために組織された様々な委員会が、その活動から判断すると、主に反日宣伝のために組織されているため、この可能性はさらに高くなっている。

日米戦争は、中国にとって何か役に立つのだろうか。戦争につながる禁輸措置、そして確実に戦争そのものは、即座に日本が中国の港を完全に閉鎖することになるだろう。中国と西欧諸国との間の連絡は事実上終わりを告げるだろう。我々はこれを防ぐために何もできない。閉鎖後の沈黙の壁の背後で、日本とソビエト・ロシアはそれぞれの勢力圏を確立し、やがて再び開港した時には、援助や保護を受けるべき独立した中国はもはや存在しないだろう。日本の領海内で攻撃するためには、艦隊の規模を二倍にしなければならないと海軍関係者は言っている。(ここでも、ジュネーブでも、ロンドンでも、延々と議論を続けてきたが、海軍の比率については、日本は全く理解できなかったことを、ここで補足しておく。アメリカが五対三の比率を求めたのは、日本を支配しようと考えたからではなく、守るべき二つの海岸を持っているので、同等の関係になりたかったのである)

これらのことから、日本との戦争には莫大な費用と長い時間がかかることになる。そしてその終わりに、どんな良いことがあるのだろうか? それは、それぞれが適切と思うように、自分で答えられる問題である。唯一確かなことは、戦争の対象となったであろう中国が、もはや独立した国家としては存在しないだろうということである。

◎ヨーロッパへの影響

我が国が思い切った行動を取ることの最大の危険性は、それによって日本が全体主義国の下に追いやられてしまう可能性があることだと思われる。これは、猛烈な反日煽動者を除いて、すべての人が認識している危険である。イギリスやフランス、日本に住むすべてのアメリカ人、そして中国の一部の人たちが、この危険性を強く認識している。私たちの国務省も認識している。日本に対する禁輸措置を宣言させようと躍起になっているのは、この国の推進派を除けば、ドイツ人だけである。ほんの数週間前、ドイツに長年住んでいて、今回は単なる出張で来たというアメリカ人がこう言った。「ドイツ政府は、アメリカが日本に対して禁輸措置をとることを切望している。なぜ彼らを待たせるのか」。

もちろんドイツ人は、日本が確実に自分たちの味方になることの意味を理解している。イギリスの艦隊を分割して一部を極東に移さない限り、イギリスにとっては、香港とシンガポールの即座の損失という結果となる。もしそうなれば、ヨーロッパではどうなるだろうか？　私は米国政府の一員ではないから、自由に言うことができる。私は聯合国がこの戦争に勝つことを望んでおり、聯合国の敵を助けるような行動には深く憤慨している。あなた方は日本への禁輸措置がこのような効果をもたらさないと言うことは可能である。私はそうでないと証明することはできないが、この状況を最も真剣に研究している人々は、その危険性が大きいと考えている。

今は、国際問題で実験をしている場合ではない。今日の大きな問題に対して情緒的なアプローチをしている場合ではない。我々は物事をよく考えなければならない。プロパガンダに踊らされて、結果が予測できない行動に出ることは避けなければならない。結論を急ぎ、その結論を、確実に人を怒らせ、将来の我々の手を縛るような方法で表現してはならない。

◎不承認

例えば、南京で発足した汪兆銘政権の場合を考えてみよう。国務省がすぐに不承認の声明を出したのは、世界的に見ても道理がなかった。もちろん、アメリカ政府が承認しなかったことは正しいが、なぜそのようなことを言うのか。我々は蔣介石政権を承認して久しい。蔣介石政権が中国国民のかなりの部分に支持されているにもかかわらず、承認を撤回することは、最も非友好的であるばかりか、国際法にも反するだろう。しかし、中国には大きな国民感情はなく、大多数の中国国民はその地方で愛国心を持っているに過ぎないことを忘れてはならない。彼らが求めているのは、平和と安全、そして生活に必要なものである。彼らは、アメリカのように蔣介石を理想としているわけではなく、汪氏の下でこれらの利益を確保するより良いチャンスがあると思えば、おそらく後悔の言葉もなく蔣介石を捨てるだろう。

もし、汪が、優れたキャリアを持ち、立派で進歩的な人物であるにもかかわらず、単なる操り人形であることを証明したり、他の軍閥と同様に自分のことしか考えていないことを証明したりすれば、彼の政権は長続きせず、我々は彼を認めなかったことを喜ぶことになるだろう。しかし、彼は今、中国の最も豊かな地域を含む広大な地域の支配者であることを忘れてはならない。もし彼の政府が初めに上手くいき、日本軍が徐々に撤退し、長江流域に新たな平和と繁栄が訪れるならば、特に汪と蔣介石が平和のために団結するならば、中国人は南京に大挙して押し寄せ、我々がどんなに不平を言っても、それが中国の政府となるだろう。

しかし、すでにあなた方のほとんどは、汪兆銘の政府を見くびることにしている。なぜか？新聞の見出しに「傀儡政権」と書かれているからだ。あなた方は、意味を分析しようとすることなく、このフレーズを受け入れる。汪兆銘は裏切者だと言われていますね。しかし「裏切者」という言葉の定義は何だと思いますか？　もしある国の国民が、国家元首がその国を破滅に導いていると深く信じているならば、国家元首を変えようとすれば、その人は必然的に裏切者になりますね？　共和党と一部の民主党は、アメリカ政府の現在の行動に不満を持っており、まもなくルーズベルト氏を交代させようとしていると聞いている。彼ら全員を裏切者と呼ぶのはかなり思い切ったことだと思う。これは誇張された不正確な説明であり、怒らせるためだけに使われている。

革命があったとしても、それは今年の中国では起こっていないが、勝者は一般的に愛国者とみなされ、敗者はしばしば裏切者と呼ばれることを認めるだけのシニカルさがなければならない。汪兆銘は共産主義を嫌い、蔣介石がソ連に支配されていると考えている。彼が蔣介石と決別したのは、西安事件の後である。彼は、中国がモスクワの指導下にある国家になるよりも、日本と折り合いをつけた方が良いと考えており、それが彼には遠方に見えていたのである。だからといって、彼が裏切者というわけではないし、必ずしもプロパガンダの言葉のように「売国奴」というわけでもない。むしろ、汪は日本との間で厳しい交渉をしたのではないかと思われる。もし彼が従順だったなら、とっくに就任していただろう。（訳注　汪兆銘は「代理主席」に就任している）

国務省が新政府を承認しないという厳しい言葉を発したように、東洋人のモラルを西洋の基準で判断することは非現実的である。時間が経てば、私たちは自分の考えを改めなければならないかもしれないし、米国政府は自分の言葉を撤回しなければならないかもしれない。私は完全に独立した中国を見たいと思っているが、もし中国が外国の影響下に置かれなければならないのであれば、アメリカ人の私はモスクワよりも東京を選ぶだろう。

◎アメリカの視点

多くの人は、このようなことを言うと、私は親日家だと言うだろう。しかし、それは間違いである。私は、あくまでもアメリカ人として、この国にとって何が一番良いかを考えながら、この状況を見ようとしている。私は、アメリカ政府が国際的なおせっかいをするようになるのを見たくない。私たちは、非難するよりも親しみをもって世界に貢献することができる。私たちは、苦しんでいる中国の人々や、増え続ける海外の人々を助けるために、お金と時間と労力を提供することができるし、そうすべきである。しかし、これは中国人の欠点を無視し、日本人を真実よりも黒く描くことを意味するものではない。

日本は、その欠点や過激さ、過信があったとしても、極東で最も進歩的な国であり、世界の未来に大きな役割を果たすに違いないことを認めなければならない。我々は、理解ある友好関係を通じてのみ、我々が重要かつ正しいと信じる路線に沿って日本に影響を与えることができる。私たちは今、平和と善意の力になるように努力しなければならない。軍隊の思うつぼにはまってはいけない。戦争が終わった時に、「アメリカが邪魔をしなければ、我々は圧倒的に勝てたはずだ」と彼らに言う機会を与えてはいけない。我々が禁輪をすれば、もっともなことかもしれないが、それは真実ではない。日本国民全体を敵に回すことになるだろう。懲罰的ではなく、むしろ建設的でありたい。それが私たちのキリスト教の最良の解釈である。

「表向きは中国救済のために組織された様々な委員会が、その活動から判断すると、主に反日宣伝のために組織されている」というのは、「日本の中国侵略に加担しないアメリカ委員会」などを念頭に入れており、この論文はそういう団体への反論である。アメリカの禁輪措置を喜ぶのはドイツという皮肉も効いている。禁輪の危険が高まり、日本が石油を蘭領東インドから平和的に安定調達する交渉をしているのを、四月十七日、ハル長官は武力手段を暗示する現状変更はよろしくないと記者会見で述べた。これまた日本には不愉快な発言だった。

満洲国の評価も高い。汪兆銘政権が「初めに上手くいき、日本軍が徐々に撤退し、長江流域に新たな平和と繁栄が訪れるならば、特に汪と蔣介石が平和のために団結するならば、中国人は南京に大挙して押し寄せ」ることを期待しているのは、共産政権ができるのを危惧しているからだろう。だから彼は「もし中国が外国の影響下に置かれなければならないのであれば、アメリカ人の私はモスクワよりも東京を選ぶだろう」と述べるのだ。

「衰えつつある陸軍の力と威信」「政府内の賞賛すべき文民派の力が徐々に大きくなっていると書き送り」というのはどういう情報なのだろうか。グルー大使とは密接な連絡を保っていたはずだが、『滞日十年』にはそれらしき記述はない。いわゆる南京虐殺の理解も情報が限られている以上、この程度のものであろう。

執筆と講演に全力を尽くす

三月三十日、汪兆銘の国民政府が南京に発足したが、アメリカは不承認を宣言した。五月にドイツのフランスへの電撃侵攻があり、六月にイタリアがドイツ側に立って参戦し、七月一日にはフランスにヴィシー政権が樹立した。その翌日、アメリカでは「国防強化促進法」が成立した。これは大統領に国防上必要な軍需品関係の物品の無制限の輸出統制権を付与していた。七月十日、ヘンリー・スティムソンが陸軍長官に任命された。七月二十六日、アメリカは対日航空ガソリンの事実上の禁輸を発表した。仏印に関心を示す日本への牽制である。前年八月に聯合艦隊司令長官となり、訓練の成果に自信を持っていた山本五十六が、艦隊参謀長の福留繁に航空機によるハワイ攻撃のアイデアを語ったのはこの頃のようだ。八月、野村吉三郎は松岡洋右外務大臣から、米国大使として赴任するよう要請された。大統領との旧友関係を勘案されたのである。松岡も日米関係の悪化を憂いている。

九月十二日、グルー大使はいわゆる「青信号電報」で、対日融和姿勢の転換を苦渋に満ちた文章で、ハル長官に告白、進言した。九月二十二日、日本は「援蔣ルート」を断つために北部仏印に進駐した。すかさずアメリカは九月二十六日、十月十六日から鉄、鉄屑の輸出が許可制になると発表した。これが仏印進駐へのアメリカの回答であった。さらに十月三日、米国政府は極東在住の米国市民にアメリカに引揚げるよう勧告した。日本政府はこれをアメリカの脅しとして受け取っただろう。

トーマス・ビッソンが五月十五日に執筆したという「アメリカの貿易と日本の侵略」という論文が、『アメリカ政治社会科学アカデミー紀要』（一九四〇年九月）に出た。キャッスル執筆号の次号である。内容は「加担しないアメリカ委員会」の主張を、統計資料を以て根拠付けたもので目新しさはない。結論は

「日本は約三年間、米国の圧倒的な物的支援を受けながら、中国に対する侵略的、破壊的な攻撃に従事してきた。ドイツの侵略を止めろという声に耳を傾ける前に、日本の侵略への支援を撤回するのがよいかもしれない」。彼の願い通りに政府は動いている。

キャッスルは『アトランティック』十月号に「日本のためのアジアモンロー主義」なる、ユニークな論考を載せている。ドイツの電撃侵攻が成功してしまうと英仏の東アジア植民地を併合する可能性があり、そうなると日本のアジア人のためのアジアは成立しない。アメリカは自己の利益のためにも日本のモンロー主義を支持すべきだというのである。

九月二十七日、日独伊三国同盟が結ばれたが、キャッスルにとっては予想通りのアメリカの失策だった。アメリカが日本をドイツに押しやったのだ。しかしルーズベルト政権は蔣介石に、九月に二五〇〇万ドル、十二月に一億ドルの借款を供与する。

十一月十六日、キャッスルはニューヨーク・ポスト紙後援のアメリカンフォーラムで、日本への対応における、あからさまな敵意についてアメリカに警告した。

日本との戦争はアメリカだけでなくイギリスも傷つけるだろう、彼は結果を認識しないで日本への敵意を唱えるアメリカ人を鋭く批判した。

キャッスルは質問に「力で日本を止められるのでしょうか？」と悲観的に答え、そうすることはアメリカの極東での未来の貿易が台無しになることだと述べた。日本は経済的なリーダーシップを確立し、アジアすべてをまとめるために中国と戦っていると力説した。「我々は日本が極東で一番高度に工業化され、最も進歩した国だと認めなければなりません」。それゆえそこで最も経済的な指導権を得るだろう。一方でアメリカの極東に関係する唯一の利益は、厳密に言えば貿易である。そしてアメリカ人が忘れやすいように思えるのは、アメリカの最も重要な貿易が日本とのものだということである。

もしアメリカが日本と戦争に入るならば、日本との貿易を失うだけでなく、その敵意は多分東洋のどこにおいても貿易の機会を減少させることになるだろう。日本がアメリカの綿花の唯一最大のバイヤーであり続ける。アメリカは急激に最後のお客様を疎遠にしようとしている。それはちょうど、中国人よりも南の国の人々の苦しみには、はるかに関心がないと言っているようなものだ。

東洋の問題に引きずり込もうと提唱する人々は二つのカテゴリーに分けられる。一つはフィリピンを護りたい人々、一つは九か国条約に基づいて中国を助けたい人々である。その条約は中国を護る義務をアメリカに負わせてはいない、他の条約国と協議するのみである。

「もし我々が極東で戦争に引きずり込まれるなら、我々はイギリスを助けることができなくなるだろう」と彼は結論として言った。「イギリスはこの事実を理解し、日米の衝突を恐れている。世界のどの国にも利益にならないからです」と。

十二月三日、キャッスルはついに、外交政策協会の講演に呼ばれた。ビッソンの牙城である。「極東におけるアメリカの責任とは何か」が講演のタイトルである。既にルーズベルトの大統領三選は決まっていた。

むろん日米戦争の不可を論じたのだが、仏印進駐と三国同盟問題に関するキャッスルの意見を聞いてみよう。まず仏印進駐について。

「ドイツに支配されていると思われた政府が管理する領土を、なぜ急いで救う必要があるのか？　また、インドシナはフランス人が純粋に帝国主義的に占領したものであり、数百万人の先住民が数百人のフランス人に搾取されていることも忘れてはならない。この事実は、日本を免責するものではないが、私たちの側があまり興奮することを正当化するものでもない」

三国同盟締結について、反省すべきはアメリカである。

「ダイス委員会（非米活動委員会・一九三八年設立）は最近、ナチスの第五列コラムニストがわが国で日本に対する反感を抱かせるために最善を尽くしていると指摘しているし、私は、日本にいるドイツのエージェントが日本人にアメリカを嫌わせるためにあらゆる努力をしているという公式報告書を見たことがある」

スティムソンを任命した大統領は日本の敵となる。

「日本人はスティムソン氏をアメリカにおける最大の敵と考えており、彼が陸軍長官に任命された時は大騒ぎになった。誰にも無関係に、大統領は自分の好きな人を任命する権利がある。私がこの話をしたのは、日本人がこの任命をアメリカの敵意の最終的な証明と考えたからだ」「我々は日本との旧来の友好関係を再構築しようとする代わりに、頻繁にピンを刺す政策を採用しているようだ」

講演が終われば、質疑応答がある。多分ビッソンも聴衆の中にいたと思うが、どのような応酬があったかは分からない。この日はピッツバーグ、翌日はシンシナティで、キャッスルは「アメリカ・ファースト」という演題で演説をしている。

この年九月、アメリカを第二次大戦に参戦させまいとする「アメリカ第一委員会」（America First Committee）が発足していたのだ。キャッスルはこれに加盟した。政治家、軍人を含み、最大時で八〇万人の会員がいた。会員の多くは欧州問題に関心があった。キャッスルもそうだが、彼の主要な関心は日米関係だった。アメリカは日本と戦争してはならないのである。キャッスルは十二月十一日にワシントン支部を作る。この時には野村が駐米大使になることは決まっていた。堀内大使は既に召還されていた。

三選を決めたルーズベルトは、十二月二十九日、炉辺談話で「民主主義の兵器庫」発言をした。ドイツと戦うイギリスを、そして部分的には日本と戦う中国を軍事的に支援することを表明したが、自らは参戦しない。そのために作られたのが「レンドリース（武器貸与）」法案だった。

翌一九四一年一月二十四日、キャッスルはこの法案を巡る下院の外務委員会の公聴会に呼ばれて発言している。「レンドリース法案が可決されれば、世界大戦の方向性は、ヒトラー総統は全体主義勢力を、ルーズベルト大統領は民主主義勢力を指揮するという、対立する二人の独裁者の手に委ねられることになる」。大統領は「この『民主主義の兵器庫』と呼ぶべき場所から流れ出る物資を管理することによって、彼は英国と米国のすべての軍事問題で最高位に立つだろう。国内では議会は無力となり、英国では感謝よりもむしろ恐怖が英国政府を米国大統領の足元に向かわせるだろう」。自分は日本がアメリカに挑戦するとは考えない。親善関係を維持することが両国繁栄の基礎だからだ。しかしわが国はいたずらに日本を刺激して三国同盟に追いやった。万一、米独が開戦することになれば、日米が戦うことになるかもしれない。その際、フィリピンは取られるかもしれないが、それ以上にはならないだろう。

議会での発言が反撥を呼んだのか、二月三日付『ニューヨーク・ポスト』で、キャッスルのワシントンの自宅が政府転覆の地下司令部となったと報じられた。

「ワシントンを訪ね、融和政策の指導的な提唱者のところに行ってみる。そのダイニングルームと書斎は多くの非公式な会合の現場で、そこではルーズベルト政権の外交政策に反対するゲリラ戦の広範な戦略と具体的な戦術が討議されている」

キャッスルは中傷記事を笑って無視した。

レンドリース法案の提出まで行ったので、やるべき活動は終わったとみなしたのだろう、「日本の中国侵略に加担しないアメリカ委員会」が活動を終えたのはこの年二月だった。

野村大使がワシントンに到着したのは二月十一日で、翌日ハル国務長官に着任挨拶をしている。キャッスルは期待と不安が交錯した思いだったろう。

ちょうど一年前の講演で、対日禁輸は「日独ソの同盟」となるかもしれないというキャッスルの予想が現実になりかねない動きが三月にあった。松岡外相の独伊ソ歴訪である。結局、日ソ中立条約が結ばれたのだが、キャッスルには、アメリカの圧力を逃れんとする奇怪な行動と理解されていただろう。

レンドリース法は上下院を通過し、三月十一日、ルーズベルトは法案に署名した。早速これが対英、対国民政府に適用されることになる。

破局に向けて

三月一日、東條英機陸相と対立関係にあった石原莞爾は、師団長職を最後に退役の憂き目に遭った。石原は「退役挨拶」なる印刷物を知人友人に郵送したが、そこには以下のような、軍人の政治干与を戒める文言があった。

「自由主義政党の没落により軍に政治的負担のかかって来たのは真に止むなき時の勢でありました。然し一日も速かに軍は其の本然の任務に専念し得るようにならねば遂に（軍人）勅諭の御精神に反き奉る大逆に陥り、当然の結果として軍内の不統一を来たし国運を危からしむるに至るべきことを恐れ心安らかなるを得ないのであります」

しかし政務を返還すべき相手はどこにいたのだろうか。

最初の野村・ハル会談は三月八日で、野村はハルに日本の中国に求めるものは武力支配でなく、「善隣関係」「経済提携」「防共協定」であると述べた。この防共協定が重要で、野村は中国共産党が中国西北部で既に成功しつつあると述べている。この共産党対策がこの時期の日本軍の最大関心事だったのだが、ハルは全く関心を示さなかった。小林秀雄の言う「便秘」状態、堂々巡りのまま九か月間、全く進展がなかった日米交渉をこの視点から考察してみよう。

ヤーネルが指摘していた一九三九年末当時の北支那方面軍は、ようやく共産ゲリラ掃討の必要性を認識し始めたところだったが、なおそれに本腰は入っていなかった。それまでは目に見える国民党軍が敵の主力と考えていたのである。一九四〇年八月、中共軍の大部隊が北支の日本軍の各部隊を総攻撃して、大きな被害が出て初めてその深刻さを理解したのだった。いわゆる「百団大戦」である。

日本軍はこの体験から共産党認識を改め、掃共作戦に本腰を入れた。難解な共産党の暗号も解読して、治安対策が段違いに良くなり始めていた（「北支における治安戦」森松俊夫）。日米交渉中はそういう段階だった。治安が良くなり、経済建設が進めば、政治も安定する。それまでは駐兵は必要だ。しかし、野村が付けていた日記（六月三日、二十二日）によれば、ハルは全く日本側の考えを理解していない。

「彼（ハル）は『反コミンテルン』駐留に関する過去の見解を繰り返しながら、それが日本政府の柔軟性に欠ける政策であることを説明し」「反コミンテルンの駐留は、アメリカにとって厄介な問題で、外国に軍隊を駐留させないというアメリカの原則に反している」と頑固にこの主張を繰り返した。野村も内蒙と北支の駐兵は最低限の要求だと主張した。ハルに蔣介石との仲立ちをしてくれれば、その交渉もやると野村は述べた。しかしハルは動かない。某閣僚は野村に「一番の難点は防共駐兵だ」と述べた。十一月二十六日のいわゆる「ハル・ノート」には、汪兆銘政権の否認、三国同盟の解消と共に、この中国からの撤兵が要求されていた。即時撤兵ではなかったが、『防共駐兵』は汪兆銘政府と合意した協定だから、即時撤兵と同じ意味を生じよう。いずれも主権国家に自らの意志通りに動けと強引に命令するものだった。日本のプライドが許さない。ハルにとっては〝常識〟の範疇だった（『ハル回顧録』）が、後にハル・ノートの内容を知ったR・クレーギー駐日英大使さえ、「甚だしく日本の国民感情を無視するもの」と加瀬俊一秘書官に述べている（『時代の一面』）。

しかし結局、日本に対米開戦を決意させたのは、キャッスルが最も恐れていた経済圧迫である。アメリカの輸出禁止という一連の打撃はついに石油（全輸入量の八割）にまで至るという危機感から、日本は近くにある蘭印（インドネシア）からの調達を考え、一九四〇年九月から交渉を開始したが、うまくいかず翌年六月、事実上の決裂となった。石油が欲しい日本はほぼ同時に、蘭印に接近する南部仏印進駐を計画し、七月二日、御前会議で「情勢の推移に伴ふ帝国国策要綱」を決定して、南部仏印への進駐に関して「自存自衛上」「対英米戦を辞せず」とした。七月二十四日、南部仏印進駐開始、二日後アメリカによる日本資産凍結、八月一日、石油全面禁輸という流れとなる。アメリカは決して妥協しない。ここにおいて日米戦争は決定的になっていた。

ハル・ノートは最後の踏ん切りをつけさせるものでしかなかった。聯合艦隊が千島の単冠湾（ひとかっぷ）をハワイに向けて出撃した日が、ハル・ノート受領の日なのだ。開戦の詔書には「東亜永遠の平和を確立し」と謳われているが、まさにここで欧米帝国主義を排撃し、アジアの植民地解放を国家として高らかに宣言したのである。詔書は謹厳極まる文体だが、ルーズベルトの隔離演説に反撥した河相情報部長の覚書を宣戦布告文にしてもよかっただろう。

キャッスルは五月に体を悪くして床に就いた。六十歳を過ぎた体に連日の激務が祟ったのだ。回復したのは十一月だが、野村とは定期的に自宅で会っていたようだ。十月十四日の野村日記には、「キャッスルによれば、フーバーは、独ソ別個の講和の情報を入手しているらしく、ドイツがイギリスに甘い条件を提示すれば、意外に早く講和が成立するかもしれないとの意見である」とある。キャッスルもフーバーも、ドイツよりソ連が危険であると認識している。しかし、そのソ連にルーズベルト政権は武器貸与法を適用して援助し始めた。六月二十二日から独ソ間が戦争状態になったからだが、二人はなぜ貸与法を適用するのかと疑っていただろう。

ハルの頑固さの背後には、親中派のホーンベックが顧問として付いていたことにも原因がある。一九三七年に極東部長を辞めたホーンベックは、引き続き国務長官顧問として勤務を続けた。事実上、極東部に院政を敷いた。石油禁輸後、近衛首相がしきりに求めた日米首脳会談に執拗に反対したのもホーンベックだった。ハル・ノート提出の翌日にも、彼は戦争にならない、日本は屈服すると断言していた。しかも彼の部下には戦後になってソ連スパイだったことが暴露されるアルジャー・ヒスがいた。「防共駐兵」反対には、ヒスの意見が働いた可能性もある。付記すれば、東郷外相は「防共駐兵」を認めないなら、中国が領土と見なすモンゴルに駐兵するソ連に抗議しないのはなぜだと、グルー大使にアメリカのダブルスタンダードを問い詰めていた。

ハル・ノート受領の日の野村日記には、「私の見るところ、この交渉の決裂は必ずしも日米戦争をもたらすものではないが、英米軍の蘭印進駐が予想されるので、いずれわが方の攻撃により、日英米の衝突が起こるであろう」とある。野村はすぐさま戦争と思っていない。キャッスルとは以下のような会話があったという（前掲『ダイヤモンド日本の内幕』）。

「話は駄目だ。俺は帰る。グルーも帰るだろう。併しお前の国が、東京へ討入って来るとは思わんし、また、俺の国の方も、サンフランシスコに討入るとは思わんから、結局は、お互いに仲間外れで、当分口を聞かんと云う事になるだろう。けれども、また数年経ったら、くたびれて来て、話合う様になるに違いない」と話して来た。キャッスルも合槌を打っていた。

キャッスルなんかも、楽観的な気分を持っておった。戦争の始まった日の朝に、ニューヨークヘラルドトリビューンか何かに『日米戦うべからず』という論文を寄稿していた程だった。

僕と話した折も『お前の国は、ホノルルにやって来はせんか、アドミラルどう思う』と云うから『ホノルルまで来ると思わん』と答えておいた。彼も『そうだな』とうなづいていた。

しかし十一月二十五日には、大統領は十二月一日には日本に攻撃せられるだろうとスティムソンらに話しているし、ハル・ノート通告の翌日には、ハル長官は日米問題は陸軍と海軍に任せられたと発言してい

るのである」（『ルーズベルトの責任』チャールズ・ビーアド著）

真珠湾攻撃を知った時、キャッスルはまずハワイに住む親族の安否を考えた。それからフーバーに手紙を書いた。自分は、日本がアメリカ大陸に近いところを攻撃するとは夢にも思わなかった。他の多くの人と同じく、もし戦争が始まるとすれば、フィリピンか、蘭領東インドだと思っていた。そのような攻撃が米国を怖がらせるだろうと日本軍は感じたかもしれないが、そんなことを考えていたら馬鹿だ。日本の文民政府がそういう命令を出したくなかったにしても、許可した以上、彼らはその結果の償いをせねばならない、と。

フーバーもキャッスルに手紙を書いた。「君も私も知っていることだが、ガラガラヘビをピンで刺す一連の行為が、遂にこの国を咬ませたのだ。これも我々には自明だが、もし日本がこれらの貿易制限や挑発なしに進むのを許されていても、国内経済が原因で二年以内にひとりでに崩壊していただろう」。

両方とも十二月八日付の手紙である。

十二月七日の朝、ハワイでは、ホノルルの空を飛ぶ日本軍の飛行機に向って、「ジャップのくそったれ！」と叫ぶ十七歳の少年がいた。彼、ダニエル・イノウエは、戦後「州」に昇格したハワイの初代下院議員となる人物である。キャッスルが大使の時に東京で会い、好ましい印象を受けた日系青年たち、アメリカに忠誠を誓う日系人たちは続々と増えていた。ちなみにイノウエはアメリカ軍に志願し、ヨーロッパ戦線で戦う日系部隊、第四四二聯隊に配属され、片腕を失う重傷を負う。キャッスルの婿であるアランと同じように、アメリカの戦争の英雄となった。

一九一七（大正六）年に『支那ノ鉱山』（日本銀行調査局編）という本が刊行されている。これに、多分モンゴルの貴族と思われる人物が満洲の黒龍江省に油井を発見して、採掘会社を作ったという短い記事がある。その位置は東支鉄道の南で、現在の大慶油田の場所である。大慶油田の発見は第二次大戦が終了して十四年後とされている。実はそれ以前に発見されていたのである。ただこの油田は重質油で当時の技術では開発しにくく、放置されたのだろう。満洲国では血眼になって石油を探し、オイルシェールも開発しようとしていた。この本の記述は目に止まらなかったのだろうか。再発見していれば、開発しにくくても、石油は手元に豊富にあるという安心感から、対米戦争という冒険は仕掛けなかった可能性は高い。「持たざる国」の悲劇である。

真珠湾攻撃後の十二月十四日の野村大使の日記である。「今朝の新聞によると、リトヴィノフは昨日（土曜日）記者会見を行い、ソ連の政策に関する声明を発表した。記者の質問に対して、日本はソ連、イギリス、アメリカの共通の敵であるが、ソ連はヒトラーを殲滅することにエネルギーを集中し、この目的を達成するために少なくとも努力を緩めることはできないと述べたとされる」。ソ連が日本をはっきり敵と認識しているところが注目される。

十二月十六日の日記には、「真珠湾調査委員会が正式に設立される。（委員は五名。スタンレー提督、リーブス少将、マッコイ大将、マクナルニー准将、ロバーツ最高裁判事（委員長）の五名で構成されている）」とある。なぜおめおめと日本軍の攻撃を許したのか、警戒していなかったのかという国民の批判は囂々たるものだったからである。

野村たちが収容所に出発したのは二十九日である。

秘策はインド洋作戦

戦争は始まった。日本軍は瞬くうちに南方アジアを席巻していった。石原莞爾と親しい里見岸雄は、その勢いに感嘆すると石原に話した。昭和十七（一九四二）年正月のことである。しかし石原は「負けます」とはっきりと里見に言い、「鉄砲玉がない、アメリカは一万円で一万円の戦争をするが、日本は一〇〇円しかないのに一万円の戦争をしようとする。勝てっこありません」と憂鬱そうに述べた。大東亜戦争は彼が考える日米最終戦争ではなかった。

しかし祖国が負けるのを黙ってみていられるわけがない。秘策はなくはない。そうして一月三日、東亜聯盟会員の前で話したのがインド洋作戦の重要性、独伊との連携をなすことである。これは「世界最終戦争と大東亜戦争」として『東亜聯盟』（昭和十七年二月号）に載った。戦う相手に「米国」という言葉は全く出てこない。彼の主敵とする所は英国である、元々英本国は「持たざる国」で、天然資源は遠方の植民地経済に依存している。その連絡を断ち切る作戦である。敵側の一番の弱点を狙うのである。

これは偶然にも大本営の方針と合致していた。昭和十六年十一月十五日にまとまっていた「対米英蘭蔣戦争終末促進に関する腹案」である。「腹案」の方針は速やかに米英蘭の東洋の根拠地を殲滅し、南方の資源地帯を確保して長期持久戦に堪えうる体制にし、独伊と提携してまず英国の屈服を図り、蔣政権の屈服を促し、米の戦争継続意志を喪失させることにあった。そのために必要なのがインド洋作戦である。

インド洋を通じて独伊と連絡する。ビルマやインドの独立を刺激する。同時にこの作戦はビルマ援蔣ルートの禁絶に結びつく。東條首相はこれを最善の案だと確信した。ただ真珠湾作戦は山本五十六のごり押しで決定しており、インド洋作戦はその後になる。そのためには、インド洋への関門であるシンガポールを攻略せねばならない。そして東條首相は十一月二十九日の重臣会議において、戦争方針を「まず英国と重慶の脱落を図ることだ」と述べていた。

東條首相は『東亜聯盟』誌を読んだらしい。同じ考えだと思ったのか、石原を呼び寄せた。首相官邸での会見は三月十四日だったが、性格の合わない二人は、会話が全く嚙み合わないで終わった。

二月十五日、前年四月にヒトラーが松岡に秘かに攻撃を要請したシンガポールが陥落した。チャーチルが恐れていた事態だ。四月初めの英海軍相手のインド洋海戦は日本の一方的勝利だったが、聯合艦隊は旋回し、また太平洋に戻った。

ちょうどその頃北アフリカでは、「砂漠の狐」ロンメル率いるドイツ戦車部隊が、リビアからイギリスの支配するエジプトに向かって進撃しようとしていた。

ロンメルがリビアのトリポリに上陸したのは一九四一年二月であった。それ以降、地中海沿岸リビアの東部（キレナイカ）の支配をめぐって押しつ押されつ、シーソーゲームの激しい戦いを英国軍と繰り広げていた。ロンメルはエジプトのカイロを目指していた。日本ではその状況を勘案して、独伊との連携を模索するあの「腹案」が作られたのである。

三月二十七日、ベルリンで軍事協定を結んだ日本側代表の野村直邦海軍中将は、クルト・フリッケ海軍作戦部長に呼び出された。

「現在の戦局の最も重要な攻防地点はスエズ、エジプト方面である。敵側の防備補給が完成しないうちに速やかな要地の占領を果たしたい。中近東へドイツが進出するためにも、エジプトを制圧しなければいけない。この独伊のエジプト侵攻に策応して、日本海軍もアフリカ東岸を北上する敵側の補給動脈を撃滅する作戦を実施してもらいたい」

野村はもっともと思い、本国に打電し、回答を待った。返事は四月七日、米海軍撃滅方針が優先し、インド洋作戦は積極的な案を計画中とのことであった。野村はこれではドイツ側は満足しまいと思った。

五月二十六日、ロンメルはトブルク西方七〇キロのガザラから進撃の火ぶたを切った。当初は膠着状態が続き、ロンメルもこれまでという危機に見舞われたが、六月十三日を境に局面が変わった。受け太刀になりながらも、ロンメルは英国軍の力を徐々に消耗させていたのだ。この日から総兵力に劣るロンメル軍団は神出鬼没の戦術で英国軍を翻弄した。弱点を見つけて攻撃し、英国軍を分断した。崩壊の危機に瀕した英国軍はエジプト国境に向かって総退却を始めた。

六月十四日、チャーチルは退却するなと電報を打った。しかし二十日、遂に英国のトブルク守備軍が降参した。

二十二日、フリッケ作戦部長は野村を呼び出し、「エジプト情勢の急迫が英米のアフリカ東岸北上による補給を増大させている。日本海軍のインド洋進出を切に望む！」とテーブルを叩きながら要望した。野村は急いで本国に打電した。

六月三十日、ロンメルの電撃的侵攻はカイロから二二〇〇キロ、アレキサンドリアから一〇〇キロのエルアラメインまで到達した。戦史家リデル・ハートは、恐怖にかられた英国艦隊がアレキサンドリア港からスエズ運河を通って紅海にまで退避したと述べる。

野村中将への本国からの返事は、要望に沿うよう努力する旨の返事が何度も続くのみで、ドイツ側を到底満足させるものとはなり得なかった。さすがのロンメルの進撃もここまでであった。アフリカ東岸経由の補給は英国軍の作戦能力を強大にした。アメリカの最新戦車Ｍ４シャーマンが投入された。満を持した英軍の反攻は十月からとなる。

日本のアフリカ東岸作戦は、六月初めの特殊潜航艇によるマダガスカルのディエゴ・スアレス軍港攻撃で終わってしまった。野村が、日本海軍はミッドウェーの戦いに敗れ、インド洋作戦どころでなくなっていたことを知るのは一九四三年四月のことである。福留繁軍令部長の命により、インド洋での潜水艦作戦が始まるのはこの年からだが、遅きに失した。

一九五一年、英国海軍大佐ラッセル・グレンフェルは、『主力艦隊シンガポールへ』を出版した。以下のことが書かれている。

「もし日本がセイロンを占領したら、思うがままに数えきれない害悪をなしえたであろう。イギリスや聯合軍の飛行機や軍艦の活動のために必要なペルシャ湾からのタンカーの動きを封じられる。イランを通ずるソ連への南方補充ラインを切断できる。インドからの海上運輸もできなくなる。最悪のことはもっとある。アフリカの東岸を中東に北上する主要なイギリスの補充ルートが遮断される。これによって人員、戦車、銃器、弾薬、トラックなど、砂漠の軍団に必要な膨大な物資が増援されていたのだ。日本海軍は簡単に攻撃できたのだ。もしそれがうまくいったら、地中海の海軍力も含めてわがイギリスの中東での地位は危うくなった。その交通遮断によって、砂漠のイギリス軍は蹂躙され、イラク、イラン、そしてインドへの陸路はドイツに自由にされる。スエズ運河は敵のシーレーンとなる。もし日本が西方に向ってインド洋の制海権を握れば、イギリスの戦争遂行力は破壊され、それは計り知れない破滅的なものになったであろう」

「腹案」から脱線して、本土から遥かに遠い太平洋で、国力、産業力において圧倒的なアメリカ相手に真正面から戦争を続ければ、横綱と十両の実力差がいずれは出てきて叩きのめされることになるのは必然だった。「資源が豊富なので、最終的には我々が勝つはずです」と述べたキャッスルの言う通りになったのだ。日本はアメリカ相手には防御に徹し、英国脱落後の引き分け勝負を狙うべきであった。これが石原の戦略だったろう。偶然のことだったが、第二次大戦が勃発した一九三九年の秋、米軍部はレインボウプランを作り、ルーズベルトの承認も得ていた。大西洋と太平洋の二正面作戦を避け、まずドイツを打倒する、日本は後回しという戦略である。日本はハワイまで行くこともなく、太平洋側は蘭印石油輸送を護ることに徹する程度でよかったのだ。またアメリカには、何故やすやすと真珠湾を攻撃されたのか、ルーズベルトは太平洋という「裏口から参戦」したかったのかという根強い疑惑が持たれていた。イギリスが脱落すれば、何のための戦争かという世論も生れたかもしれない。

チャーチルは「エルアラメインの前に勝利なく、エルアラメインの後に敗北なし」と豪語した。日本はこの勝敗に深く関わることができなかった。一九四三年以降のドイツと日本は、「持たざる国」のハンディを克服することができず、敗勢の道をたどるのである。

歓迎されないキャッスル

「日本から攻撃して来ない」と公聴会で宣言していたキャッスルは、開戦後の言論界から歓迎されなかった。フーバーとヒュー・ギブソンの共著、『永続する平和の諸問題』に詳細なアドバイスをしたり、秋の中間選挙に向けて共和党の戦略を考えることに力を入れていた。

日米交換船でのグルー大使やユージン・ドゥーマンらのワシントン到着は、一九四二年八月二十五日である。その頃キャッスルは、戦争情報局（ＯＷＩ）の企画で、対日宣伝放送をしないかと誘われた。五分間の連続ラジオ放送台本を書くのである。彼の日本での評判と文民派政治家、外交官とのつながりが評価されたのである。思いもしない提案で、キャッスルは喜んで引き受けた。効果はあるまいと思ったが、日本に早く戦争を止めてもらいたかったのである。

ラジオ放送は九月初めから始まった。十数本の台本が残っており、それには八月三十日にグルーが行なったＣＢＳ系列ラジオスピーチの内容も入っている。これは『滞日十年』（原書刊行 一九四四年）の最終部分に収録されているものだ。全体として戦前の親日家としての相貌よりも、宣戦布告前にハワイを攻撃したことを「背中を刺す」と表現したように、日本に厳しい姿勢が露わである。しかし聞いていた聴取者から「融和主義者」と批判された。放送はすぐさま中止された。「ＯＷＩの方針は全面的な日本非難を必要とする」という理由である。日本の良さも説く言論は表に出られなかった。市民権を持つ者を含め、一〇万人もの日系人が収容所に送られていた時代である。

ついでながら、グルーは帰国後、全米各地で講演を行なった。それをまとめて開戦一年後の十二月七日に『東京報告』として出版しているが、内容は十年間日本にいたとは思えないほど反日のバイアスがかかっている。日本大使館での部下、ジョン・エマーソンは「感情的な演説」と評している。卑劣な攻撃をした日本に対する憎悪感は強い。敵愾心あふれる姿勢でないと出版も難しかったのだろう。以下のようなグルーの言葉を引用しておこう。これは戦後の問題とも関わってくる。

「この戦争を惹起した日本軍閥の惨酷さ、残忍さ、暴虐さ、無慈悲と貪婪の醜悪な一面です。日本の軍隊、軍閥、軍制度は完全に粉砕されねばなりません」

戦時中における日本に関する代表的な論評として、コネチカット州の名門校、チョート・ローズマリー・ホール中高等高校でやった演説の要約が残っている（一九四二年十月二十六日）。グルーから聞いた話も入っている。

・日本は開戦時に非常に優れた準備をしていたが、米国の人々はその力を非常に危険なほど過小評価していた。日本人の秘密保持能力は尋常ではなく、高い壁の中で船を作り、造船所の従業員を通じて情報を漏らさないことに成功している。

・日本人には立派な人がたくさんいて、知的でリベラルな民間人も存在することを忘れてはならない。現在、軍部が日本を完全に支配しているために、これらの人々は全くの除け者にされている。すべての日本人が戦争狂ではない。真珠湾攻撃後、東京のアメリカ大使館の門は施錠され、食事のためにも誰も外に出られなかった。大使館にいたアメリカ人の友人である日本人は、わずかな食料から取った食べ物を入れた小包を門の前に置いた。日本のキリスト教徒は自分たちの信仰を守っている。

・日本軍の現在の軍事的成功は長続きしない。日本軍の征服地の人々に対する政策は、機会があれば人々を反乱に導くだろう。日本人は植民地化の方法を知らない。

・無差別の憎悪は、アメリカ人の性格にはない。戦争に勝利し、日本の軍国主義者を権力から排除しなければならない。無差別な憎悪は、戦争に勝つためにも、平和を築くためにも役立たない。

グルーと共通するのは軍国主義者の排除というところだろう。というのも、キャッスルが期待した日中戦争以降の文民政府の復活、軍部の統制は行われずにしまったからである。しかしアメリカにも問題があった。

「大西洋憲章」（一九四一年八月十四日）には、日独伊を念頭に侵略国の武装解除が謳われている。これから発展したものが、ルーズベルトがチャーチルとのカサブランカ会談後に声明した「無条件降伏」（一九四三年一月二十四日）であろう。その後声明は何度も繰り返された。ルーズベルトは聯合国の「大義」をこれで明らかにしたのである。

キャッスルはこの声明を、戦争がいたずらに長期化するとして致命的ミスだと思っていた。「このような要求に屈した政府は政治的自殺をすることになる」（モウルトン）。「無条件」という言葉から、天皇への忠誠心が強い軍人たちが、天皇の地位がどうなるかを危惧するのは当然だった。キャッスルは「天皇も含め、ほとんどの日本人は戦争を欲していなかったことは完全にはっきりしている。そして彼らの宣伝者が皆殺しのようなものだという無条件降伏以外の、何かと分かる出口を彼らは探していると私は思った」（一九四五年五月二十八日付日記）と記している。彼には文民政府が軍人を抑えることができれば十分なのである。

天皇制を問題にするビッソン

これと正反対の考えをしているのがT・A・ビッソンだった。彼が『パシフィック・アフェアーズ』（一九四四年三月刊）に載せた「日本の平和の代償」では、日本の敗戦を見込んで、日本を再び侵略国にせず、国際社会に復帰させるための処方箋を提示している。それはいいとして、彼は軍国主義と結びついた天皇を問題とする。

「もし、日本の軍国主義者と天皇の関係が戦後も維持されるならば、我々の勝利は空虚なものとなり、我々の犠牲は無駄になるだろう。遅かれ早かれ、古い日本の勢力が復活し、皇道を世界に広めるための戦争に再び突入するだろう。日本国民の心の中で、皇室神話全体の信用を失墜させ、その復活の可能性を永遠に排除することが不可欠である。もし日本国民が天皇に反旗を翻し、天皇を退位させるならば、その行為は賞賛され、支持されるべきである。もしそうでなければ、彼らの同意が合理的に得られるようになった時点で、その行為は彼らのために行われなければならない」

別の所の「注」には、「廃止しなければならないのは天皇制であり、天皇と軍国主義者との関係を断ち切ろうとするのは疑わしい戦略である。これは、軍国主義者自身にとって、敗戦時には取るべき論理的な行動である。なぜならば、彼らはしばらくの間身を潜め、後の時代に再び利用するために制度を保存することができるからである。天皇をその『邪悪な』助言者から『解離』させようとする努力は、そのような制度を是認する傾向があるため、我々が根絶しようとしているまさにその勢力の手に落ちることになる」とある。

序文があり、それによれば、この論文は「太平洋問題調査会（ＩＰＲ）の全国協議会のメンバーが出席した最近の会議で検討され」て、ビッソンの責任で書かれたという。会議出席者全体の意見を示すものでなく、「筆者の主張と異なる点を示すために、脚注を付けた箇所もある」と書かれており、この「注」の部分はビッソンの主張ではないかもしれない。しかしＩＰＲで真剣に天皇制廃止が議論されていたことは疑いない。

ＩＰＲはキャッスルと親しいフランク・アサートンらがハワイで発足させたものだが、その後オーエン

・ラティモアが入会する頃から左傾化が始まったようである。ビッソンも入会した。しかもあの『アメラシア』とＩＰＲは同じ建物にあり、『パシフィック・アフェアーズ』はＩＰＲの刊行物である。アサートンは一九四五年五月に亡くなるが、ＩＰＲの変質は気になる所だったろう。

「天皇をその『邪悪な』助言者から『解離』させようとする」ことは、キャッスルやグルーも考えていたことであるが、ビッソンやＩＰＲはそれ以上のことを考えていたことになる。ちなみに一九四四年時点で天皇を処刑しろという意見はアメリカでかなり強い主張であった。しかも「アメリカの東アジア研究の第一人者として知られていた」（ションバーガー）ビッソンが学術的に主張することには強い影響力があったろう。

終戦前後

一九四四年初めにグルーは『滞日十年』を出版したが、これは大変な評判を呼んだ。それもあったのだろうか、一九四四年暮れを以てハルが体調不良で国務長官を辞任し、次官のステティニアスが昇格すると、その後釜にグルーが抜擢された。キャッスルにとっては、明るい希望の灯となった。しかし『滞日十年』も出版に腐心した。例えば、国際聯盟でリットン報告書の採択審議がされていた一九三三年二月の段階で、グルーは日本が共産主義の防波堤を満洲に作り、そこをかつてない繁栄に導くだろうと日記に書いた。またルーズベルトの隔離演説に衝撃を受けたことも日記に記述があるのだが、これらは刊行本から削っている。素のままの出版であれば、次官の職は回ってこなかっただろう。

次官としてのグルーは、早期の対日和平交渉を急ぎたかった。問題は無条件降伏である。ドイツの敗北後、キャッスルの日記日付と同じ五月二十八日、グルーはトルーマン新大統領に日本は戦争に負けても、将来の政治構造を自ら選択できると何らかの形で示唆するべきだと説いていた。しかし翌日の陸海軍長官らも含めた会議では結論が出なかった。六月になってグルーは再び大統領に談判した。トルーマンは七月にポツダム（ドイツ）で会議があり、そこで宣言が発せられるべきだと答えた。七月二日、陸海軍長官とグルー（国務長官代理）の討議により、ユージン・ドゥーマンが中心になって起草した対日声明草案が完成した。

七月十六日、ニューメキシコ州で世界初の原爆実験が成功した。その翌日から、約二週間、ポツダムで英米ソ三大国首脳による会議が開かれた。二十六日に対日降伏勧告がされたが、その内容は、軍国主義者の除去、戦争犯罪人の処罰、民主的新秩序が確立されるまでの国土の占領、領土が四つの島とその周りの小諸島に限定されること、軍隊の無条件降伏である。そこに天皇の地位は不明であった。キャッスルはまだ悲惨な戦争が一年続くのかと嘆いた。ドゥーマン起草の草案には、天皇制維持を意味する文言があったのだが、就任したばかりのバーンズ国務長官に、引退していたハルが強い横やりを入れてきたのである。また第六項には、「田中上奏文」由来の「世界征服を考えた無責任な軍国主義者」とあるが、これにも強い圧力があり、ドゥーマンは外せなかったものと思われる。

鈴木首相はやはり、天皇に関するくだりがない以上、「黙殺」というしかなかった。これが「無視(ignore)」と訳されて、広島、長崎と続けて原爆が投下された。これはキャッスルを完全な驚愕で打ちのめした。日本は急ぎ、「天皇の国家統治大権」が損なわれないことを条件に、ポツダム宣言を受諾することを八月十日に打電する。アメリカは「天皇及び日本国政府統治の権限は聯合国最高司令官に従属する(subject to)」と回答した。八月十四日の宮中の御前会議を経て日本の降伏が決定した。

戦争の勝利と平和の回復に、アメリカ中が喜びに沸く八月二十九日、キャッスルはウィラード・ホテルで開かれたロータリアンの昼食会で、「日本人の多くは、私たちよりもキリスト教をよく理解していると思う」と語った。また、天皇の重要性を過小評価してはならないと述べ、明治天皇は本当に偉大な指導者だった。現在の天皇は、本当は平和主義者だが、軍国主義者の影響の下にあった。日本の憲法では、首相以外の者が天皇に謁見することは禁じられている。しかし戦時中、政府の軍国主義者たちは、首相の立会いなしに天皇に謁見することが多く、憲法を無視していた。

日本への対応について、やるべきこととやってはいけないことがある。完全な武装解除を行い、日本の政体（憲法）に手を加えず（hands-off the Japanese constitution）真の競争のために少なくとも二つの政党を作り、民主的な政府を作るために国民投票を行い、軍需工場を破壊しなければならない。一方、アメリカが政府の形態に口を出したり、非軍事的な生産力を破壊したりしてはならない、我々は細心の注意を払って公正でなければならない。なぜならば我々は将来、日本の善意を必要とする日が来るのである。

日本の武装解除については、真珠湾に卑怯な騙し打ちをした以上、アメリカがこれを実行するのは当然だったろう。フーバーも同じ意見だが、ガラガラヘビを不必要に挑発したのはアメリカである。大戦末期のフーバーは武装解除期間も有限で、三〇〜四〇年間を考えていたという。憲法に関しては、キャッスルは文民統制が守られる、統帥権問題さえ解決できればいいと思っていたと思われる。

実際に、彼が信頼する幣原喜重郎が戦後まもなく組閣し、吉田茂も外相として入閣。翌年五月には吉田茂が首相になるという展開に、キャッスルは頼もしいものを見ていたに違いない。

一方で、アメリカでは原爆投下が問題とされていた。あまりの被害の大きさに、適切な戦術だったのか、投下しなくても日本は降伏したのではないかと言われていた。これに対して原爆作戦時の陸軍長官だったスティムソンが、『ハーパーズ』（一九四七年二月号）に「原爆使用の決断」を寄稿した。彼自身が「辛辣で無感動な響きを持つ」と評するほどの率直さでなぜ原爆が投下されたかを述べている。要約すれば、まだ日本には五〇〇万の軍隊がいる、米軍が本土上陸すれば一〇〇万以上の米軍兵士に犠牲者が出る。それを避けたい。「私は、天皇とその軍事顧問団から真の降伏を引き出すには、帝国を破壊する我々の力を確信させるような、とてつもない衝撃を与えなければならないと考えたのである。このような効果的な衝撃を与えれば、アメリカ人も日本人も、犠牲となる人命の何倍も救われるだろう」。そのために原爆を使ったというのである。

キャッスルはこれが発表される前に複写で記事を読んだ。事件についてのスティムソンの説明は不十分、あるいは不誠実だ、原爆が投下されるはるか前に、日本に和平交渉の意志があることをソ連がアメリカに伝えていた事実を、スティムソンは隠蔽していたとキャッスルは激しく非難した。そしてこれをユージン・ドゥーマンとも議論し、同意を得た（キャッスル日記一九四七年一月二十六日、二月九日）。彼らは原爆投下実験のために、ポツダム宣言から天皇条項を外したのではないかと疑った。この論文以前の、一九四六年に公表された爆撃調査団の「原爆投下がなくても日本は九州上陸作戦の十一月前には降伏していた」というレポートにスティムソンは答えていなかった。

ニューディーラーたちによる日本革命

終戦と同時に、グルーもドゥーマンも国務長官に反撥して辞任した。グルーはドゥーマンをマッカーサーの政治顧問に推薦したが、駄目だった。バーンズ国務長官はポツダム宣言に基づく日本改革に日本派の人物を使うつもりはなかった。ドゥーマンの代わりに政治顧問となったのは中国派のジョージ・アチソンであり、ニューディール派の経済専門家や政治学者が日本改革の先頭に立った。その中にT・A・ビッソンがいた。彼はまず爆撃調査団員として来日して調査に当たり、クリスマスに帰国、翌年三月一日、民生局（GS）で働くために再来日した。

ちょうど吉田内閣が登場する頃で、ビッソンには旧態依然の政治にしか見えなかった。「幣原内閣に押し付けられた」（ションバーガー）憲法を国会審議するのが吉田内閣の役目だった。ビッソンはこれに関わっていた。彼はあの戦時中の「日本の平和の代償」で天皇問題をこう論じていた。「もし日本国民が天皇に反旗を翻し、天皇を退位させるならば、その行為は賞賛され、支持されるべきである」。

憲法第一条の「この地位は主権の存する日本国民の総意に基づく」に問題があった。英文では sovereignty of the people's will である。people は「人民」であって「国民」ではない、国民ならnation だとホイットニー民生局長に進言した。天皇と国民の結びつきをビッソンは問題にした。「人民」であれば、いつか天皇に反旗を翻すだろうと彼は期待したのである。「ビッソンにとって民主主義とは、国民が天皇の意思とは別の意思を持つことである」（ションバーガー）。ビッソンの意見は受け付けられなかったが、吉田茂はGSにとんでもない左翼がいると警戒した。

ビッソンはまた戦時中の前掲論文で、「日本を支配し、今日のような略奪的で攻撃的な国にした勢力とは何だろうか。それらはドイツと同じように、主に大地主、大工業者、そして冷酷な狂信主義、支配者民族のイデオロギー、積極的な征服の精神を持つ軍隊で構成されている」「大地主と産業独占者の利益が軍国主義者と結びついて、領土征服に不可避な貿易拡大を推進している」と述べる。彼はこの大地主（ユンカー）や大工業者（財閥）を解体しなければ、また侵略的な日本が復活すると考えるのである。

「東アジア研究の第一人者として知られていた」（ションバーガー）ビッソンの述べることは、戦時中のアメリカ人に強い影響力を持った。こうしてGHQニューディーラーによる農地改革や財閥解体が実践され、資本家や実業家たちが戦犯として逮捕、あるいは追放されていくのである。例をあげれば、池田成彬大蔵大臣（第一次近衛内閣）、藤原銀次郎商工大臣（米内内閣）、そして津田信吾などがいる。不思議なことに、親米派の野村吉三郎、樺山愛輔までも追放された。

H・E・ワイルズは『東京旋風』で、ビッソンが言うようなユンカーというのは、北海道の相対的に貧弱な土地の所有者だと述べ、日本の耕地は想像以上に公平に分配されていたとしている。誤解があり、日本中一律に適用できるものではない。

また財閥や資本家が、軍人と一緒に侵略に加担したというのも一方的な理解である。国家の危機という事態に際して、地主、財閥、小作人、労働者という近代的概念の区別に関係なく、「承詔必謹」＝天皇を中心にまとまろうというのは日本人にとっておかしなことではない。ビッソンが言うファシズムでもない。日本は島国で、世界で最も古くから均一性の高い民族であり、「軍財抱合」、国民団結が円滑に進んだのである。小林秀雄が言うように、「この事変に国民は黙って処した」のである。キャッスルは「天皇はこの膨大な数の参集者を前にして登場した。彼らのお辞儀は、まるで穀物畑に風が吹いたような感じだった」とその天皇と国民が一心同体となった情景への感動を述べていた。

また「大東亜共栄圏」はあくまで「共栄」を目指したのであり、侵略ではない。英米仏蘭の東亜の植民地を軍事力で奪い取ったという意味では「東亜解放」である。

「アメリカ対日協議会」の結成

ビッソンは「単に古い秩序を多少なりとも改修して再構築しようとする勢力に我々の支援を提供しないことである」と前掲論文で述べているが、それでいい、「支援を提供」しようと動いたのがキャッスルやグルーたちであった。

終戦の時点で、六十七歳になっていたキャッスルの代わりに動いたのは、若いハリー・カーン（ハーバード大学一九三五年度卒業）やコムプトン・パケナムであった。二人とも戦前からニューズウィーク誌の記者だった。恐らくルーズベルト政権で国務副長官を務め、ルーズベルトと仲違いして、フーバーの側近となり共和党員となった、ニューズウィークのコラムニストであるレイモンド・モーリーの部下だったのだろう。

『占領史追跡』（青木冨喜子著）を参照すると、パケナムは戦時中のニューズウィークに好意的、つまり冷静な日本記事を書いている。彼は日本生れで、日本語が堪能であり、日本支局長として赴任してくるのは一九四六年初夏のことになる。彼が早速牧野伸顕や野村吉三郎（公職追放中）を訪問したのは、キャッスルやグルーの意向であり、安否確認だろう。

パケナムは日本の有能な人材の公職追放を問題にした。日本を戦利品としてソ連に譲り渡すようなことだと異議を申し立てたのが『ニューズウィーク』（一九四七年一月二十七日号）の記事である。GHQの民生局と参謀第二部（ウィロビー少将）との間に対立があることも指摘していた。このことをションバーガーの論文から引用する。

「GHQ内でのG2とGSの長年の対立は、ウィロビー将軍が『GHQへの左翼の侵入』に関するスタッフの調査結果を流したことで、事実上の内戦に発展した。一九四七年一月十五日付のG2の報告書は、主にビッソンをはじめとするGSの人員に焦点を当てたものだった。G2は、経済戦委員会に対するダイス委員会の調査結果、『アメラシア』に関するFBIの情報、IPRに対する初期のチャイナ・ロビーの告発などを参考にして、ビッソンは来日前から共産党員ではないにしても『少なくともシンパ』であったと結論づけている」

当時は第一次吉田政権で、いわゆる二・一ゼネストが行なわれるかどうかという切迫した時期だった。吉田政権に反対するビッソンはゼネストに賛成していた。これはマッカーサーの命令で中止となる。

このような批判と展開はビッソンをGHQに居づらくした。家族の元に帰りたいという名目で彼が帰国するのは四月になる。

その後、パケナムが書く占領行政批判は石橋湛山追放を問題にしたり、何度もマッカーサーの激怒を招き、その夏、所用で一旦帰国したパケナムの再来日を許可しなかったほどだ。パケナムの再来日が可能になったのは、一九四九年四月のことである。

パケナムの留守中は、外信部長のカーンが代行する形だった。カーンの初来日は、彼の回想（『週刊文春』昭和五十八年八月～九月連載）によれば、一九四七年五月である。ホイットニー民生局長はカーンに、「パケナムは毎日二重橋の前で天皇に祈りを捧げている」と批判的に話したという（『占領史追跡』）。

キャッスルと野村吉三郎との手紙の往復が始まったのは、遅くとも一九四七年後半である。アメリカ対日協議会（ＡＣＪ）の設立を日本で初めて公表したのは野村で、発案者はハリー・カーンであると書いている（『アメリカ研究』昭和二十三年十月号）。牧野伸顕から野村に連絡が行ったのだろう。キャッスルは牧野宛ての手紙（一九四八年六月三十日付）にその旨を連絡しており、プレス向け声明案も同封されていた。その一部を引用する。

「血と財産のあまりに重い代償を払って勝ち取った勝利は、太平洋地域全体の将来の安定と発展の基礎となる、公正で永続的な平和を確保するまたとない機会をもたらした。戦勝国である米国だけが、この目標の達成を保証する未来を形作るイニシアティブをとることができる。このような観点から、アメリカ人のグループは、日米間のあらゆる種類の関係の問題に取り組むための組織を設立することを決定した。その第一の目的は、米国の利益を保護し促進することである。しかし、大小の問題のほとんどすべてにおいて、これは日本の真の利益と一致するというのが、我々の深い信念である」

ＧＨＱ民生局のビッソンら、ニューディーラーの意向が強く出ていた占領行政の左傾化を正常に戻そうというのがＡＣＪの目的とするところである。設立を目的としたニューヨークでの集まりにはグルー、プラット提督ら二十名が出席し、出席できない賛同者のフーバーからはメッセージが代読されたとキャッスルは手紙に書いている。有力なジャパンロビーの誕生であった。キャッスルとグルーが名誉会長となった。手紙の日付から半月後にニューヨーク・タイムズにＡＣＪ設立の記事が出ている。キャッスルが早く連絡しようと、いかに急いていたかが分かる。

出席者の一人、ジェームズ・リー・カウフマンは法律家で、一九一四年から一九三八年まで日本で仕事をしていた数少ない弁護士の一人だった。駐日大使のキャッスルとも知り合っていただろう。彼は一九四七年夏に東京に行き、GHQ司令部でFEC230として知られる極秘の集中排除法案を手に入れた。彼が事務職の女性に尋ねると、彼女が気軽に手渡してくれた。極秘印があったが、解除されたものだと彼は判断した。違法手段は使っていないと彼は述べている（「ハリー・カーンズ・ストーリー」『デイリーヨミウリ』一九七九年九月八日付）。これが『ニューズウィーク』（一九四七年十二月一日付）誌上に暴露された。法案がビッソンの主張を取り入れたものであることは明白だ。これは「過度経済力集中排除法」として十二月十八日に公布されている。

こういうことを許していれば、日本の経済復興は成り立たないというのがACJの考えである。翌年三月に日本にやって来た国務省・政策企画本部長のジョージ・ケナンは、FEC230を「無政府状態に結果する経済破壊、インフレ、予算の不均衡に導くだろう、それはまさしく共産主義者が望むものである」と論じている。またケナンはマッカーサー司令部をスターリンの支配するクレムリン、日本の政財界にたかる寄生虫のようだと本国に書き送っている（『マッカーサーの時代』マイケル・シャラー著）。FEC230は撤回された。

要人の追放解除、独占禁止法の骨抜き、対日賠償の放棄など、ACJは日本の再建に向けて、「逆コース」を演出し始めたのである。

鮎川義介も追放されていたが、彼は満洲開発にアメリカ資本の導入を図ろうとした現実主義者だった。敗戦末期、内閣情報局部長の武藤富男にポツダム宣言の受諾が決まったことを聞かされると、「こうなりゃアメリカに抱かれていくんじゃ」と述べていた（『人間像修復』）。

日本の武装解除問題

極東国際軍事裁判、いわゆる東京裁判が始まったのは一九四六年五月三日のことである。これに証人（満洲事変段階）として石原莞爾が出廷したのが翌年五月一日、二日の両日だった。裁判後に内外の記者が彼に尋ねた。それを石原の高弟・曹寧柱（そうねいちゅう）が記録している。以下要約する。

「トルーマンをどう思うか」「政治的に落第生だ」「なぜ？」「政治家と称する以上、目先が利かなくてはいけない。戦争の最後の土壇場になって、させないでもいいのにソ連に参戦させて、トンビに油揚げをさらわれている。世界史的な笑い話だ。自分がトルーマンなら、日本をこのような破滅常態にしないで、日本の軍隊を温存しておく。今の満洲を見ろ。日本軍の去った後、米軍の力ではソ連の前進を支えきれないではないか。私なら東亜の安定勢力として日本軍を温存する。武装解除などというアホな真似はしない。軍隊の存在が平和を乱すというのであれば、米軍も即刻、武装を解除せよと言われても仕方あるまい」（「戦後の石原さん」）

戦争放棄を謳った新憲法発布から約半年後、また中国共産党が満洲をほぼ占領した段階での発言であることに注目する必要がある。そしてこれは強烈なアメリカ批判である。アメリカ民主党政権は、中国の国民党と共産党を自国の共和党と民主党と同じように二大政党化できるとお人好しにも考えていた。彼らには、中国共産党はただの農村改革者にしか見えなかった。

日本陸軍はそんな甘いものとは考えていなかった。大陸の赤化を防ぐために「防共駐兵」はぜひとも必要だった。日米開戦当初までは順調な治安維持ができるようになっていた。しかし南方戦域での旗色が悪くなると、大陸の治安維持のための兵隊を南方に大挙転用せざるを得なくなる。喜ぶのは中国共産党である。「方面軍の戦力低下は、中共勢力を伸長させる決定的な要因となった」（森松俊夫）。そうして北支一体が共産党の実質的な支配地域になっていったのである。戦争末期には、支那派遣軍司令官の岡村寧次が延安の野坂参三に接触を求めてくる体たらくだった。野坂は「溺れる者は藁をもつかむ」と述べている（『亡命十六年』）。延安には何百ヘクタールもの阿片畑があったと、ソ連ジャーナリストのウラジミロフは暴露している（『延安日記』）。軍資金は豊富だった。共産党はアメリカが日本を倒すのを待つだけで良かった。そしてソ連が満洲に侵攻し、降参した関東軍の膨大な武器を接収して共産党に手渡せば、国民党との戦いは有利に進められるのである。一九四七年は既に国民党は不利になり、中国に共産党政権の誕生も考えられるようになっていた。ソ連の対日参戦を認めたのはヤルタ会談（一九四五年二月）だったが、これは密約で、公表されたのは一年後である。日本の武装解除を唱えたキャッスルもフーバーもその時点では知らなかった。グルーはルーズベルトの死後まもなく知ったが、公務の関係でキャッスルらには話せなかった。しかもヤルタでは、ルーズベルトの重要な顧問としてあのアルジャー・ヒスが付いていた。

キャッスルは責任を感じた。中国を助けるような戦争は、ソ連に中国を明け渡すことを意味すると彼は表明していた。前述の牧野伸顕宛の手紙には、堀内謙介元駐米大使（野村吉三郎の前）と会食したことが記されている。彼は堀内に日米共同で防共に務めるべきだと述べていた（『堀内謙介回顧録』）。

なお、東京裁判で被告の筆頭として裁かれた東條英機は絞首刑の判決を受けた。彼はその口述遺書の中で、国内的な責任は死を以て償えるものではないが、国際的犯罪としてはどこまでも無罪を主張する、しかし統帥権独立の思想は間違っていたと述べている。これには例の「腹案」通りに戦争を遂行できなかった無念も含まれている。

ただ石原莞爾は、「戦争には勝ったじゃないか。だって東條が言っていた東亜解放は実現したじゃないか」と言っていた。一九四六年九月二十六日、戦時中の作戦課長であった服部卓四郎が石原宅を訪ね、戦争指導よろしきを得ず、敗戦になってしまったと石原に詫びた際の返答である。石原は東京裁判を闘う東條を応援していたのである。時あたかもインドではインパール作戦に従軍したインド国民軍の将校たちが裁判にかけられていた。この裁判に対するインド人の怒りが全土に広がり、運動のうねりは翌年のインド独立に結びついた。

日本の防衛問題

キャッスルの日記に芦田均や鈴木九萬（ただかつ）の名前が出てくる。一九四七年九月、片山内閣の外相だった芦田は、終戦連絡横浜事務局長だった鈴木と組んでワシントン首脳部への要望事項のメモを、一時帰国するアイケルバーガー中将に託したのだ。アイケルバーガーは第八軍を率いて、横浜に進駐し、外交官だった鈴木と親しくなっていた。芦田メモの内容は、対日平和条約が結ばれた後の日本の防衛問題について日米協定を結びたいというものである。後の日米安保協定の濫觴（らんしょう）となるものだった。

キャッスルもこれを読んだ。戦争を放棄した新憲法が施行されたのが五月三日、これで日本の国防をどうすればいいのかと考えた末の芦田の行動である。キャッスルはそういう政治家がいることを確かに脳裏に刻み付けたのである。芦田均の戦後の歩みを知る第一次資料は『芦田均日記』であるが、これにはコムプトン・パケナム、ハリー・カーン、ユージン・ドゥーマンとの交流があることが記されている。

一九四九年十月、日本のすぐ隣の中国に共産主義国が誕生する。九月にはソ連が初の原爆実験に成功した。危険な予兆を感じたのか、マッカーサーは七月の米国独立記念日に「日本は共産主義の防波堤である」と演説している。彼の〝転向〟の始まりである。この年三月には米国デイリーメール紙のインタビューで、彼は「日本を同盟国にするつもりはない、我々が望むのは中立を維持することである」と述べていた。翌年正月の年頭所感に、マッカーサーは「日本国憲法は自衛権を否定しない」と述べた。徐々に彼とＡＣＪの距離は縮まってくる。この年二月には中ソ友好同盟援助条約が結ばれていた。仮想敵国は日本である。

キャッスルは野村吉三郎宛の手紙（一九五〇年四月十日付）に、こう述べている。

「日本の若者の一人が私の友人に先頃言ったのは、日本は自発的に武装解除したのだから、世界で唯一の平和を愛する国であり、その目的は太平洋のスイスのようなものとして中立を守ることが、世界の国々を平和で誇らしい生き方に向けて導くことであると。これは完全なナンセンスです。なぜならどんな小さな中立の国も、ソ連や共産主義の波が打ち寄せるそばで独立を保てない。その影響下に入るだけです」

『占領史追跡』にあるパケナム日記（一九五〇年三月十八日付手紙）を参照すると、「私の友人」とはパケナムで、パケナムが早稲田の学生が書いた平和の意見書を得たということらしい。内容がキャッスルの手紙とそっくりなのだ。ニューヨークのカーンの下に届いたパケナムの手紙をキャッスルも読んだのだ。

キャッスルは思いもよらない若者が日本に登場してきているのに危機感を持った。学生の主張の背景にあるものは一九四六年に出来たアメリカ製憲法である。日本を非武装化した憲法思想の異様な根の張り方に、遺憾の思いがあったに違いない。

キャッスルはこの頃、毎日新聞の特派員に、一日も早く平和条約を結ぶ方がいいが、ソ連は同調しないだろうから、ソ連除外の多数講和にした方がいいと話している。

一九五〇年六月、ジョン・フォスター・ダレス国務長官特別補佐官は講和問題の特使として日本に初来日した。カーンと同じ飛行機だった。偶然であるはずがない。親しくなった二人が、パケナムの東京の邸宅での私的なディナーに出たのは六月二十二日で、朝鮮戦争が始まる三日前だった。この会合はカーンの提案だった。出席者は、渡辺武、澤田廉三、松平康昌、海原治、カーン、ジョン・アリソン東北アジア局長である。海原は一九四九年一月に訪米した時に、パケナムの紹介でカーンに会い、カーンはキャッスルやグルーへの紹介状を書いている。渡辺は一九五一年からほぼ一〇年間ワシントンで勤務することになる。

従ってキャッスルとは日常的な付き合いとなった。松平はこの会合の後、昭和天皇の意向をダレスに、パケナムを通して伝えている。「陛下のお望みは常に、視察や調査のために日本を訪れた権威あるアメリカ人が、自分たちの比較レベルで優れた日本人と率直に話し合うことが許されるべきだということでした。この点でダレス氏の主導で前例ができたことを陛下は最も感謝しておられます。（天皇）が知る限り、これは比類ないケースです」というものだという。

キャッスルは、四月下旬にワシントンにやってきた特使の池田勇人が述べた、吉田首相の講和後の米軍駐留を希望するという意向を知ったのだろう。彼は朝鮮戦争勃発翌日、六月二十六日付の野村への手紙で書いている。講和条約後、「ある程度の規模の米国軍の駐留を日本が要求しなければおかしいでしょう。私が理解し得る限り、日本本土に米軍基地を持つことに私は熱心ではありません。もしそれが一時的な措置でなら別です。長期的には、そのような基地は根深い苛立ちの原因となるだけだろうと私は思います。現在軍隊を駐留させる理由はそれだけで、むろん我々が日本を完全に非武装のまま、ロシアの攻撃に開けておくことは卑怯であり、全く不当なのです」（傍点引用者）。

これに応じるように野村は、『中央公論』九月号で、講和条約後は安全保障のために米軍駐留を要望すべきだと論じた。しかし講和条約後いつまでも米軍がいれば、占領状態と変わらない。キャッスルは日本人の心理を良く理解していた。芦田均はこの頃から憲法改正を論じ始める。

吉田茂による憲法改正

朝鮮戦争が始まると、マッカーサーは現地に赴いて国連軍司令官として指揮を取ることになり、半月後の七月八日、自衛隊の前身となる警察予備隊の設立を吉田首相に命じた。

九月、ターナー・ジョイ極東米海軍司令官の参謀副長として、アーレイ・バーク少将が日本に赴任した。

初来日である。まもなく聯合国軍の朝鮮半島上陸作戦に向けて、朝鮮近海の掃海が必要となり、彼は旧日本海軍の船乗りたちに注目し、掃海艇派遣を日本政府に要請した。

掃海作業は見事に完遂され、バークは日本人に好意を持った。日本人をもっと知りたい、そういう過程で彼は野村吉三郎と出会った。日本滞在の九か月間に、週一度は野村と会っていた（『海の友情』阿川尚之著）。二人の会話に、キャッスルやプラット提督の話題が出なかったら不思議だ。プラットはバークの海軍の大先輩である。

ションバーガーの「米外交におけるジャパンロビー」によれば、カーンは「ニューズウィークに、憲法第九条の戦争放棄条項の見直しと即時の再軍備を要求するおびただしい記事を書いて後援した」とある。これは朝鮮戦争が始まった頃からである。

『ニューズウィーク』英語版は当時、日本で印刷されていた。それを読んだのか、一九五一年頭のマッカーサー所感は、「憲法の戦争放棄の理想は自己保存の原理に道を譲るべきである」というものだった。カーンが初めて吉田と会見したのは一九五〇年だという。『ニューズウィーク』（一九五一年一月二十二日号）に出た吉田のカバーストーリーはパケナムの取材だが、カーンの記事のある『ニューズウィーク』誌を吉田に手渡したかもしれない。

一九五一年一月末に、再びダレスが講和問題で来日した。再軍備の気配を感じ取った日教組は、「教え子を再び戦場に送るな」と唱えてダレスを迎えた。労組、日教組の支援で前年に公開された反戦映画『きけ、わだつみの声』が大ヒットして、彼らは自信を深めていた。

講和条約案は日本に寛大なものだったが、ダレスと吉田は講和後の安全保障、再軍備問題で意見が対立した。ダレスは「独立を回復し、自由世界の一員として、その強化にどういう貢献をするつもりか」と吉田首相に迫った（『「再軍備」の軌跡』）。ションバーガーによれば、「繰り返し吉田首相に三〇万〜三五万の軍隊を作るよう要請していた」。吉田は二晩寝付けなかった（「吉田内閣の再軍備構想」『経済往来』昭和二十七年三月号）。再軍備と憲法九条の整合性に悩んだのだ。しかしカーンの改憲論はＡＣＪ＝キャッスルの意見である。吉田は以下の計画案を提示した。「警察予備隊とは別個に、五万人の国防軍創設と国家治安省を設立するものだったが、公表は避けることで合意された」（『「再軍備」の軌跡』）。

国防軍に国家治安省――明らかに憲法改正の気味がある。どういうことだったのか。

岸信介の貴重な証言がある。一九五三年十二月、自由党の憲法調査会長に就任した岸信介は、吉田首相に「憲法は改正しなくてはいけない」と述べた。すると吉田はうなずき、「改正しなければいけない憲法だよ。しかし改正は容易ならない。朝鮮戦争が起こった当時、改正しようとマッカーサーに相談したのだ。彼も同意した」と述べた（『岸信介証言録』原彬久編）。

『日本週報』（昭和二十九年八月十日発行）に、上野和夫が「吉田首相の憲法改正私案」として、詳しくその実情を書いている。彼にその情報を与えたのは中曾根康弘議員と「吉田改正私案」作成に協力した「老某学者」である。中曾根は回想録『政治と人生』で、岸からこの話を聞いた日を一九五三年十二月二十八日と記している。以下は上野和夫の記述を基にしたものである。

ダレスの帰国後、吉田は外務省にも閣僚にも相談せず、マッカーサーと憲法改正の準備にかかった。関係者は二、三名の憲法専門家だけだった。「占領政策の変更」であればやりやすいと吉田は考えたようだ。九条問題では、第一項はそのままで第二項を削除することだった。しかしマッカーサーは二か月後には司令官を解任されてしまった。講和条約が結ばれる五か月前である。後任のリッジウェイ司令官は吉田が説いても熱意がなく、講和条約後にやればどうだと述べた。ダレスも七月十一日の記者会見（ワシントン）で、「日本の再軍備計画と再軍備禁止を謳った日本国憲法の条項とは、ここ当分の間は矛盾するようなことはない。なぜなら日本は講和条約が発効するまで、つまり六か月、あるいは八か月の間は自衛強化について検討を開始することはないからである」。日本が直ちにやるべきことは弱体過ぎる国内治安の強化だと述べている。しかし吉田には独立後の改憲の困難さが痛いほど分かっていた。新憲法を後ろ盾にした軍備忌避の心情は、対処を誤れば左翼に利用され、内乱に膨れ上がりかねない。

この頃、キャッスルはダレスに、以前中国で活動していた日本の諜報機関員をアメリカは採用するべきだと進言した（キャッスル日記 一九五一年八月十七日）。

講和条約発効後まもない一九五二年八月四日、警察予備隊から改称した保安庁発足式で吉田茂は、「新国軍の土台たれ」と訓示したが、複雑な思いがあった。原理的には憲法改正がなくては、再軍備は不可能だからである。初代保安庁長官・木村篤太郎に吉田は「現在の日本は軍備を保有することは不可能だ。しかし将来は必ず軍備を持たねばならぬ時が来る。その準備だけはしておいてくれ」と訓示した。「準備」とは幹部の養成を意味する。この年社会党は、軍備増強を続ける警察予備隊は憲法違反だとして最高裁判所に提訴した。年末に却下されたが、政権への揺さぶりになった。

上野和夫は、吉田の「性格としては、国民に訴えて憲法改正の機運を盛り上げることは、最も不得意とするところだし、やはり秘密裡に芝居を打つことしか考えていなかった」と論じる。「占領政策変更」も秘密裏の芝居だった。こうして吉田がひねり出した一種の腹芸が再軍備反対芝居と、「戦力なき軍隊」に代表される九条のなし崩し改憲である。

一九五二年二月、「自主独立の軍隊を持つ」ことを唱えて結成された改進党の幹部、芦田均は、既に憲法改正、再軍備論を唱えて活動していた。この年の秋のいわゆる抜打ち解散選挙で、保守系の自由党と改進党は衆議院で改憲に必要な三分の二を越す三二五議席を得た。しかし年末に芦田は、党員の会合で、参議院で改憲派をまとめるのは困難で、三年五年では改正は無理だ。それまでは自分の解釈路線（芦田修正）で行くしかないと発言する（十二月二十四日付日記）。その場には後に「改正しなくても軍隊は持てる」と論陣を張った清瀬一郎代議士もいた。

ほぼ同じ頃、十一月下旬、閣議は憲法改正問題で大激論となっていたと上野は記す。木村篤太郎は「この際、堂々と憲法を改正してから再軍備せよ」と論じた。これに反対の急先鋒は池田勇人蔵相だった。「憲法改正は無理だ、九条の解釈を変えるほかない」。ほぼ一時間の論議の末に吉田は池田説を支持した。期せずして芦田と吉田は九条の解釈路線で一致したことになる。

翌一九五三年三月九日、真珠湾攻撃隊長だった淵田美津雄は、ニューヨークのマッカーサー宅を訪ねた。マッカーサーいわく、「憲法に戦争放棄条項を付加させたのは時期尚早だった。日本には自衛力が必要だ」（『淵田美津雄自叙伝』）。彼は吉田茂との最後の時間を思い出していたのかもしれない。ＡＣＪの活動は、ほぼこの頃終了する。

岸信介、中曽根康弘を評価するキャッスル

吉田と岸が憲法改正の会話を交わしたそのひと月前、一九五三年十一月、ニクソン副大統領が来日し、十九日の日米協会の演説で、「アメリカが一九四六年に日本の非武装化という過ちを犯したことを私は認める」と述べている。これは当時大きな話題となった。岸と吉田の会話に、この演説が反響していることは間違いない。

ニクソンの回顧録では、これはダレス国務長官と話し合って決めたことだと述べられている。しかし演説から間もない『文藝春秋』（昭和二十九年一月号）で、中曽根康弘改進党議員が、「あれは私が九月二十七日にワシントンで会った時に彼に頼んだものである」と発言している。そのことを彼は自著『日本の主張』（昭和二十九年刊）にも書いている。自衛軍の創設、日米安保条約の対等の同盟化、米軍の順次撤退などを実現したいが、憲法改正には国民の気持ちが消極的である。過去の戦争の陰惨な思い出が邪魔をして、

再軍備という気持ちにならない。この青年子女の思いに左翼が乗じて猛烈な宣伝をしている。あの憲法は世界一いい憲法だと言ったアメリカから、そうではなかったという反省の声を聞かなければ、日本人は前進できないと中曽根はニクソンに言った。ニクソンは了承した。

実は中曽根は九月二十四日に、キャッスルと会っていたのである。野村吉三郎の紹介によるもので、キャッスルは中曽根に非常に良い印象を持ったことを、翌日付の野村宛の手紙に書いている。

改憲派の〝青年将校〟中曽根はニクソンに述べたことと同じことをキャッスルに話したのではないか。その会話の中にアジア歴訪が決まっているニクソンへの演説依頼がアイデアとして登場したかもしれない。であればキャッスルは親しいダレス国務長官にこれを連絡しただろう。野村への手紙にその事は書かれていないが、ニクソンの演説にキャッスルが関わっていた可能性は高い。

しかしニクソンの演説も結局、憲法を変えようという国民的世論にはならなかった。庶民は戦時中の苦難とその後の後遺症を描いた映画『二十四の瞳』（昭和二十九年）に熱狂していた。当時の興行収入は軽く二億円を超えた。観客動員は一〇〇〇万人を超えていただろう。

中曽根も言うように、アメリカにも責任がある。戦争罪悪情報計画（ＷＧＩＰ）の下に、敗戦直後から「太平洋戦争史」「真相はかうだ」「真相箱」と、マスコミを利用して日本人に、自国の歴史を否定する歴史観を持たせるようにしむけたのは誰だったか。まさしくこれはビッソン的歴史観である。敗戦で虚脱状態の感受性の強い若者たちには特に強烈な刷り込み効果があった。彼らが社会党や共産党の支持者となっていった。鳩山一郎はダレスとの初会見（一九五一年六月六日、パケナムも同行）で書簡を渡したが、そこには国民の中に国を守る熱意が失われていると述べられている。

宮澤喜一はこのことを『東京―ワシントンの密談』（昭和三十一年）で述べている。「占領軍によって行われた平和教育が非常に徹底しているということで、〝国民よ銃をとるな〟という気持は日本人によく行き渡っている。殊に、そういう教育の中に幼少時を育った人々が正に現在適齢に達しているのである」と、吉田首相の特使として一九五三年秋にアメリカに渡った池田勇人らはロバートソン国務次官補らに説明したのである。また九条は明確で、憲法の改正が非常に難しく規定されており、改正を必要と考えたにしても、近い将来に改正する見込みはないとも訴えている。

中曽根がニクソンと会った九月二十七日は、吉田首相と重光葵改進党総裁が鎌倉で会談した日でもある。会談後の重光の発表によれば、「現在の国際情勢および国内に起こりつつある民族の独立精神にかんがみ、この際自衛力を増強する方針を明確にし、駐留軍の漸減に即応し、かつ国力に応じた長期の防衛計画を樹立する」。差し当たり、現在の保安隊を自衛隊に改め、直接侵略に対する防衛をその任務に付け加えるものとする。

これに素早く反応したのもキャッスルらしい。十月十六日付の野村への手紙で、保守派合同の強い政府ができることを喜んでいる。彼は講和条約後の日本の保守政党の分裂状態が気がかりで、国防力を増強する日本の姿勢を歓迎していた。

マッカーサーは警察予備隊と共に海上保安庁の増強を指示していた。野村を始めとする旧海軍幹部たちは、これを利用して新海軍の再建に取り組むことにした。これに協力を惜しまなかったのが、アーレイ・バーク少将である。バークの了承した再建案は、一九五一年一月末に再来日したダレス特使に渡された。二月三日がダレスと野村初会見の日である。

こうして一九五二年四月に海上警備隊が発足し、二年後に海上自衛隊として衣替えをする。この過程でバークは野村たちに協力を惜しまなかった。

一九五五年八月二十九日、キャッスルは重光葵外相と共に訪米した岸信介民主党幹事長を招待するハリー・カーン主催の昼食会に出席している（『秘密のファイル』）。

この訪米で重光はダレス国務長官に、議題になかった日米安保条約改定の話をした。講和条約で独立したとは言っても、米軍はそのまま駐留している。実質的には占領の継続と変わらない。日米が対等な関係の安保条約にしたいということだった。

しかしダレスはけんもほろろの対応だった。対等になるそんな力は日本にないと言うのである。またアメリカにはヴァンデンバーグ決議（一九四八年六月）というものがあって、「自助、及び相互援助の力」を持つ国でなければ、地域的、集団的協定を結べないことになっていた。この応酬を見ていて、岸は安保改定の意志を強くする。

それが自らの総理就任後の一九五七年六月の訪米となる。岸はアメリカが日本に押し付けた憲法があり、それが日米対等の関係を結べなくしているとはっきり言って、より対等な関係となる新安保条約に改定することをダレスに諒承させた。

この時訪米した岸に、キャッスルは四五回会っている。岸が日本での共産主義の脅威を語り、率直で、物事をはっきり考えており、皆に好かれ、自分も好意を持ったとキャッスルは野村吉三郎宛の手紙（八月三十日付）に書いている。日米が対等な立場でアジアの平和を守るという岸の見解に、キャッスルは大いに共感したのである。ハリー・カーンも多分一緒である。キャッスルは吉田茂の後継者として、岸を高く評価したのだ。

レッド・パージ

先述した一九五〇年六月二十六日の野村への手紙の続きに、キャッスルは次のように述べている。

「マッカーサーが共産主義者をパージしたことを良いことだと思うあなたを嬉しく思います。私が先日会って話した若い日本人学生は、それが非常に悪いことだと考えているようだった。しかし私は彼らを常識外れだと思います」

六月六日に吉田内閣は共産党幹部数十名を公職追放していた。朝鮮戦争が始まる直前であるが、前年から過激になってきた共産党の暴力革命路線に対応するもので、米兵もその標的とされた。アメリカもいわゆるレッド・パージ、マッカーシズムの時代である。ウィロビーによって共産主義者として告発されたビッソンも、彼の親友のオーエン・ラティモアも例外ではなかった。ラティモアは弁明のために、アメリカの極東政策のあるべき姿を書いた覚書（一九四九年八月国務省提出済）を一九五〇年四月に公表した。国務省が公開しなかったからである。

しかし、その中で彼は中国問題では国民党より共産党を評価した方がいい、日本の支援はしない方がいい、南朝鮮はアメリカの負担であるから、早く手を引くべきだと述べている。その二か月後に朝鮮戦争は始まり、中国も参戦してきた。

ビッソンは既に一九四三年、非米活動委員会から告発されてもいるから、ほとんど黒の判定だろう。しかし二人ともきわどい所で罪には問われなかった。集中砲火の非難を浴びたのがアグネス・スメドレーだった。ゾルゲ・尾崎スパイ事件の絡みで、やはりウィロビーによって告発されたのである。彼女はアメリカからイギリスに逃れて一年もせずに亡くなったが、原因は長期に亙る心的ス

盧溝橋事件の直前に延安で撮られた写真。左からフィリップ・ジャフェ、ニム・ウエルズ（エドガー・スノーの最初の妻）、オーエン・ラティモア、毛沢東、トーマス・ビッソン、ジャフェの妻（『一九三七年六月の延安 共産党指導者たちとの対話』）

トレスによるものだろう。

不思議なことがある。本書に紹介したビッソンやラティモアが延安に行った時の記録は一九七三年にカリフォルニア大学から『一九三七年六月の延安 共産党指導者たちとの対話』として出版されている。序文はラティモアが書き、写真もふんだんに使われている。しかし彼らが延安に行った時、既にそこにいたスメドレーのことは全く出てこない。スメドレーと連れ立って延安に行ったニム・ウェルズは登場するのに、ビッソンたちより長く滞在していたスメドレーは写真もない。

ビッソンもラティモアも、スメドレーと無関係だと言いたかったとしか思えない。ニクソン訪中一年後の出版というのも意味深なものがある。しかし彼らと交流のあったフリーダ・アトリーは、著書『チャイナ・ストーリー』(一九五一年)で彼らが明確な共産主義者であると断言している。アトリーは若くして共産主義者だったが、ロシア人の夫がスターリンの粛清で亡くなったことを知った後に転向したイギリス人の社会学者である。

老雄たちは逝く

サンフランシスコ条約で吉田茂が訪米した時、キャッスルは出来ればワシントンに来て欲しいと願っていたが、それは叶わなかった。吉田が戦後初めてキャッスルと再会したのは一九五四年秋、首相として吉田が欧米遊歴の最後にアメリカを訪れた時である。彼は『回想十年』において、「戦前の駐日大使としてわが国に馴染みが多く、帰米後も終始変わらず〝日本の友〟として尽してくれたキャッスル、グルーの両氏は、昔どおりの温容で迎えてくれ、ワシントン滞在中の緊張と疲労を癒やすこと頗る大であったことを、感謝の念をこめて特記しておきたい」と記している。

排日移民法の撤廃は一九五二年で、講和条約の発効を待たねばならなかった。一九五七年にプラット提督は亡くなった。野村はキャッスルの手紙でそのことを知った。

一九六〇年五月、吉田は元首相として日米修好百年祭親善使節として訪米した。多分キャッスルとも再会している。

これまた日米修好通商百周年記念の一環であったが、この年の九月二十二日から十月七日まで、皇太子、同妃両殿下（現上皇ご夫妻）が訪米されている。九月二十八日には日本大使館で、昭和天皇のご名代としての皇太子から勲一等旭日大綬章がキャッスルやグルーに贈られている。十年間大使だったグルーはともかく、四か月の大使勤務しかないキャッスルにこれが贈られたということは、いかに彼が日米親善に貢献したかを証明するものだろう。しかし二人とも老体で、授与式には出席できなかった。

岸信介は安保改定反対闘争に深く傷つき、退陣を余儀なくされた。

翌一九六一年には、八十三歳の野村吉三郎がワシントンを訪れている。「皆さんにお別れを言いに来たのだよ」ということだった。宿泊先はバーク作戦部長の官舎だった（『海の友情』）。キャッスル宅にも行っただろうが、病体のキャッスルに宿泊の迷惑はかけられなかったのだろう。野村が戦後初めて訪米し、キャッスルとワシントンで再会したのは一九五三年のことである。キャッスルの孫は軍人として横須賀に勤務していた。多分野村や吉田宅に行ったことだろう。キャッスル自身は日本に招待されても、健康の問題もあり、遠出になることは避けていたようだ。

吉田茂は翌一九六二年に訪米しており、キャッスルと再会していると思われる。その時彼は改憲の明確な意志表示をしたのではないか。その翌六三年に刊行した『世界と日本』の「自衛隊に対する私の期待」を読むとそう思わせる。

「最近の欧米旅行において、私は自由世界の国々を視察し、その指導者たちと膝を交えて会談したが」

「日本もまた自らの力量と責任とにおいて、自由陣営への寄与を志すべきだと感ずるに至ったのである」。

「それまでは日本の防衛は主として同盟国アメリカの武力に任せ、日本自体はもっぱら戦争で失われた国力を回復し、低下した民生の向上に力を注ぐべしというにあった」。しかしそういう段階はもう過ぎようとしている。立派な独立国になった日本が、「いつまでも他国依存の改まらないことは（中略）国際外交の面においても、決して尊重される所以ではないのである」。

キャッスルは強くうなずいただろう。「米軍基地を持つことに私は熱心ではない。もしそれが一時的な措置でなら別だ。長期的には、そのような基地は根深い苛立ちの原因となるだけだろう」と述べていたのだから。

しかし、『世界と日本』を読んだ当時の青年たちの多くは、これを「保守反動」の世迷い言と受け取ったに違いない。

翌一九六三年十月十三日にキャッスルは亡くなった。その翌年四月五日にマッカーサーも亡くなり、吉田茂は日本の代表として葬儀に立ち会った。多分その折に、キャッスルの墓参りもしたと思われる。翌月五月八日には野村吉三郎が亡くなった。フーバー元大統領もこの年に亡くなった。グルーは一九六五年である。吉田茂は一九六七（昭和四十二）年まで長生きした。

カーンの回想によれば、彼は吉田と晩年まで親しく付き合い、大磯の邸宅にも招かれた。大広間にはキャッスルやグルーの写真が掲げられていた。「新憲法棚の達磨も赤面し」と詠み、新憲法と同時に作られた憲法普及会を第二次吉田内閣の発足と共にさっさと解散させ、首相退陣後は表向きに再軍備反対を唱え、国民の戦争の傷が癒えるのを辛抱強く待った狸オヤジの素顔を彼は見抜いていた。

あとがき

ウィリアム・キャッスルという名前を私が初めて知ったのは、四半世紀も前のことで、『暗黒大陸中国の真実』を書いたラルフ・タウンゼントの最後の著書の邦訳書『米禍』（昭和十六年刊）を読んだ時である。タウンゼントは「リンドバーグやキャッスルの言論を支持して欲しい」と書いていたのである。三人とも、アメリカの第二次大戦参戦に反対していた。その頃からキャッスルに関心はあったのだが、今回ようやく評伝という形でまとめることができた。

キャッスルの伝記はアメリカで親族の人により書かれているだけで、日本では初めての試みである。むろん本書は、キャッスルの日本との関係に重点を置いてまとめたものである。

キャッスルという人は、戦前大使として来日して以来、日本を理解するアメリカ人として知られていた。戦前の新聞や雑誌を調べていくとかなり記事が見つかる。しかし彼もまたタウンゼントと同じように戦後は忘れられてしまった。彼と近い考えを持っていたジョセフ・グルーは日米開戦時の大使だったこともあって、今でもよく名前が登場するのとは大違いである。

キャッスルが論じられないのは、その著述が知られていないことにもよると思われる。彼が本を出版したのは一九一六年までで、しかも外交官になる以前である。国務省時代もその後もまとめれば何冊の本にもなる分量の外交論の著述を残している。私はそれ故に、彼の書いたものを、できるだけ生のままに読者に提供するのがベターではないかと思った。日本滞在中の演説を紹介し、『アメリカ政治社会科学アカデミー紀要』に出た論文を二つ、長いが重要であるとして全部訳出したのもその意味である。

キャッスルは牧野伸顕や金子堅太郎といった明治以前に生れた人から、岸信介、中曾根康弘という戦後活躍した政治家まで幅広く、日本人と交際した人である。それは持って生れた彼の日本人への愛情がなさせたものである。もっと多くの日本人が彼を知るべきだし、顕彰すべきだと私は思っている。

ハーバート・フーバー大統領図書館・記念館、国立国会図書館憲政資料室、外交史料館では、貴重な資料を閲覧させていただいた。感謝申し上げる次第である。芙蓉書房出版の平澤公裕さんには今回もお世話になった。感謝申し上げたい。

ウィリアム・キャッスル年譜

一八七八年　ハワイ王国に生れる
一九〇〇年　ハーバード大学を卒業
一九〇四年　ハーバード大学で英語講師と新入生担当の副学部長（一九一三年まで）
一九一五年　『ハーバード・グラデュエイツ・マガジン』の編集者（一九一七年まで）
一九一七年　ワシントンDCにアメリカ赤十字局を開設、欧州派遣軍将兵とその家族の支援活動に従事
一九一九年　国務省に入省。主に西ヨーロッパ部門を担当
一九二一年　国務省西欧部長（ハーディング政権）となる
一九二七年　国務省国務次官補（西欧問題担当　クーリッジ政権）
一九二八年　パリ不戦条約の制定に関わる
一九三〇年　日本特別大使　六月、国務次官補（フーバー政権）に戻る
一九三一年　国務次官（フーバー政権）
一九三二年　アメリカ芸術科学アカデミーのフェローに選出され、ロチェスター大学から名誉学位を授与さる
一九三三年　国務省を退く。外交評論家としての活動が始まる
一九三六年　共和党大統領候補・ランドンの選挙参謀となる
一九三七年　党勢建て直しのための共和党全国委員会議長の補佐役に任命される
一九四〇年　アメリカ第一委員会に加盟。アメリカの参戦に反対する活動に従事
一九四五年　ワシントンDCのガーフィールド記念病院の院長（一九五二年まで）
一九四八年　アメリカ対日協議会の名誉会長となる
一九六〇年　日本から勲一等旭日大綬章を授与される
一九六三年　ワシントンDCで死去

◎単行本

Diplomatic Realism and American Foreign Policy, 1919-1953, Alfred L. Castle, University of Hawaii press, 1998.

Hawaii Past & Present, William Castle Jr. Dodd, Mead and Company 1912.

Turbulent Era: A Diplomatic Record of Forty Years, 1904-1945, Joseph Grew Houghton Mifflin 1952.

Herbert Hoover: Forgotten Progressive Joan Hoff Wilson Little Brown 1975.

Far Eastern Crisis, Henry L. Stimson, New York: Harper & Brothers 1936.

My life in China 1926-1941 Hallett Abend Harcourt, Brace and Con. 1943.

Yenan in June 1937: Talks with the Communist Leaders, T. A. Bisson Center for Chinese Studies, University of California 1973.

America's share in Japan's War Guilt American Committee for Non-participation in Japanese aggression 1938

Japan in China, T. A. Bisson, The Macmillan company 1938

『布哇に於ける日米問題解決運動』奥村多喜衛　一九二五年　非売品

『土佐からハワイへ――奥村多喜衛の軌跡』中川芙佐　「奥村多喜衛とハワイ日系移民展」実行委員会　二〇〇〇年

『布哇その折り〳〵』相賀安太郎　日布時事社　一九二六年

『ハワイ五十年の回顧』相賀安太郎　「ハワイ五十年の回顧」刊行会　一九五三年

『ハワイ王朝最後の女王』猿谷要　文春新書　二〇〇二年

『ハワイの歴史と文化』矢口祐人　中公新書　二〇〇二年

『日本の陰謀　ハワイオアフ島大ストライキの光と影』　ドゥス昌代　文藝春秋　一九九一年

『アメリカの排日運動と日米関係』蓑原俊洋　朝日選書　二〇一六年

『ヘンリー・スティムソン回顧録（上・下）』ヘンリー・L・スティムソン&マックジョージ・バンディ　中沢志保・

藤田怜史訳　国書刊行会　二〇一七年
『加藤友三郎』新井達夫　時事通信社　昭和三十三年
『野村吉三郎』木場浩介編　野村吉三郎伝記刊行会　昭和三十六年
『古風庵回顧録』若槻禮次郎　讀賣新聞社　昭和二十五年
『ワシントン体制と日米関係』細谷千博・齋藤真編　東京大学出版会　一九七八年
『米国は日本に挑戦するか』平田晋策　政教社　昭和五年
『軍縮会議と軍部強硬の真相』原田為五郎　日東書院　昭和九年
『加藤寛治大将伝』加藤寛治大将伝編纂会　昭和十六年
『昭和四年五年倫敦海軍條約秘録』加藤寛治遺稿　加藤寛一編　昭和三十一年
『続・現代史資料5海軍――加藤寛治日記』みすず書房　一九九四年
『ロンドン海軍条約成立史』関静雄　ミネルヴァ書房　二〇〇七年
『東アジア国際環境の変動と日本外交　一九一八―一九三一』服部龍二　有斐閣　二〇〇一年
『日本モンロー主義と満洲』金子堅太郎　財団法人啓明会　昭和七年
『大川周明「世界史」』大川周明　毎日ワンズ　二〇一九年
『昭和金融恐慌史』高橋亀吉・森垣淑　講談社学術文庫　一九九三年
『財界回顧』池田成彬　世界の日本社　昭和二十四年
『今なら話せる　新聞人の財界回顧』下田将美　毎日新聞　昭和三十一年
『大河　津田信吾伝』石黒英一　ダイヤモンド社　昭和三十五年
『二・二六以後』和田日出吉　偕成社　昭和十二年
『ワイマル体制の経済的構造』加藤栄一　東京大学出版会　一九七三年
『日米果して戦ふか』石丸藤太　春秋社　昭和六年
『満州事変とは何だったのか』（上・下）クリストファー・ソーン　市川洋一訳　草思社　一九九四年
『牧野伸顕日記』伊藤隆・広瀬順晧編　中央公論社　一九九〇年
『木戸幸一関係文書』東京大学出版会　一九六六年

『東京旋風』H・E・ワイルズ　時事通信社　昭和二十九年
『愚かなる戦争』田村真作　創元社　昭和二十五年
『吉田茂とその時代』（上・下）ジョン・ダワー　中公文庫　一九九一年
『中国共産党の罠』田中秀雄　徳間書店　二〇一八年
『鮎川義介と経済的国際主義』井口治夫　名古屋大学出版会　二〇一二年
『満洲国警察小史』加藤清隆　財団法人満蒙同胞援護会愛媛県支部　昭和四十三年
『もう一つの日米交流史』日米協会編　二〇一二年
『米国及米国人』須磨彌吉郎　講談社　昭和十六年
『日本を亡ぼしたもの』山本勝之助　彰考書院　昭和二十四年
『史観・真珠湾攻撃』福留繁　自由アジア社　昭和三十年
『米国に使して』野村吉三郎　岩波書店　昭和二十一年
『ハル回顧録』コーデル・ハル　宮地健次郎訳　中公文庫　二〇〇一年
『ルーズベルトの責任』（上・下）チャールズ・A・ビーアド　開米潤監訳　阿部直哉・丸茂恭子訳　藤原書店　二〇一一年
『東京報告』ジョセフ・C・グルー　日本橋書店　昭和二十一年
『滞日十年』（上・下）ジョセフ・C・グルー　毎日新聞　昭和二十三年
『真の日本の友　グルー』廣部泉　ミネルヴァ書房　二〇一一年
『嵐の中の外交官』ジョン・エマーソン　朝日新聞　一九七九年
『支那ノ鉱山』日本銀行調査局　大正六年
『占領史追跡』青木冨貴子　新潮文庫　平成二十五年
『占領1945～1952――戦後日本を作り上げた8人のアメリカ人』ハワード・ショーンバーガー　宮崎章訳　時事通信社　一九九四年
『マッカーサーの時代』マイケル・シャラー　恒文社　一九九六年
『人間像修復』武藤富男　時事通信社　昭和四十五年

『石原莞爾資料　国防論策編』原書房　昭和四十六年
『曙』石原莞爾特集　あけぼの社　昭和二十九年
『正義を貫いた東條英機東京裁判供述書』高原大学編　平成十年
『亡命十六年』野坂参三　時事通信社　昭和二十一年
『延安日記』ピョートル・ウラジミロフ　サイマル出版会　一九七五年
『堀内謙介回顧録』堀内謙介　サンケイ新聞　一九七九年
『芦田均日記』全七巻　岩波書店　一九八六～一九九二年
『海の友情』阿川尚之　中公新書　二〇〇一年
『「再軍備」の軌跡』読売新聞戦後史班編　一九八一年
『岸信介証言録』原彬久編　中公文庫　二〇一四年
『政治と人生』中曾根康弘　講談社　講談社　一九九二年
『日本の主張』中曾根康弘　経済往来社　昭和二十九年
『真珠湾攻撃総隊長の回想　淵田美津雄自叙伝』淵田美津雄　講談社　二〇〇七年
『東京―ワシントンの密談』宮沢喜一　中公文庫　一九九九年
『秘密のファイル』（上・下）春名幹男　新潮文庫　二〇〇三年
『回想十年』（全四巻）吉田茂　新潮社　昭和三十二～三十三年
『世界と日本』吉田茂　中公文庫　一九九二年
『アトリーのチャイナ・ストーリー』フリーダ・アトリー　西川博史・石堂哲也訳　日本経済評論社　一九九三年

◎論文、その他

Papers relating to the foreign relations of the United States, Japan
The Stimson Doctrine and the Hoover Doctrine, R.N. Current, *American Historical Review* 59, no.2(1954)
The unconditional surrender policy toward Japan Gary Evan Moulton Submitted to the Faculty of the Graduate College of the Oklahoma State University in partial fulfillment of the requirements for the Degree

of MASTER OF ARTS May, 1970

The Japan Lobby in American Diplomacy, 1947-1952 Howard Schonberger *Pacific Historical Review* August 1977

T. A. Bisson and the Limits of Reform in Occupied Japan Howard Schonberger *Bulletin of Concerned Asian Scholars* Vol.12 Issue4 (1980)

「米国移民問題解決策」清瀬規矩雄 『新公論』大正十年三月号

「金子堅太郎と日米協会――日米協会資料にみる交流活動の展開――」飯森明子 『日本大学史紀要』第十二号 二〇一〇年三月

「ロンドン海軍軍縮会議と日米関係――キャッスル駐日米国大使の眼差し――」服部龍二 『史学雑誌』二〇〇三年七月号

「警視庁員ノ在京米国大使動静内偵ニ関スル件」 アジア歴史資料センター

「昭和初期における財界の形成――財界における池田成彬と結城豊太郎――」穴山宏司 『東京大学日本史学研究室紀要』第十七号 二〇一三年三月

「アメリカ孤立主義の転換と一九三九年中立法」安藤次男 『福井英雄教授追悼論文集』立命館法学 一九九六年

「第２次大戦前におけるアメリカ孤立主義と宥和政策」安藤次男 『立命館国際研究』二〇〇一年

「日中戦争とアメリカ援華制日運動――『日本の侵略に加担しないアメリカ委員会の活動を中心に』土田哲夫 『現代中国』七一号 一九九七年

「北支における治安戦」森松俊夫 『軍事史学』一九七二年六月

「野村駐米大使日記」１〜４ 三輪宗弘 『九州共立大学経済学部紀要』一九九六〜一九九九年

「未完のインド洋作戦」田中秀雄 『国体文化』平成二十五年十月号

「原爆投下決定における『公式解釈』の形成とヘンリー・スティムソン」中沢志保 『文化女子大学紀要』二〇〇七年一月

日本外交文書デジタルコレクション 外務省

主要参考文献

ウィリアム・キャッスル文書　ハーバート・フーバー大統領図書館・記念館
ヘンリー・スティムソン日記　国立国会図書館憲政資料室
齋藤実関係文書　国立国会図書館憲政資料室
野村吉三郎関係文書　国立国会図書館憲政資料室
樺山愛輔関係文書　国立国会図書館憲政資料室
須磨彌吉郎関係文書　外交史料館
昭和三十五年　皇太子同妃両殿下外国御訪問（米国）　外交史料館
新聞記事文庫　神戸大学附属図書館

著者
田中 秀雄（たなか ひでお）
1952年福岡県生まれ。慶應義塾大学文学部卒。日本近現代史研究家。
著書に『優しい日本人、哀れな韓国人』（WAC 出版）、『中国共産党の罠』（徳間書店）、『日本はいかにして中国との戦争に引きずり込まれたか』、『朝鮮で聖者と呼ばれた日本人』（以上、草思社）、『満洲国建国の正当性を弁護する』（G.ブロンソン・リー著、翻訳、草思社）『暗黒大陸中国の真実』（R.タウンゼント著、共訳、芙蓉書房出版）、『続・暗黒大陸中国の真実』（R.タウンゼント著、共訳、芙蓉書房出版）、『日米戦争の起点をつくった外交官』（P.ラインシュ著、訳、芙蓉書房出版）ほか

日本を一番愛した外交官
――ウィリアム・キャッスルと日米関係――

2023年3月20日　第1刷発行

著　者
田中 秀雄（たなか ひでお）

発行所
㈱芙蓉書房出版
（代表 平澤公裕）
〒113-0033東京都文京区本郷3-3-13
TEL 03-3813-4466　FAX 03-3813-4615
http://www.fuyoshobo.co.jp

印刷・製本／モリモト印刷

ISBN978-4-8295-0856-5

【芙蓉書房出版の本】

陸軍中野学校の光と影

インテリジェンス・スクール全史

スティーブン・C・マルカード著　秋場涼太訳　本体 2,700円

帝国陸軍の情報機関、特務機関「陸軍中野学校」の誕生から戦後における“戦い”までをまとめた書 *The Shadow Warriors of Nakano: A History of The Imperial Japanese Army's Elite Intelligence School* の日本語訳版。
1938年～1945年までの７年間、秘密戦の研究開発、整備、運用を行っていた陸軍中野学校の巧みなプロパガンダや「謀略工作」の実像を客観的、総合的な視点で描くとともに、ＯＢたちの戦後の動静にも注目。とくに「最後の中野学校戦士」末次一郎氏の活躍を詳細に描いている。

OSS(戦略情報局)の全貌

ＣＩＡの前身となった諜報機関の光と影

太田　茂著　本体 2,700円

最盛期３万人を擁したＯＳＳ〔Office of Strategic Services〕の設立から、世界各地での諜報工作や破壊工作の実情、そして戦後解体されてＣＩＡ（中央情報局）が生まれるまで、情報機関の視点からの第二次大戦裏面史！

ヨーロッパ、北アフリカ、東南アジア、中国などに拠点を設置し、スパイなどによる情報収集の諜報活動や、枢軸国に対するゲリラ、サボタージュ、破壊工作などの特殊作戦を実行した。また北イタリア戦線の「サンライズ作戦」、中国の抗日秘密戦工作などの活動の全貌を明らかにする。

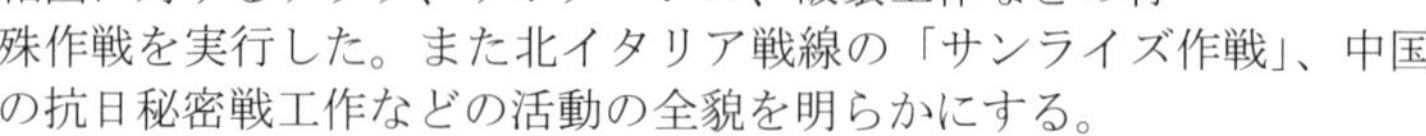

【芙蓉書房出版の本】

日中和平工作秘史

繆斌工作は真実だった

太田　茂著　本体 2,700円

「繆斌工作」が実現していれば、
ヒロシマ・ナガサキもソ連の満州・北方領土侵略もなく、戦争は終結していた！

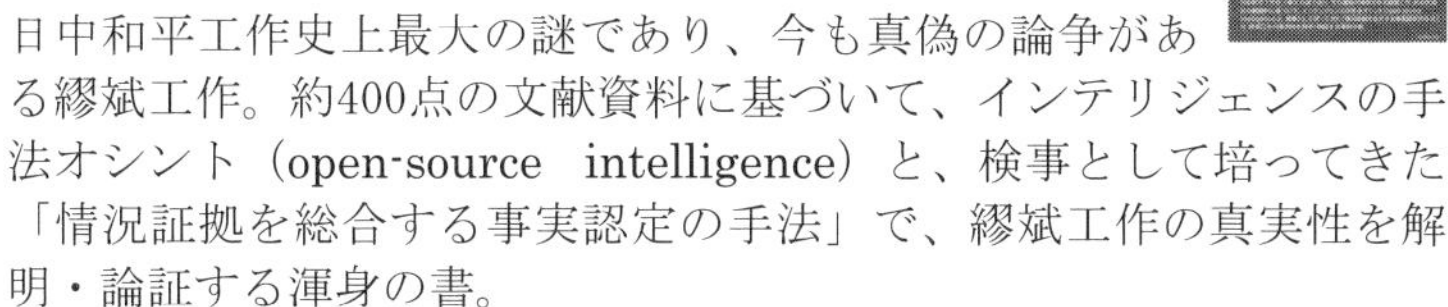

日中和平工作史上最大の謎であり、今も真偽の論争がある繆斌工作。約400点の文献資料に基づいて、インテリジェンスの手法オシント（open-source intelligence）と、検事として培ってきた「情況証拠を総合する事実認定の手法」で、繆斌工作の真実性を解明・論証する渾身の書。

軍部・政府中央のインテリジェンスの絶望的お粗末さを明らかにし、今日に通ずる反省・教訓を提示する！

新考・近衛文麿論

「悲劇の宰相、最後の公家」の戦争責任と和平工作

太田　茂著　本体 2,500円

毀誉褒貶が激しく評価が定まっていない近衛文麿。近衛が敗戦直前まで試みた様々な和平工作の詳細と、それが成功しなかった原因を徹底検証する。

◎支那事変の拡大・泥沼化は防げなかったのか？
◎なぜ「国民政府を対手にせず」の近衛声明を出したのか？
◎なぜ三国同盟を締結してしまったのか？
◎なぜ得体の知れない大政翼賛会を作ってしまったのか？
◎なぜ南進策を決め対米関係の決定的悪化を招いたのか？

【芙蓉書房出版の本】

2022年から高校の歴史教育が大きく変わった！
新科目「歴史総合」「日本史探究」「世界史探究」に対応すべく編集

明日のための近代史 **増補新版**

世界史と日本史が織りなす史実

伊勢弘志著　本体 2,500円

1840年代～1930年代の近代の歴史をグローバルな視点で書き下ろした全く新しい記述スタイルの通史。全章増補改訂のうえ新章を追加した増補新版。

《主な内容》黒船は脅威だったのか？／「植民地」はどのように拡大したか？／どうして韓国は併合されたのか？／日露戦争は植民地に希望を与えたのか？／戦争違法化の国際的取り組み／日本はなぜ侵略国になったのか？

明日のための現代史〈上巻〉1914～1948

「歴史総合」の視点で学ぶ世界大戦

伊勢弘志著　本体 2,700円

《主な内容》国際連盟の「民族自決」は誰のための理念か？／／ドイツはなぜ国際復帰できたのか？／「満洲国」は国家なのか？／日本はなぜ国際連盟から脱退したのか？／なぜヒトラーは支持されたのか？／なぜ日中戦争には宣戦布告がなかったのか？／世界大戦と日中戦争はどのように関係したのか？／なぜ再び大戦は起きたのか？／日本陸軍はどうして強硬なのか？／2発目の原爆は何に必要だったのか？／終戦の日とはいつか？／「東京裁判」は誰を裁いていたか？……

明日のための現代史〈下巻〉1948～2022

戦後の世界と日本

伊勢弘志著　本体 2,900円

《主な内容日本の占領政策は誰が主導したのか？／パレスチナ問題はどのように起きたか？／中国の愚行「文化大革命」とは何か？／「列島改造」の時代とはどんな時代か？／ロッキード事件の遠因とは何か？／アメリカ・ファーストの「ネオコン」とは何か？／「自民党をぶっ壊す」は何を意味したか？／中国の覇権を築く「一帯一路」とは何か？／安倍内閣は何をなしたか？／誰がプーチンを裁くべきか？……